Wolf H. Rösel

Goldgräber 1945

Wolf H. Rösel

Goldgräber 1945

Zlatokopce 1945

edition fischer
im
R. G. Fischer Verlag

Die Deutsche Bibliothek – CIP-Einheitsaufnahme

Rösel, Wolf H.:
Goldgräber 1945 : Zlatokopce 1945 / Wolf H. Rösel. –
Frankfurt (Main) : R. G. Fischer, 1993
(Edition Fischer)
ISBN 3-89406-715-2

Kruppstraße 100-102, D-60388 Frankfurt/Main

Satz: Textverarbeitung Chr. Meyer, München
Schriftart: Helvetica 10'/11'n
Herstellung: Heinz Spengler, Frankfurt
Printed in Germany
ISBN 3-89406-715-2

Gewidmet meiner lieben Frau
und unseren Kindern

Wer fällt, über den läuft die Welt.
Fallen ist keine Schande, aber liegenbleiben!

„*Wir* sind die Sieger!“

Der Zweite Weltkrieg ging in den ersten Maitagen des Jahres 1945 seinem ersehnten Ende entgegen. In meinem Heimatort Kukus an der jungen Elbe, benannt nach dem „Kux“, dem Bergwerksanteil, begann jedoch eine herrschaftslose und grausame Zeit.

Die ersten jener selbsternannten tschechischen Sieger tauchten auf, die meist noch kurz zuvor bei gutem Verdienst für die in Böhmen weitestgehend noch funktionierende Rüstungsindustrie des „Großdeutschen Reiches“ gearbeitet hatten. Und sie verschafften uns durchaus erfolgreich den ersten bitteren Vorgeschmack auf kommende harte Friedenszeiten.

Ein alter Bus war es, der etwa um elf Uhr vormittags aus Richtung der früheren Kreisstadt Königinhof laut und triumphierend hupend die Straße entlang auf den mit herrlichen alten Linden bestandenen Platz vor der deutschen Bürgerschule fuhr.

Wir empfanden: David war nun aufgestanden und richtete seine Schleuder gefährlich auf Goliath, auf die weitaus überwiegende deutsche Bevölkerungsmehrheit dieses Gebietes. Beide biblischen Figuren standen und stehen sich auch heute noch vor dem gleichen, aber dank tschechischer Mißwirtschaft inzwischen verwahrlosten Schulgebäude gegenüber. Mächtig und symbolträchtig waren sie auf Geheiß des Grafen von Sporck aus dem Sandstein des nahegelegenen Steinbruches vom berühmten Matthias Braun gehauen worden.

Dem Bus entquollen zehn bis zwölf offensichtlich nicht mehr ganz nüchterne Tschechen, die ersten von vielen weiteren Zlatokopce (Goldgräbern), welche ihre so unverhofft zugefallene Goldmine in Form des bisherigen, in Jahrhunderten harter Arbeit ehrlich erworbenen Eigentums der deutschen Bevölkerung ausbeuten wollten.

Ihrer noch neuen Macht besonders intensiv bewußt, stiegen sie bald lärmend und ihre Pistolen schwingend die breite Freitreppe zum Schuleingang hoch, wo ihnen der dort schon lange

tätige, bis dahin fleißige und zuverlässige tschechische Hausmeister zu einem kurzen Disput entgegentrat. Wie er später meiner Mutter erzählte, versuchte er dabei vergebens, seine Landsleute mit der Begründung, daß es hier nie Ausschreitungen gegen Tschechen gegeben habe, von der Plünderung der Schule und des Ortes abzubringen. Im Gegenteil – es hätten auch viele Tschechen diese deutsche Schule besucht, um hier an der Sprachgrenze das Deutsche zu erlernen, wie dies ja auch umgekehrt bezüglich des Tschechischen üblich war.
Vielleicht war es ihm zu verdanken, daß die folgenden Stunden zwar Raub und Plünderung brachten, jedoch ohne Prügeleien, Vergewaltigungen oder gar Mord abliefen.
Bald aber wurde er beiseite geschoben und zunächst das Direktorat und dann die Wohnung des Schulleiters durchsucht. Dieser hatte sich währenddessen gemeinsam mit seiner Frau durch den separaten Wohnungseingang und über eine Nebentreppe in Sicherheit bringen können.
Schnell wurde der Zweck des ungebetenen Besuches klar – es begann die erste mehrerer gezielter Plünderungen.
Die Schreibmaschine, die Wanduhr, der Füllfederhalter und ein marmornes Schreibtischset wurden aus dem Direktorat, das Radio, der Fotoapparat, Bett- und Tischwäsche, aber auch ein wertvolles Silberbesteck aus der anschließenden Wohnung gestohlen und in den noch leeren Bus geschafft.
Einzelne Sachen wurden auf den Boden geworfen, mit Ausnahme eines kurz zuvor noch wichtigen Hitlerbildes im Direktorat jedoch nichts mutwillig zerstört. Ob dies der schon vorhandenen Überzeugung der Tschechen zu verdanken war, daß ihnen ja eines nicht mehr fernen Tages doch alles gehören würde, das weiß ich nicht.
Nach dieser ersten Übung fuhren Bus und Plünderer systematisch von Haus zu Haus durch den ganzen Ort, wobei alles geklaut und dann eingeladen wurde, was nicht nur einem Sieger wertvoll erscheint und von ihm gut zu gebrauchen ist. Auch in unser Haus drangen sie ein und nahmen im Beisein

meiner Mutter, meiner kleinen Geschwister und mir alles mit, was ihnen gerade gefiel.
In der Metzgerei nahm man Fleisch und Würste, beim benachbarten Bäcker natürlich Brot, denn auch stolze Sieger haben Hunger. Versuchte jemand, wie auch meine sehr gut tschechisch sprechende Mutter, etwas dagegen zu sagen, so gab es gleich zwei gewichtige Gegenargumente. Das eine war die drohend vor das Gesicht gehaltene, entsicherte ehemalige Wehrmachtspistole und das zweite die Aussage: „Ihr Hitlerovce habt den Krieg verloren! *Wir* sind die Sieger! – My sme vitĕsové!" Auch mußten wir hören: „Euch gehört ja hier sowieso bald nichts mehr! Also haltet das Maul!"
Diese Behauptung weckte zwar Ahnungen von künftigem weiterem Unheil in uns; wir verstanden sie zu diesem Zeitpunkt jedoch noch nicht. Schließlich herrschte in der „Goldenen Stadt" Prag noch die Waffen-SS, und deutsche Truppen gab es fast noch in ganz Böhmen.
Wie sich später herausstellte, war diese Aussage für uns die erste Andeutung der späteren brutalen Vertreibung der Sudetendeutschen.

Erst gegen fünf Uhr nachmittags kehrte im Ort wieder Ruhe ein. Der klapprige Bus war nun gut gefüllt mit Diebesgut und schwankte schwer in den Federn. Die von ihrer harten „Arbeit" zwar müden, aber insgesamt frohgestimmten Passagiere fanden in ihm kaum noch Platz. Mit reicher Beute ging es zu den sicher schon sehnsüchtig wartenden Lieben zurück ins Tschechische, und vielleicht gaben die erfolgreichen „Heimkehrer" ihren neidischen Nachbarn die Empfehlung, es ihnen gleichzutun.
Wie sich später herausstellte, sollte diese Art der Plünderung bei uns nicht mehr geschehen. Schon am folgenden Tag kamen als neue Herren die ebenfalls selbsternannten „Partisanen" und übernahmen auf ihre ganz spezifische Art und Weise die absolute Herrschaft über Leben und Tod. Es sollte sich

dabei sehr schnell zeigen, daß dieser frühe Besuch der „Auch-Sieger“ noch vergleichsweise harmlos gewesen war.
Wir hatten die ersten der „zlatokopce“, der Goldgräber von 1945, wie sie keineswegs mit Hochachtung von nicht wenigen ihrer eigenen Landsleute bald genannt wurden, für diesmal wenigstens körperlich heil überstanden!

Angekündigt hatte sich diese Zeit des Pöbels und der primitiven Rache jedoch bereits Ende April 1945, als die „Reichsdeutschen“ das mit dem „tausendjährigen Reich“ ebenfalls sinkende Schiff Sudetenland zu verlassen begannen.
Zuerst verabschiedete sich kurz und ohne weitere Erklärung die in unserem Hause seit Herbst 1944 einquartierte wolhynien-deutsche Frau mit ihrem kleinen Kind. Sie mußte entweder über besondere Informationsquellen bezüglich unserer weiteren Zukunft verfügt oder den untrüglichen Instinkt der seit Generationen Gejagten besessen haben. Dieser war spätestens seit der ersten, noch zaristischen Verschleppung von 1915 zum Überleben dieser deutschen Splittergruppe notwendig gewesen.
Nach der Aufteilung Polens zwischen Stalin und Hitler von 1939 hatte man sie mit Lügen von sowjetischer und mit Versprechungen von deutscher Seite aus ihrer Heimat in den brandneuen „Warthegau“ gelockt, wo sie angeblich neue Höfe erhalten sollten. Von dort mußten sie beim Herannahen der Front immer weiter zurück „ins Reich“. Nun waren sie schon wieder auf der Flucht!
Dann verschwanden die schwererziehbaren Zöglinge des ungeliebten „Gaujugendheimes Kukus“ aus dem Stift der Barmherzigen Brüder am anderen Hochufer der Elbe.
Vorher hatten sie noch unter tätiger Mithilfe von Tschechen ihre einschließlich des Heimleiters vier deutschen Erzieher zum Abschied brutal verprügelt, um danach mit der noch erstaunlich gut funktionierenden Bahn in ihre Heimatorte zurückzukehren.

Seit etwa der gleichen Zeit waren auch die „reichsdeutschen" Polizisten nicht mehr zu sehen gewesen, die eigentlich für uns und die Nachbarorte zuständig waren. Wie, womit und wohin die schon alten und nur noch als „Volkssturm" geeigneten Männer mit ihren Ehefrauen verschwanden, habe ich nie erfahren. Auch sie mußten vor ihrem Weggang zusätzliche Informationen über kommendes Unheil erhalten haben.
Als nächstes hörten wir, daß der berühmt-berüchtigte General Schörner sein letztes Hauptquartier in Bad Welchow (tschechisch Velichovky), nur knapp fünf Kilometer von meinem Heimatort entfernt, samt Stab geräumt und sich standesgemäß per Flugzeug in Richtung Westen – selbstverständlich „planmäßig" – zurückgezogen habe. Auch sein bis dahin bequem in der Sporckschen Stiftung residierender Verbindungsoffizier im Range eines Majors verschwand mit seiner blonden holländischen Sekretärin und Freundin im Mercedes – angeblich Richtung Niederlande.
Als positive Folge des Verschwindens der beiden wurden Soldaten sowie alte Volkssturm- und minderjährige Werwolfangehörige nicht mehr deswegen „standrechtlich" am nächsten Straßenbaum aufgeknüpft, weil sie sich wenige Tage vor Kriegsende aus der inzwischen für alle erkennbar aussichtslosen Situation in Richtung Heimat abzusetzen versuchten.
Bei einem hochdekorierten General und seinem treuen Adjutanten war die Einsicht in die Aussichtslosigkeit des Krieges naturgemäß kein Tatbestand für das Kriegsgericht! Sie diente vielmehr der „Frontbegradigung" und dem Bezug neuer und damit besserer Verteidigungsstellungen.
Auch wollte die ohne Zweifel „wohlverdiente" und entsprechend hoch dotierte Pension nach dem Kriege in München genossen werden. Wer hätte dies für den Herrn General sonst tun können?
So waren wir also auch von genau jenen schmählich verlassen worden, die uns gerade in dieser Situation hätten schützen sollen. Wir waren, wie sich bald blutig erweisen sollte, ohne jede Möglichkeit der Gegenwehr dem aus den Ratten-

löchern auftauchenden, stets mit und auch ohne Grund rachedurstigen Pöbel aller herrenlosen Zeiten ausgeliefert.
Der Krieg war zu Ende – das Rauben, Drangsalieren und Morden konnte auch ohne die billige Ausrede des Krieges neu beginnen.

Ihr liebt doch *euren Führer*!

Am nächsten Tag kamen die tschechischen „Partisanen". Sie handelten überall im Sudetenland getreu dem Befehl des früheren „demokratischen" Staatschefs Benesch, das heißt, sie stahlen, drangsalierten und mordeten.

Die wenigsten von ihnen waren wirkliche Partisanen gewesen. Die meisten waren Mitläufer, die erst seit kurzem ihre Berufung zum Partisanentum entdeckt hatten. Sie wollten sich halt auch zu den stolzen aber beutegierigen Siegern zählen können!

Kurz nach ihrem Eintreffen waren die acht Partisanen unter Führung eines seit 1934 in dieser Gegend ansässigen Tschechen durch unser Dorf gegangen und hatten alle männlichen Deutschen zwischen zwölf und achtzig eingesammelt.

Dies klingt zwar harmlos, war es aber ganz gewiß nicht. Jeder von uns verbrecherischen zivilen Kriegsverlierern hatte zunächst einmal Bekanntschaft mit der biegsamen Nagaika gemacht, jener stets geschmeidigen, aus dünnen Lederstreifen geflochtenen russischen Peitsche. Deren Abdrücke in Form blutiger Striemen waren am Rücken, an Armen und Beinen und vereinzelt auch in unseren Gesichtern zu sehen.

Trotz allen Suchens waren es jedoch nur zwölf Leidensgenossen geworden. Die anderen waren ja noch im Krieg oder schon längst in Gefangenschaft, und nicht wenige waren bereits tot.

Da standen wir also mit erhobenen Händen an der Wand der ehrwürdigen deutschen Bürgerschule, in der mein Großvater Direktor und mein Vater Lehrer gewesen war. Einer der Partisanen, der sich der neuen Macht und unserer absoluten Ohnmacht bewußt war, der Boß offensichtlich, schrie „sviñe!" – Schwein!, und „chlap!" – Kerl!, und zeigte auf mich und befahl mir, mit Valko, einem noch sehr jungen Uniformierten, ins Haus zu gehen und die Hitlerbilder von der Stirnseite der Klassenzimmer einzusammeln.

Ein Tritt in den Hintern sorgte für die nötige Motivation und beflügelte meinen Arbeitseifer. Valko postierte sich jeweils an der Tür des Klassenzimmers, während ich, den in jedem Raum befindlichen Lehrerstuhl nutzend, die Hitlerbilder vom Haken stieß und auf der nächststehenden Schulbank aus ihrem goldfarbenen Rahmen löste. Dies ging dank der „freundlich" winkenden Maschinenpistole meines Bewachers schnell.
Schon nach einer knappen halben Stunde stiegen wir wieder die große Freitreppe der Schule hinunter, während ich zwölf der nun offensichtlich anstößigen Bilder des schnauzbärtigen großen Gefreiten in den Händen hielt.
Meine Leidensgefährten standen noch an der Wand. Ihre Peiniger hatten sie beschimpft, bespuckt und geschlagen und ihnen das baldige Erschießen angekündigt. Einige heulten und schluchzten, andere stanken – sie hatten aus schierer Angst in die Hosen gemacht.
Ich selbst hatte durch meine Abkommandierung offensichtlich zunächst den besseren Teil erwischt.
Karli, einem früheren Schulkameraden, und mir wurde von Slavku, dem Boß, befohlen, die Bilder in einem „scheenen Firreck" auf den Boden zu legen, je sechs untereinander. Die Ecken mußten wir mit Steinen beschweren, damit der Wind die Bilder nicht fortwehte. In schlechtem, aber nur zu verständlichem Deutsch hieß es nun, durchsetzt mit tschechischen Schimpfwörtern: „So, ihr sviñe, jetzt auf Hitler spucken! Ale honem! – aber schnell." Tschechisch schrie ein anderer Partisan: „Laßt sie auch pissen und scheißen und dann die Scheiße fressen, die Herrenmenschen!" – dieses letzte Wort sprach er deutsch; als „slawischer Untermensch" hatte er seine Lektion bei den rassistischen Nazis gut gelernt.
Das Auffressen gefiel dem Boß, das Scheißen weniger: „Die Scheißkerle haben ja jetzt schon die Hosen voll!" stellte er zutreffend fest.
Wir spuckten also auf Hitlers zwölf Visagen, während wir selbst bespuckt, beschimpft und wieder geschlagen wurden. Neues Entsetzen packte uns, als wir merkten, daß sie ihre sie-

gestrunkenen Vorschläge ernst meinten. Schon bald kam der Befehl: „Geliebten Fiereer saubermachen, mit Zunge! Honem, honem, chlapci!" Und: „Ihr sviñe – Schweine – habt großen Fiereer bespuckt. Das ist ferrbotten! Saubermachen! Aber mit Zunge! Schnell, schnell!"
Als wir uns nicht gleich niederknieten, pfiffen wieder die Nagaikas. Wir taten daher wie befohlen und versuchten, möglichst viel mit unseren Hosen und Ärmeln wegzuwischen. Höhnisch tönte es hinter und neben uns: „Schaut euch die Herrenmenschen an! Sie ihren Fiereer noch immer lieben!" und „Der größte Feldherr aller Zeiten" – dies in Deutsch, dann durchsetzt mit Tschechisch – „wird abgeschleckt von seinen rein arischen Schweinen! Die fressen sogar Spucke!" Und: „Darauf ich lange hab gewartet, schaut euch an die Säue!" Auch der Boß tönte: „Bin ich gewesen in KaZett, dort war schrecklich! Euch geht serr gutt! Ihr sterben wollen für Hitler, ihr sterben morgen! Heute machen sauber!"
Auch manche der ganz wenigen zuschauenden Tschechen aus unserem Dorfe ergötzten sich an unserer Demütigung und grölten im besoffenen Siegesrausch mit. Andere dagegen taten nur so, und mit spürbarem Unbehagen verdrückten sich sogar einige. Sie hatten offensichtlich keine Rachegefühle, waren nur froh, daß der Krieg zu Ende war und sie nicht mehr Bürger zweiten Ranges sein mußten. Wie wir wußten sie noch nicht, was Stalin mit ihnen und uns noch vorhatte. Sie ahnten nicht, daß es über fünfundvierzig Jahre dauern würde, bis sie sich wieder einmal als freie Bürger fühlen durften.
Währenddessen ging das scheußliche Spektakel weiter; unter neuen Schlägen, Tritten und Beschimpfungen reinigten wir die nur noch fratzenhaften Bilder, erfüllt von Angst, Scham und Ekel.
Endlich war das widerliche Schauspiel zu Ende. Gemeinsam mit Karli mußte ich die nun dreckig-nassen Führerbilder aufklauben. Dann hieß es antreten, und angetrieben von unseren Peinigern ging es weg von der Schule, die zunächst schmalen Stufen und dann die große breite Freitreppe des ehemaligen

Schlosses zur Elbbrücke hinunter. Auf Befehl zerrissen wir dort die Bilder und warfen sie durch das eiserne Geländer hinab in die schmutzig-schwarzen Wasser des Flusses.
Die sadistischen Peinigungsgelüste der Sieger waren für diesen Tag gestillt. Wir wurden mit der Anweisung nach Hause geschickt, bei drei kurzen Feuerstößen aus einer Maschinenpistole immer sofort zur Schule zu kommen.
Wie die anderen rannte ich so schnell ich konnte schluchzend und vor Scham bebend davon, zu unserem Hause, wo mich meine Mutter mit entsetzten Blicken und einem: „Um Gottes willen! Was haben sie mit euch angestellt!“ empfing.
Ich stammelte hervor, was ich erlebt hatte. Sie begann zu weinen und schluchzte mit mir. „Ja, wir haben den Krieg verloren“, sagte sie. „Aber ich dachte nicht, daß uns auch unsere Tschechen im Stich lassen. Wir sind doch mit ihnen gut ausgekommen!“
Meine beiden kleinen Geschwister standen daneben und heulten ebenfalls los, verwirrt und rein emotional begreifend, daß mit ihrem großen Bruder Schlimmes geschehen sein mußte.
Ich zog mich schnellstens aus, warf meine Kleidung ins Vorhaus und wusch mich, wusch mich, wusch mich. Ich wollte die Scham der Erniedrigung und den Ekel vor mir selbst wieder loswerden. Seife und Wasser, Seife und Wasser – die Haut wurde wieder sauber; das erbärmliche Erlebnis ist jedoch bis heute unvergessen.

Blut an der Wand – und der „Engel des beklagenswerten Todes“

Am folgenden dieser schicksalsschweren Tage schickte mich Slavku, unser Partisanenboß, gegen 11 Uhr vom Hauptquartier im Schulgebäude ins Stift zum anderen Hochufer der Elbe. Ich sollte an zwei seiner dort untergebrachten Mitkämpfer neue Befehle übermitteln.

Also rannte ich die steinerne Treppe am einst heilkräftigen Brunnen vorbei und dann die schon erwähnte vom früheren Schloß zur Elbe führende große Freitreppe mit den stillgelegten Kaskaden hinunter. Dann querte ich den Fluß auf der eisernen Brücke und lief am anderen Ufer die schöne Kirschenallee entlang hinauf zum Sporckschen Stift der Barmherzigen Brüder mit seinen zwei langen Reihen allegorischer Figuren.

Dort fand ich nach einigem Suchen die beiden Bewaffneten im östlichen Seitenflügel, überbrachte ihnen die neuen Anordnungen des Chefs, wurde gnädig entlassen und gedachte, nun den Rückweg in Ruhe anzutreten.

Also ging ich den langen Gang der Bildergalerie entlang, vorbei an der berühmten Barockapotheke des Stiftes Richtung Hauptportal.

Dabei fiel mir zuerst unbewußt, dann aber unübersehbar auf, daß in kurzen Abständen die weiß gekalkte Wand blutbefleckt war. Einmal höher, einmal tiefer, immer jedoch dicht beieinander zeichneten sich rostbraune Blutspuren ab, die sich zum Ausgang hin aus einzelnen Flecken zu deutlich erkennbaren Spuren von Gesichtern verdichteten. Zunächst waren es Nase und Augenbrauen, dann auch Kinn und Stirn, die sich abzeichneten. Dann wurden eindeutige Abdrücke daraus, Abdrücke von blutig geschlagenen und an die Wand gestoßenen Gesichtern.

Tief bedrückt von meiner Entdeckung und nach den Ereignissen der letzten Tage Furchtbares ahnend, ging ich mit hängendem Kopf in schwerem Grübeln nach Hause. Meiner Mutter erzählte ich nichts, um sie nicht erneut zu beunruhigen – sie hatte schon Sorgen und Nöte genug in dieser harten Zeit.

Um zwei Uhr mußte ich mich wieder im vorläufigen Hauptquartier der Partisanen im Gebäude der nun ehemaligen deutschen Bürgerschule melden. Da man noch nichts für mich zu tun hatte, saß ich im Vorraum des früheren Direktorates herum und konnte durch die halboffene Tür die tschechisch geführten Gespräche der Partisanen mithören und zum Großteil mit meinem bißchen Tschechisch auch verstehen. So war es mir möglich, im Laufe der nächsten Stunde herauszufinden, was sich am Vortag im Stift und im Elbbusche unterhalb der Bahnlinie ereignet hatte oder – im Jargon der Partisanen – wie man es den zwei „blöden deutschen Nazischweinen“ gezeigt habe. Ich erfuhr so die ganze schreckliche Geschichte in ihren bösen Einzelheiten.

Im früheren Stift für Rentner, Invaliden und alte Laienbrüder war während der letzten Kriegsjahre das „Gaujugendheim Kukus“ für schwererziehbare Jugendliche eingerichtet worden, die zum Teil auch aus dem Protektorat stammten. Diese waren auch von vier Deutschen beaufsichtigt und „erzogen“ worden. Dazu gehörten der Obererzieher P., der Erzieher G., der Stiftsgärtner Sch. und ein ältliches Fräulein als Erzieherin.

Der Obererzieher war wie der Erzieher groß und hager und mit dem Sendungsbewußtsein ideologisch Abhängiger ausgestattet. Beide hatten die Zöglinge nach den nicht nur in diesem Falle sehr harten Grundsätzen der faschistischen Ideologie zu „besseren Menschen“ zu machen versucht und waren mit ihnen nicht zimperlich umgegangen. Der Rohrstock, jeder andere Stock, aber auch Hand und Faust waren ihrer Ansicht nach bewährte und daher unentbehrliche Erziehungsmittel gewesen. Und die schwierigen Burschen hatten ihnen nur allzu oft Gelegenheit geboten, ihre primitiven Erziehungskünste zu erproben.

Der Obergärtner war klein und schlank, nach dem damaligen Jargon zwar „nicht kriegsdienstverwendungsfähig“, aber ein typischer Mitläufer des „Dritten Reiches". Er hatte getan, was ihm der als Heimleiter fungierende Obererzieher oder auch andere tatsächliche oder vermeintliche Vorgesetzte anordneten. Auch hatte er mit seiner im ehemaligen Park des Stiftes betriebenen Gärtnerei nicht nur die Zöglinge und die übrigen Bewohner zu versorgen, sondern mußte auch noch das staatliche Ablieferungssoll erfüllen. So hatte er die Jugendlichen zur Arbeit angetrieben und sich bei ihnen ebenfalls nicht gerade beliebt gemacht.

Und das alte Fräulein? Sie war früher als Kindergärtnerin tätig gewesen, und ich selbst war in ihren Kindergarten gegangen. Schon damals war sie ein altes Fräulein gewesen, das es eigentlich mit uns allen sehr gut meinte. Die „Mobilisierung der Heimatfront" hatte sie aus ihrem wirklich verdienten Ruhestand geholt, und ein boshaftes Schicksal hatte ihr die neue undankbare Aufgabe im Heim dieser Burschen zugewiesen.

Sie war ihnen einfach nicht gewachsen und hatte ihren wohl auch tatsächlich einzig möglichen Ausweg darin gefunden, alle Verstöße dem Heimleiter zu melden, der mit den schon geschilderten Methoden dann hart bestrafte. So hatte auch sie sich den Haß der schwierigen Kerle zugezogen.

Zunächst waren alle vier von den „befreiten" Jugendlichen unter tatkräftiger Mithilfe der Partisanen brutal verprügelt und „verhört" worden, bevor die ersteren mit dem Zug in ihre Heimatorte fuhren. Dabei war das alte Fräulein – Holda mit Vornamen – noch glimpflich mit zahlreichen blauen Flecken und fast zugeschwollenen Augen davongekommen. Die drei Männer dagegen waren ganz übel zugerichtet worden, so daß sie bettlägerig wurden.

Den Obererzieher hatte man sogar so zusammengeschlagen, daß er nicht mehr aufstehen konnte, weil ein Nervenzittern und -reißen zurückgeblieben war. Wie ein Spastiker konnte er seine Bewegungen nicht mehr koordinieren. Er starb, da ihm Medikamente nicht verabreicht werden durften, nach unsäglichen Leiden drei Wochen später.

Zwei Tage nach dem brutalen Verprügeln der drei Männer hatten die neuen unumschränkten Machthaber, die tschechischen Partisanen, beschlossen, die zwei noch halbwegs Lebenden vollends zu vernichten.
Sie rissen die vor Schmerzen Stöhnenden unter wüsten Beschimpfungen und mit Hilfe der auch diesmal als Zeichen der absoluten Macht mitgebrachten Nagaikas aus ihren Betten und führten sie den schon beschriebenen Gang entlang zum Hauptportal. Um die aufgestauten Rachegefühle zu stillen, wurden die zwei alle paar Meter an den Haaren gepackt und mit dem Kopf schön nebeneinander an die weiß gekalkte Wand gestoßen. Ihre Gesichter wurden dabei schwer verletzt, was die von mir entdeckten schrecklichen Blutspuren hinterließ.
Aber das war ja nicht genug für die rachedurstigen Sieger. Weiter ging es mit den schwankenden, gerade noch lebenden armseligen Gestalten zwischen Matthias Brauns allegorischen Figuren hindurch, dem „Engel des glücklichen Todes" auf der einen und dem „Engel des beklagenswerten Todes" auf der anderen Seite, unter häufigem brutalem Gebrauch der Nagaikas zur Westseite des Stiftes. Dort stand ein alter Lastwagen bereit, auf dessen Ladefläche man die beiden zum selbständigen Besteigen nun nicht mehr Fähigen warf. Auf dem Wagen lagen auch bereits Schaufel, Spaten und Picke aus den reichhaltigen Beständen der Gärtnerei. Dann fuhr man zu den „Elbbuschen" zwischen der Bahnlinie und dem rechten Elbufer. Dort angekommen wurden die beiden – wieder mit Nachhilfe durch die Nagaikas – zu einem geeignet erscheinenden Platz innerhalb der Büsche getrieben.
In Deckung der Sträucher mußten die zwei unter weiteren höhnenden Beschimpfungen ihr eigenes Grab schaufeln. Dabei half ein etwas gutmütigerer Partisan mit, denn allein hätten sie es nicht mehr geschafft. Als das Grab ausgehoben war, wurden sie mit den Gewehrkolben geschlagen, bis sie in ihr Grab stürzten und durch ein paar Schüsse von ihren schrecklichen Qualen erlöst wurden.

Dies alles war nach den Wortfetzen der Partisanen für diese jedoch nicht das Unangenehmste gewesen. Weit schlimmer war, daß sie – die stolzen Sieger – nun selbst das offene Grab hatten zuschaufeln müssen. Vor lauter Rachegelüsten war versäumt worden, ein paar deutsche Arbeitssklaven für diese, dem neuen Selbstverständnis widersprechende körperliche Schwerarbeit mitzunehmen. Man war sich schnell darüber einig, daß bei der nächsten ähnlichen Heldentat – diese sollte zum Entsetzen der deutschen Einwohner bereits am nächsten Tag geschehen – deutsche Kriegsverlierer zur Arbeit mitgenommen werden müßten, denn „práce šlechti!“ – Arbeit adelt! – Und diese Bemerkung, die ich erst später in ihren Auswirkungen ganz zu verstehen vermochte, war Grund für heiser-trunkenes Gelächter.

Aber auch an vielen anderen deutschen Orten geschahen in diesen Tagen der primitivsten chauvinistischen Rache furchtbare Verbrechen, wobei meist Unschuldige die Opfer waren.

Dafür nur ein Beispiel:
Wenige Tage nach den geschilderten Morden hatte sich gar nicht weit weg, in Mastig, nördlich Königinhof gelegen, folgendes ereignet:
Irgendein mutiger aber ebenso leichtsinniger Deutscher oder auch ein tschechischer Provokateur – wer es wirklich war, konnte nie festgestellt werden – hatte einen handgeschriebenen Aufruf gegen Benesch und gegen die verübten Verbrechen mit Reißzwecken an der Anschlagtafel des Bürgermeisteramtes angebracht. Daraufhin mußten auf Befehl der dortigen „Partisanen“ alle deutschen Männer zwischen 15 und 70 antreten und wurden gefragt, wer dieser „verbrecherische deutsche Hund“ gewesen sei.
Als sich niemand meldete, wurde alle fünf Minuten ein Deutscher erschossen, bis ein zufällig vorbeikommender russischer Offizier eingriff und weitere Morde verbot. Acht tote Deutsche lagen inzwischen an der blutbespritzten Hauswand!

Zwei „NAZIS“ werden liquidiert

Nachmittags gegen zwei ratterten am Tag darauf hämmernd drei Feuerstöße durch die Luft. Ich schrak zusammen, denn dies war der den Siegern angemessene Befehl, schnellstens vor dem Gebäude der Bürgerschule zu erscheinen.
Nach den Erfahrungen der letzten Tage zog ich mir schnell alte Klamotten an, sagte meiner erneut vor Sorge um mich zitternden Mutter „Auf Wiedersehen!“ und lief zum Sammelplatz.
Vor den wartenden Partisanen standen an der gleichen Wand der Bürgerschule, die wir selbst auch schon geziert hatten, zwei schmerzgebeugte ältere Männer, deren Leben noch an diesem Tag brutal beendet werden sollte. Sie hatten deutliche Spuren von Schlägen im Gesicht, und ihre zum Teil zerrissene Kleidung wies zahlreiche frische, aber auch bereits getrocknete Blutflecken auf. Der eine war der „Ortsleiter“ der NSDAP, der andere unser bisheriger Obst- und Gemüsehändler.
Der Ortsleiter, ein mittelgroßer schlanker Mann, war eigentlich Stiftungs- und Museumsleiter. Zu seinem Parteiamt war er erst während des Krieges gekommen, weil alle jüngeren und für diesen Zweck nach Ansicht der Partei brauchbareren Männer längst zum Kriegsdienst einberufen, also vom unersättlichen „Heldenklau“ geholt worden waren.
Ob er ein Nazi war? – Kaum. Schon eher ein „Mitläufer“, wie dieses angepaßte Verhalten später genannt wurde. Jedenfalls hatte er sich nie über das unvermeidbare Maß hinaus engagiert. Allerdings hatte er aufgrund einer Denunziation einmal die letztlich ergebnislosen Untersuchungen gegen die Ehefrauen von zwei Zahlmeistern der Wehrmacht aus dem Nachbarort führen müssen.
Beide Zahlmeister wurden nach dem Kriegsende von den Tschechen hoch dekoriert, weil sie im Herbst 1944 zwei Waggons mit Waffen und Munition in das Protektorat verschwinden ließen.

Diese unvermeidbaren Untersuchungen, es ging um einen völlig grundlosen Verdacht bezüglich des Verbleibs der Kinder des von der rachelüsternen SS zerstörten Ortes Lidice, und seine Parteifunktion hatten jedoch genügt, ihn zur Liquidierung vorzusehen. Für die Sieger war er schließlich der einzige bei uns greifbare offizielle Vertreter des verhaßten Naziregimes.
Nun stand er an der Wand des Schulgebäudes, in der rechten Hand hielt er einen Spaten und erahnte zitternd mit ganz blutverkrustetem, schmerzverzerrtem Gesicht und mit flackerndflehenden Augen sein baldiges Ende.
Der Obst- und Gemüsehändler stand daneben – von Geburt eigentlich Ukrainer. Im Ersten Weltkrieg verwundet in österreichische Gefangenschaft geraten, war er in dem als Hospital genutzten Sporckschen Stift gesundgepflegt worden. Er hatte eine junge deutsche Küchenhilfe kennengelernt, und sie hatten bald nach dem Kriegsende im Jahre 1919 geheiratet. So war er völlig legal Staatsbürger der damals noch jungen Tschechoslowakei geworden und hatte recht und schlecht von seinem kleinen Gemüsehandel gelebt. Zum bescheidenen Großhändler war er erst aufgestiegen, nachdem er 1938 wegen seiner deutschen Frau zum Deutschtum optiert und während des Zweiten Weltkrieges, selbst nicht mehr kriegsdienstverwendungsfähig, in die rigorose Zwangswirtschaft der Lebensmittelversorgung integriert worden war.
Und dann hatte die NSDAP mangels anderer Männer den kuriosen Einfall gehabt, ausgerechnet ihn, der nicht einmal richtig Deutsch konnte, zum örtlichen Propagandaleiter zu ernennen.
Trotz seines Alters war er ein großer und kräftiger Mann. In der linken Hand hielt er eine Schaufel und in der rechten eine Picke, wie man sie für harten und steinigen Boden braucht.
„Proč?“ – Warum? – fragte er klagend immer wieder. Er begann zu ahnen, daß Stalins Rache einen vermeintlich oder früher einmal tatsächlich national gesinnten Ukrainer treffen sollte. Dabei hatte er die Staatsbürgerschaft und möglicherweise auch die Gesinnung je nach politischer Großwetterlage

gewechselt; aber – er stand eben auf der den Tschechen fürsorglich übergebenen Liquidierungsliste.

Beide hatte man zwei Tage zuvor nach Josefstadt zum Verhör gebracht, wo vor allem der Ortsleiter unter brutalen Schlägen nach dem Verbleib der Kinder von Lidice befragt wurde. Im Protektorat war nämlich das Gerücht entstanden, das nur wenige Tage später auch von der tschechischen Presse aufgenommen wurde, daß diese Kinder im Stift von Kukus vergiftet und anschließend auch verbrannt worden seien.
Da die zwei dazu nichts aussagen konnten, hatte man sie am Abend zuvor wieder zurückgebracht. Während der Nacht waren sie vom örtlichen „Národní Výbor“, den Mitgliedern des tschechischen Nationalausschusses, nochmals unter neuen Prügeln verhört worden. Dabei hatte sich diesmal der tschechische Hausmeister der deutschen Bürgerschule im Gegensatz zu seinem früheren Verhalten besonders negativ hervorgetan.
Wieder hatten sie nichts aussagen können und standen nun dennoch zur endgültigen Liquidierung an.

Inzwischen hatten sich alle wie an den Vortagen wieder versammelt. Unter Gebrüll und Geschimpfe mußten wir uns in Zweierreihen aufstellen, vor uns die beiden Delinquenten, flankiert von zweien unserer Peiniger. Hinter uns gruppierten sich sechs weitere Partisanen, und außerhalb der Gruppe stand Slavku, unser Boß. Auf sein Kommando ging es im Marschtritt los. Dieser galt jedoch nur für uns und die beiden armseligen Alten vor uns.
Wir zogen am Haus meiner Eltern vorbei die leere Dorfstraße hinab und dann drüben wieder hinauf. Hinter den Gardinen der von Deutschen bewohnten Häuser war niemand zu erkennen, und auch aus dem einzigen Haus einer Tschechin kam kein Laut, weder Beschimpfung noch Protest. Auch die Tschechen waren von den Geschehnissen dieser Tage eingeschüchtert, die doch Tage ihres strahlend-unbefleckten Sieges sein soll-

ten. Schließlich kannte man sich und wußte, was der andere verbrochen oder eben nicht verbrochen hatte.
Auf der Schwelle zum Hause des Ortsleiters, links an unserem Wege, kniete seine Frau. Sie flehte die Bewaffneten in gebrochenem Tschechisch an, ihren Mann zu schonen. Dann wollte sie sich von ihm verabschieden, wurde jedoch mit der Drohung brutal zurückgestoßen, man werde sie ebenfalls erschießen, falls sie nicht ihre Schnauze halte. „Dř hubu!" – „Halt's Maul!" hieß es.
Ohne anzuhalten zogen wir weiter und ließen die nun Zusammenbrechende zurück.
Ab und zu schwang einer die Nagaika in unsere Richtung, aber es war kein eigentliches Schlagen – uns war schon wesentlich Schlimmeres widerfahren.
Anders erging es den beiden immer mehr vor sich hin wimmernden Alten. Sie wurden immer wieder beschimpft und geschlagen, als sie mit nur noch schleppenden Schritten den Hügel hinaufstolperten.
Nach der Kuppe ging es links hinab auf einen Fußweg, wo das Marschieren völlig aufhörte und sich die Gruppe in die Länge zog. Oberhalb an der noch privaten Gärtnerei vorbei erreichten wir den Wald. Wir begannen zu ahnen, daß der nahe Steinbruch das Ziel sein mußte, in dem wir als Kinder oft verbotenerweise gespielt hatten. Am Rande des Steinbruchs, da, wo seit über 250 Jahren der Abraum aufgeschüttet worden war, hieß es „Stůj!" – Halt!
„Ihr Kerle stellt euch hierher!" dies galt uns. „Ihr Nazi-Verbrecher geht dorthin, schnell, schnell! So, und jetzt macht ihr ein ‚scheenes' Loch, zwei Meter lang und einen Meter breit, in dem ihr scheen Platz habt!" – dies galt den beiden Alten.
Jeder Zweifel war nun beseitigt – die zwei schmerzgepeinigten alten Männer mußten dort ihr eigenes Grab schaufeln. Der Ukrainer arbeitete stöhnend mit der Picke, der Deutsche schaufelte nur noch wimmernd. Bei größeren Steinen mußten wir helfen und sie auf die Seite werfen.

Der Deutsche jammerte, der Ukrainer fragte nun schon fast mechanisch zwischendurch immer wieder jenes „Proč?" – Warum? –, bis beiden vor Anstrengung und Angst der Atem knapp wurde. Hörte einer kurz auf zu arbeiten, wurde er mit „Du faules Schwein!" angebrüllt und erneut mit der Lederpeitsche geschlagen.
Plötzlich fiel Slavku ein, daß es wohl doch besser sei, keine deutschen Zeugen für die offensichtlichen Morde zu haben. Schließlich gab es das völkerrechtswidrige Amnestiegesetz des nun angeblich demokratischen tschechischen Staates im Mai 1945 noch nicht!
Er schickte uns also unter Führung eines bewaffneten Aufpassers weg, der uns etwa 100 Meter den Weg zurückbrachte. Dort mußten wir uns im Wald auf den Boden setzen und still sein. Zwar war das Geschehen nun unseren Blicken entzogen, die Stimmen und sonstigen Geräusche bekamen wir jedoch fast alle mit.
So saßen wir unter den Bäumen, entsetzt, verängstigt, erstarrt, dem Weinen nahe. Wohl jeden von uns packte aber auch kurz die Wut auf diese Feiglinge von Partisanen, die zwei alte, zu jeder Gegenwehr unfähige Männer so peinigten. Wir hüteten uns jedoch, dies merken zu lassen. Mindestens die gefürchtete Peitsche wäre uns sicher gewesen.
Nach einer schrecklichen Ewigkeit schrie Slavku „Stop!" und „Dobrě!" – gut. Die beiden hörten auf zu graben, mußten wohl Picke und Schaufel heraufreichen und mit der Hilfe eines der uniformierten Tschechen herausklettern. Wer nun gehofft hatte, sie würden erschossen und dann begraben, der wurde eines Schlimmeren belehrt.
Kaum standen sie am Rand der Grube, fielen die Bewaffneten mit den tschechisch gesprochenen Worten: „Das ist für die Kinder von Lidice!" mit Gewehrkolben, Steinen und aufgelesenen Knüppeln über sie her. Die Schläge klatschten und dröhnten dumpf zu uns herüber. Die beiden schrieen, fielen auf die Knie, begannen dann zu wimmern und rutschten schließlich schluchzend in die Grube.

Dort lagen sie halb übereinander, die blutigen Köpfe zwischen die zerschlagenen Hände gesteckt und warteten auf den Tod. Der Boß selbst zog seine erbeutete deutsche Wehrmachtspistole und schoß auf die beiden das Magazin leer.
Danach war es urplötzlich still. Wir waren starr vor Entsetzen. Alle schwiegen.
Die Sieger hatten wieder einmal ihre brutale Rache gehabt!
Mit rauher, seine Erregung verratender Stimme brüllte Slavku: „Schnell, schnell! Kommt her!" Wir rissen uns hoch, stolperten zur Grube und trauten uns kaum, in das offene Grab zu blikken.
„Schaufeln! Schnell!" tönte es wieder.
Wir gehorchten mechanisch, nahmen die Schaufel, den Spaten oder unsere bloßen Hände und begannen, die beiden blutüberströmten Toten einzuscharren. Außer dem Geräusch des Schaufelns, dem Scharren der Hände und dem Fallen von Sand und Steinen war nichts zu hören.
Auch unsere tschechischen Peiniger schwiegen. Einige hatten sich eine Zigarette angesteckt, um ihrer Erregung Herr zu werden. Ganz wohl in ihrer Haut war ihnen nun auch nicht mehr.
Auch der Heimweg verlief schweigend. Alle gingen mit gesenkten Köpfen. Kein lauter Befehl, keine Beschimpfungen, keine Schläge und kein Marschieren. Das furchtbare Erlebnis hatte zu ähnlichen Empfindungen geführt – so seltsam das auch klingt. Wir alle hatten zwei scheußliche Morde erlebt, wenn auch unsere Mitwirkung und vor allem unsere Schuld sehr unterschiedlich war.
Der erwachte Frühling um uns war plötzlich tot. Wir hörten kein Vogelgezwitscher, kein Tier im Gesträuch und auch nicht das Rauschen der im Tale unter uns fließenden Elbe.
Vor der Schule im Trott angekommen, wurden wir mit einem „Haut ab!" entlassen. Mit zitternden Knien liefen wir nach Hause. Die Anspannung schwand, das Elend wurde aber immer schlimmer. Meine entsetzte Mutter schlug bei meinem Anblick die Hände über dem Kopf zusammen und stöhnte:

„Um Gottes willen, was haben sie denn schon wieder mit euch angestellt?“
Auf das Sofa sinkend und den Kopf zwischen zwei Kissen vergrabend konnte ich noch schluchzen: „Sie haben die beiden erschlagen! Wir mußten alles mit anhören und das Grab zuschaufeln!“
Dazu meine Mutter nach kurzem Nachdenken und eingedenk der Verbrechen an den KZ-Häftlingen mit vor Resignation müder Stimme: „Ja, ja! *Jedes* Volk hat seine Sadisten!“
Erst Stunden später, als ich wie meine Mutter keinen Schlaf fand, kam mir die schreckliche Frage: Was hätten wir getan, wenn man uns unter der Androhung des Erschießens befohlen hätte, die beiden selbst zu erschlagen?
Hätten wir den selbstmörderischen Mut gehabt, uns zu weigern?
Wir – aber nur wir – waren im doppelten Sinne noch einmal davongekommen!

Die völlig verzweifelte Frau des Ortsleiters stach sich noch am gleichen Abend mit dem Messer in die Halsschlagader und verblutete.
Erst 1946 aus der Heimat vertriebene zuverlässige Zeugen sagten, daß das „Grab“ der beiden bestialisch Ermordeten im Abraum des Steinbruchs zu jener Zeit noch deutlich zu sehen war.

Die WLASSOWTRUPPEN kommen! WAFFENBRÜDERSCHAFT mit den Partisanen

Zwei Tage nach den Morden am Erzieher und dem Gärtner und nur knapp vierundzwanzig Stunden nach der grauenvollen Liquidation des Ortsleiters und des Ukrainers erschraken wir erneut zutiefst, als wieder einmal das harte dreimalige Rattern der Maschinenpistole die Luft zerriß.
Ich verabschiedete mich von meiner wieder tief besorgt blikkenden Mutter und lief zur Schule, wo auf der obersten Plattform der Freitreppe jedoch nur einer der Partisanen stand. Er winkte mit der MP die von beiden Seiten Heranrennenden zwar mit „Honem, honem!“ – schnell, schnell! – hinauf – aber eben ohne die schon gewohnten Beschimpfungen.
Oben angekommen, wurden wir sofort in das frühere Direktorat rechts vom Eingang geschickt. Es diente jetzt als Wachlokal, während die daneben gelegene Wohnung des Schulleiters – einst die meines Großvaters – als vorläufiges Hauptquartier der Partisanen genutzt wurde.
Gleich beim Eintreten registrierte ich mit geschärften Sinnen, die letzten Tage hatten mich gelehrt, nicht aufzufallen und so auch weiterhin zu überleben, daß auch hier die Stimmung eine andere als bisher war. Und – welch Wunder – sogar ein Stuhl zum Hinsetzen wurde jedem von uns angeboten.
Dann fragte Kommandant Slavku einen nach dem anderen, ob wir eine militärische Ausbildung hätten, insbesondere, ob wir mit dem Karabiner umgehen könnten. Da unsere uniformierten Sklavenhalter es ja doch aus uns herausbekommen hätten, bejahten wir dies bis auf drei, die noch zu jung für eine solche Ausbildung gewesen waren. Einer unserer vier alten Männer fügte seiner Meldung noch leise hinzu, daß alle vier im Ersten Weltkrieg mit Tschechen in der gemeinsamen österreichischen Armee gekämpft hätten.
Am Schluß waren wir neun, während die anderen drei wieder nach Hause geschickt wurden.

Zu unserer nicht geringen Verwunderung schien sich Slavku über unsere militärische Einsatzfähigkeit zu freuen.
Während jeder von ein uns ein Stück Brot und eine Scheibe kalten Schweinebraten erhielt und sogar für je zwei eine Flasche Bier verteilt wurde, erklärte er halb deutsch, halb tschechisch die neue Sachlage. Was nicht verstanden wurde, mußte ich mit meinem bißchen Tschechisch übersetzen.
Die „Verrätertruppen“ des Generals Wlassow seien auf der Flucht vor den triumphierenden Sowjets von Schlesien über das Gebirge kommend in Böhmen eingedrungen. Sie bewegten sich nun mordend und plündernd und ihre letzten Tage zählend in Richtung Jaroměř/Josefstadt.
Bis dahin hatten wir über Wlassow und seine Truppen von der deutschen Propaganda nur Gutes gehört. Sie waren im „großdeutschen Rundfunk“ immer als tapfere Kämpfer gegen den Bolschewismus und als Streiter für das „Russische Komitee für die Befreiung der Völker Rußlands“ vom stalinistischen Joch bezeichnet worden. Nun sollten sie Mörder und Plünderer in einem Gebiet sein, das hauptsächlich von Tschechen, ihren slawischen Brüdern, bewohnt war.
Später hörten wir, daß die Truppen in den Orten an der Straße zwischen Náchod und Jaroměř fürchterlich gewütet hatten. Sie waren mit ihren Panzern, gepanzerten Mannschafts- und schweren Lastkraftwagen über Fuhrwerke und Gespanne von fliehenden Schlesiern hinweggefahren, hatten unterschiedslos Deutsche und Tschechen gemordet, Mädchen und Frauen vergewaltigt und auf alles geschossen, was sich ihnen entgegenstellte oder auch nur unangenehm auffiel.
Die Erklärung für dieses sinnlose Morden und Brandschatzen kam jedoch bald. Slavku wußte, daß sie entwaffnet, an die sowjetische Armee übergeben und dann nach Sibirien deportiert werden sollten. Ihnen war dies offensichtlich auch bekannt, und so versuchten sie, sich quer durch Böhmen zu den Amerikanern durchzuschlagen. Einigen gelang dies später auch; an den rachsüchtigen Stalin ausgeliefert und auf seinen Befehl ermordet wurden sie dennoch.

Durch diese Informationen auf den neuen Feind vorbereitet, kam nun Slavkus dringender Wunsch, gemeinsam mit ihm und den Partisanen unser Dorf und seine plötzlich wertvollen Bürger gegen die verräterischen Mördertruppen so lange zu beschützen, bis die Gefahr vorüber sei. Obwohl uns unsere absolute Chancenlosigkeit bei einem tatsächlichen Angriff marodierender Truppen klar war, stimmten wir zu – uns rechtlosen Deutschen blieb ja gar nichts anderes übrig.
Auch erhofften sich manche von uns insgeheim eine bessere Behandlung für die Zeit nach unserem Einsatz als bewaffnete Helfer der Partisanen!
So wurden wir also „dank“ Wlassow Waffenbrüder der Partisanen, jener Leute also, die uns in den letzten Tagen noch geschmäht, bespuckt und geprügelt hatten – eine verrückte Vorstellung; eine verrückte, aus den Fugen geratene Welt!
Wir erhielten grüne Uniformmäntel der deutschen Wehrmacht, natürlich ohne Schulterstücke und Hoheitsabzeichen, deutsche Karabiner und die dazugehörige Munition und wurden zur Nachtwache und zum Patrouillengang eingeteilt. Dabei wurde immer ein Partisan und ein Deutscher zusammen eingeteilt.
Da wir in Klassenzimmer des Schulhauses einquartiert werden sollten, durften wir noch einmal – natürlich unbewaffnet – nach Hause, um dort Bescheid zu geben und uns warme Decken für die Nacht zu holen.
Ich erzählte meiner Mutter hastig die neueste Entwicklung und deren Hintergründe, was sie einerseits mit „Gott sei Dank!“ aber auch mit „Total verrückt!“ kommentierte.
Meine beiden kleinen Geschwister standen wie schon so oft in letzter Zeit eingeschüchtert und an den Rock geklammert neben ihr und ahnten nur das Böse um uns, aber verstanden Gott sei Dank nichts. Ich verabschiedete mich und lief schnellstens wieder zur Schule.

Wir wurden eingeteilt – die Wachzeit begann.

Jeweils zwei Streifen zu je zwei Mann gingen bewaffnet durch das Dorf; eine dritte Wache bekam Sitzplätze auf dem obersten Podest der Freitreppe der Bürgerschule. Für diese wurde ich für die Zeit von acht bis zehn Uhr abends und von zwei bis vier Uhr morgens eingeteilt. Die Zeit bis zu unserem Einsatz saßen wir bedrückt im kahlen Klassenzimmer, in dem ich einmal Rechnen, Schreiben, Lesen und auch etwas Tschechisch gelernt hatte, bevor mich meine Eltern nach Königgrätz ins Internat der deutschen Oberschule geschickt hatten.
Gesprochen wurde wenig; wenn, dann unterhielten wir uns leise über das, was wir in den letzten Tagen erlebt hatten und stellten Mutmaßungen an über das, was nun mit uns geschehen würde.
Erstmalig machte das Gerücht die Runde, daß alle Deutschen und nicht nur die „Reichsdeutschen" aus Böhmen hinausgeworfen werden sollten.
Wir schenkten dieser Ungeheuerlichkeit jedoch keinen Glauben, da wir uns das ganz einfach nicht vorstellen konnten.
Ab zehn Uhr nachts saß ich dann mit Franto, einem der Partisanen, und beschützte mit ihm vom Podest der Freitreppe aus die deutschen und die paar tschechischen Einwohner unseres unruhig schlafenden Dorfes.
Vorgestern noch waren wir erbärmlichen Nazischweine übel drangsaliert, vier waren grausam ermordet worden. Heute hielten wir Wache gegen Truppen, die gestern noch auf deutscher Seite gegen jene gekämpft hatten, mit denen wir nun Wache saßen.
Was würde bei diesem kaum faßbaren Durcheinander wohl die Zukunft bringen?
Immer wieder hörten wir den harten Donner der Panzerkanonen der Wlassowtruppen, der aus Richtung Jaroměř kam, knapp fünf Kilometer elbabwärts. Gott sei Dank drangen sie nicht in unsere Richtung vor, sondern versuchten, zur Hauptstraße nach Königgrätz durchzubrechen, um sich westlich von Prag den Amerikanern zu ergeben. Dies wußten wir jedoch zum Zeitpunkt unseres Einsatzes noch nicht.

Vereinzelte Gespräche, in schlechtem Deutsch und in nicht besserem Tschechisch geführt, drehten sich um Zigaretten, Essen und ums Bier. Auch vorbeifliegende Fledermäuse, die Kühle der Nacht und die gemeinsame Hoffnung, die Truppen mögen nicht elbaufwärts und damit zu uns kommen, wurden angesprochen.

Auch Persönliches war von Interesse. So erfuhr ich, daß Franto aus einem kleinen Ort bei Josefstadt stamme und eigentlich Mechaniker sei. Sein Vater war wegen subversiver Tätigkeit – er hatte im Betrieb über das schlechte Essen und wohl auch über anderes gemeckert – im Juni 1944 eingesperrt worden. Dies war für Franto Anlaß gewesen, Verbindung zum tschechischen Widerstand zu suchen. Aus Angst vor Repressalien gegen die Familie und den Vater hatte er sich den Partisanen allerdings erst vor knapp zwei Wochen endgültig angeschlossen.

Da saß er nun, hatte an brutalen Morden teilgenommen und träumte vom Frieden, von einer gut bezahlten Arbeit und von einem roten Java-Motorrad.

Beide Seiten scheuten sich jedoch, das furchtbare Geschehen der letzten Tage anzusprechen, obwohl es in Hirn und Herz stets gegenwärtig war. Wir Deutschen scheuten dieses Thema, weil nach dieser seltsamen „Waffenbrüderschaft" für uns wieder der bittere Alltag der Besiegten kommen würde. Die Partisanen sagten dazu nichts, weil sie uns jetzt brauchten und weil diese Tatsache mit ihrem bisherigen Siegesrausch und ihren scheußlichen Rachetaten nicht in Einklang zu bringen war.

Dennoch waren die beiden folgenden Tage und insbesondere die Nächte mit den vorsichtigen Fühlungnahmen von größter Bedeutung für uns alle.

Vor allem in der zweiten Nacht, als die Gespräche offener wurden, als die Hoffnung auf eine bessere Zukunft ohne Krieg, ohne den blöden Hitler und seine Nazis und ohne Mord und Totschlag von beiden Seiten mühsam formuliert wurde, kam ein bißchen Verständnis für den jeweils anderen auf. Uns allen wurde unausgesprochen klar, daß die angebahnten vorsichtigen Kontakte eine Rückkehr zum haßvoll-sadistischen Peinigen und brutalen Morden erschweren, wenn nicht unmöglich machen würden.

„Die RUSSEN kommen!“

Wir hatten die „Zlatokopce“, die „einnehmenden“ tschechischen Goldgräber des ersten Tages der herrschaftslosen Zeit, die brutalen Partisanen und ihre widerlichen Morde und die national-russischen Truppen des „Verrätergenerals“ Wlassow überstanden. Nun warteten wir angsterfüllt auf die wirklichen Sieger dieses Wahnsinnskrieges, die stalinistischen Russen selbst.

Alle, aber insbesondere Frauen und Mädchen befürchteten das Schlimmste, handelten diese Truppen doch nach der literarisch verbrämten Empfehlung des großen sowjetischen Dichters und Stalinpreisträgers Ilja Ehrenburg, der in einem seiner „vaterländischen Kriegsgedichte“ unter anderem geschrieben hatte: „Brich ihren Stolz und nimm sie Dir ganz!“ – und er hatte damit ausdrücklich die deutschen Frauen und Mädchen gemeint!

Für zusätzliche Angst hatten die Berichte der Nazipropaganda im „gleichgeschalteten“ Rundfunk und insbesondere in der „Deutschen Wochenschau“ gesorgt. Dort wurden immer wieder alle Greuel aufgezeigt, die sowjetische Truppen nicht nur in jenen Frontgebieten begangen hatten, die bei erfolgreichen deutschen Gegenstößen für kurze Zeit wieder zurückerobert worden waren. Die Bilder der Leichen geschändeter Frauen und ermordeter Greise und Kinder waren bei jedem von uns in frischer Erinnerung – und nun sollten diese Barbaren tatsächlich auch zu uns kommen!

Dann, um den 5. Mai herum, dem Tag, an dem der bis dahin bestens funktionierende deutsche Soldatensender Prag verstummte, war es auch für uns soweit.

Ein vor 1930 in den USA gebauter und irgendwo requirierter offener blauer Ford mit Speichenrädern rollte besetzt mit sowjetischen Offizieren durch die Dorfstraßen. Er hielt vor dem Hauptquartier der Partisanen am Platz vor der Bürgerschule. Unser Partisanenboß erwartete die Gruppe bereits unten an der Freitreppe mit einigen seiner Uniformierten. Auch ein paar von uns waren gekommen und drückten sich neugierig herum. Zuerst gab es eine von den Russen eher lässige und von den Tschechen sehr zackige militärische Begrüßung. Dann folgte ein Palaver in beiden Sprachen, bei dem jedoch ganz offensichtlich kaum Verständigungsschwierigkeiten bestanden. Und wir neugierigen Burschen hatten dabei Zeit, die ersten Russen unseres Lebens zu beäugen. Sie sahen, ihre Uniform ausgenommen, nicht anders aus als andere Menschen auch!

Erstaunt waren wir allerdings über die vielen die Brust schmückenden Orden. Auf der linken Seite waren es russische, erkennbar am Sowjetstern, und oft auch zweifach die gleichen; auf der rechten Brustseite entdeckten wir jedoch zu unserer Überraschung so ziemlich alle Auszeichnungen der reichsdeutschen Wehrmacht und auch der Partei und ihrer Gliederungen, die es im „Dritten Reich“ gegeben hatte.

Da waren das Eiserne Kreuz erster und zweiter Klasse, die einstmals begehrte Nahkampfspange und das Verwundetenabzeichen. Einer hatte sogar ein goldenes Parteiabzeichen in seiner Sammlung, das er von einem „Goldfasan“, wie die alten Parteigenossen im Volksmund genannt worden waren, erbeutet haben mußte. Beim Gesprächsführer und damit wohl dem höchsten der Offiziere baumelte zusätzlich ein blitzender „Ehrendolch“ am Koppel.

Gesuchte Souvenirs waren aus den früher von Uniformierten aller Art sehr begehrten Auszeichnungen schon zu einer Zeit geworden, zu der glatzköpfige Militariasammler dieses Feld noch nicht entdeckt hatten!

Das Gespräch gipfelte in den schon bekannten Feuerstößen aus einer MP, und bald kamen die restlichen der so gerufenen deutschen Sklaven auf den Platz gelaufen.

Slavku eröffnete uns in seiner Mischung aus deutschen und tschechischen Worten die Botschaft der Offiziere: „Lauft sofort durchs Dorf! Sagt allen, daß in etwa einer Stunde sibirische Infanteristen kommen. Alle, vor allem Frauen und Mädchen, sollen unbedingt in den Häusern bleiben, bis sie wieder abgezogen sind! Das gilt für Tschechen und Deutsche! Die Offiziere haben es so befohlen!“ Und – nach einer kurzen Überlegungspause: „Ihr zwei“, er zeigte auf mich und einen früheren Schulfreund, „kommt nachher wieder her! Wir werden Arbeit für euch haben! – Die anderen von euch bleiben aber auch in den Häusern!“

Daraufhin rannten wir durchs Dorf und verkündeten die von viel unerwarteter Selbsterkenntnis zeugende Botschaft der kommandierenden Offiziere. Binnen zwanzig Minuten war niemand mehr zu sehen, das Dorf lag wie ausgestorben. Auch die Tschechen trauten ihren Befreiern nicht!

Beim Zurücklaufen zur Bürgerschule sprang ich schnell noch in unser Haus, um meiner Mutter den Grund für mein weiteres Wegbleiben zu sagen. Friedl, der gute Schulfreund aus der Bürgerschulzeit, tat bei sich zu Hause das gleiche. Dann beeilten wir uns, wieder zur Schule zu kommen und uns bei Slavku zurückzumelden.

Als erstes schickte er uns zum Schulhausmeister; wir sollten uns vier Wassereimer besorgen. Als wir damit zurückkamen, mußten wir sie abstellen, und er fragte uns, ob wir jemanden kennen, der Benzin habe. Die Offiziere bräuchten es für ihr Auto.

Wir mußten passen, denn wir hatten beide keine Ahnung, wo noch Sprit zu finden war. Alle uns bekannten Fahrzeuge, auch die PKW, waren längst entweder auf Holzgas umgestellt, stillgelegt oder beschlagnahmt worden. Dann fiel Slavku das von seinen Leuten irgendwo konfiszierte schwarze DKW-Motorrad ein, das in einem Nebenraum verwahrt wurde. Zwar befand sich in seinem Tank Gemisch, das nicht so ohne weiteres für den Viertaktmotor des Ford brauchbar war. Aber, sei's drum! Es wurde mühsam in eine herbeigeholte große Emailschüssel gekippt und zu den Russen gebracht. Diese beäugten und berochen die bräunliche Brühe zunächst mißtrauisch. Einer steckte sogar den Finger hinein und schnupperte daran. Nach kurzem Zögern entschied dann der Fahrer, daß die nach Benzin riechende Flüssigkeit brauchbar sei.

Ich wurde zum Hausmeister geschickt, um einen großen Trichter zu holen. Dann wurde der Sprit in den Tank gefüllt. Russen und Partisanen hofften also, daß der Motor ihn schon verdauen werde.
Und dann kamen die angekündigten Infanteristen. Es waren klein gewachsene, schlitzäugige Tungusen, etwa dreihundert Mann in staubigen und verschmierten Khakiuniformen. Sie wurden eskortiert und kommandiert von ein paar berittenen Offizieren. Den Abschluß bildeten etwa zehn Panjewagen, gezogen von zwar kleinen und dürren aber sicher zähen Steppenpferden.
Der langen Kolonne wurde Halt befohlen, und sie füllte den Platz fast völlig aus. Dann kam das russische Kommando für „Rührt euch!" – Ein Offizier gab ein paar Befehle in einer uns völlig unbekannten Sprache, und dann setzten oder legten sich die Soldaten ins Gras unter den großen Linden oder auch einfach auf den Kies des Platzes. Sie waren offensichtlich völlig übermüdet, und die meisten schliefen fast augenblicklich ein.
Slavku befahl uns, Trinkwasser zu besorgen. Wir schnappten uns die herbeigeholten Kübel, ließen sie an der angeblich heilkräftigen Quelle des früheren Schloßbrunnens vollaufen und boten durch die Reihen gehend das Wasser den Soldaten an. Einige flaxten zwar, daß ihnen „Wodka", also Kartoffelschnaps, lieber wäre als „Woda", blankes Wasser. Aber sie waren alle dankbar für den Trank.
Andere deuteten auf uns und fragten „němci?" – Deutsche? Auf unser zögerndes „Ja!" kam aber höchstens der allseits bekannte russische Fluch oder auch nur ein Brummen. Mehr von ihren Worten und Zurufen verstanden wir sowieso nicht.
Um ihren Durst zu stillen, tauchten sie ihre schmutzigen hohlen Hände ins Wasser und tranken daraus oder füllten ihre erkennbar von der geschlagenen großdeutschen Wehrmacht erbeuteten Feldflaschen wieder auf. Daß dabei das Wasser sichtbar trübe wurde, störte außer uns aber niemanden.

So mußten wir immer wieder aufs neue Eimer mit frischem Wasser holen, bis nach mehr als einer Stunde endlich alle genug erhalten hatten.
Viele der Soldaten kramten aus ihren früher ebenfalls deutschen Brotbeuteln ein Stück des schwarzen Kastenbrotes und begannen, unlustig zu kauen. Mehr und Besseres zu essen hatten sie offensichtlich nicht, obwohl doch inzwischen Mittagszeit war. Die meisten schliefen auch gleich weiter, froh, eine Verschnaufpause auf dem anstrengenden Marsch zu haben.
Aber auch pinkeln und ihre Notdurft verrichten mußten sie irgendwo.
Als die ersten anfingen, sich einfach zu den Linden hinzustellen und hinzuhocken, griffen die Offiziere ein. Sie wiesen den Soldaten die Büsche am Ende des Platzes zu. Von dort stank es auch noch mehrere Wochen und einige Regenfälle später Richtung Straße.
Nach etwa drei Stunden fuhren die Offiziere in ihrem Ford wieder los, die Berittenen ließen mit uns unverständlichen Befehlen die Mannschaften wieder antreten, und weiter ging es in Richtung der früheren Protektoratsgrenze.
Wie Slavku sagte, mußten sie an diesem Tag noch bis Josefstadt marschieren, wo in den Kasernen der früheren deutschen Garnison sicher Platz für sie war. Wir waren jedenfalls froh, diese auch ihren eigenen Offizieren nicht ganz geheuren Soldaten wieder los zu sein.
Insgesamt hatte es bei dieser ersten Begegnung mit den gefürchteten Russen dank der Vorwarnung durch die einsichtsvollen Offiziere, aber sicher auch wegen der großen Müdigkeit der Soldaten, keinen einzigen Zwischenfall gegeben – weder mit uns noch sonst im Dorfe.
Die ob der überstandenen Ängste nun sehr frohen Mitbewohner, Deutsche wie Tschechen, konnten sich wieder auf die Straßen wagen.
Dieses erste Zusammentreffen sollte jedoch leider nicht das einzige Erlebnis mit den wirklichen Siegern dieses Krieges im

Osten bleiben. Die erste Kampftruppe war nur der Anfang vieler und langer Kolonnen gewesen.

Wehrlose Schlesier auf der Flucht

In der folgenden Nacht erreichte wieder einmal eine Gruppe schlesischer Flüchtlinge, diesmal aus Richtung Hermanitz, also von der Protektoratsgrenze kommend, unseren Ort. Auf etwa dreißig Leiter- und Kastenwagen, bespannt mit Pferden, waren vor allem Frauen und Kinder, aber auch ein paar alte Männer zu sehen. Sie waren ursprünglich wie viele andere aus Richtung Glatz über Bad Reinerz und Náchod gekommen und hatten weiter durch das Protektorat in den Westen Böhmens zu den Amerikanern und dann nach Bayern fliehen wollen.

Wegen der Auflösungserscheinungen der deutschen Armee und der damit verbundenen Unsicherheit im Protektorat waren sie dann von Jaroměř in die Richtung der von Deutschen besiedelten Gebiete des Sudetenlandes abgeschwenkt. Sie wollten nun ihr ersehntes Ziel auf dem Weg um das Protektorat herum erreichen.

Von Slavku wurde der Treck wie schon andere zuvor und noch manche danach auf den Turnplatz in Oberkukus eingewiesen. Sie hatten allerdings auch den Auftrag bekommen, schnellstens weiterzuziehen, da es hier nicht genügend Lebensmittel gab.

Am nächsten Vormittag kamen jedoch aus Richtung Trautenau und damit genau ihrer geplanten Route entgegen die durch Schlesien über Waldenburg und Landeshut durchgestoßenen Haupttruppen der Sowjets.

Schier endlose Züge von Panjewagen, marschierenden Infanteristen mit ihren berittenen Offizieren und zahlreiche Pan-

zerkolonnen mit den T 34 rollten auf der gleichen Straße von Trautenau Richtung Josefstadt, die nicht lange zuvor den Elendszug der KZ-Häftlinge getragen hatte.
Dazwischen wurden durch die Felder und über die Wiesen neben der Straße von berittenen, meist weiblichen Uniformierten, im Jargon des „Dritten Reiches" „Flintenweiber" genannt, große, nach Hunderten zählende Rinderherden getrieben. Mit ihren meist entzündeten, weil kaum gemolkenen Eutern waren sie die lebende und ganz ohne Kühllager und Konservendosen stets frische Marschverpflegung der Truppe.
Gegen Abend kam der Strom der sowjetischen Armee langsam zum Versiegen, und eine Einheit bezog Biwak neben der Straße auf einem großen freien Feld, das noch wenige Tage vorher deutscher Feldflugplatz gewesen war. Jetzt standen und lagen hier außer den ausgebrannten Baracken nur noch einige ebenfalls ausgebrannte Aluminiumgerippe von Flugzeugen herum.
Von da zu den Schlesiern waren es nur etwa dreihundert Meter, und das konnte angesichts der durch ihre Propaganda aufgehetzten Soldaten in ihrer Siegerstimmung nicht gutgehen.
Kaum war die Sonne untergegangen, verließen viele der Russen ihre Panjewagen und Zelte und gingen zum Turnplatz. Fast die ganze Nacht hörten wir dann die hilflosen Schreie der Frauen und Mädchen, die immer wieder vergewaltigt wurden. Dazwischen waren auch mehrmals einzelne Schüsse zu hören, die einerseits als Drohung gegen sich wehrende Frauen und andererseits zur Abschreckung eventueller Beschützer dienten.
Es war eine schreckliche Nacht, in der auch wir, die wir in relativer Sicherheit waren, vor Angst, Mitleid und ohnmächtiger Wut bis in die frühen Morgenstunden nicht einschlafen konnten.
Am nächsten Tag erfuhren wir, daß keine Frau und kein Mädchen über zwölf Jahren verschont worden war. Zwei alte Männer aus dem Treck waren angeschossen worden, als sie be-

drohte Frauen zu beschützen versuchten. Einer von ihnen starb noch am gleichen Tage und wurde auf dem Felde direkt neben dem Turnplatz beerdigt. Den anderen verband unser schon alter deutscher Arzt, der auch die Verletzungen einiger der brutal geschändeten Frauen und Mädchen versorgen mußte.
Erst nach einer weiteren, diesmal glimpflich verlaufenen Nacht konnten die armen Flüchtlinge weiterziehen.
Die bedauernswerten Frauen und die schon alten Männer hatten wieder einmal für die Verbrechen eines Regimes gezahlt, das dem Größenwahn verfallen fast ganz Europa und auch noch Nordafrika mit Krieg überzogen hatte.
Was aus diesen Schlesiern letztlich geworden ist, das weiß ich nicht.

Besuche und neue Heimsuchungen

Ansonsten ging es in unserem Kukus nach den brutalen Morden der ersten Tage verhältnismäßig friedlich zu. Ein Grund mag gewesen sein, daß der Ort durch seine Hanglage beiderseits der Elbe nicht direkt an die durch die nördlichen Hügel führende Staatsstraße stößt. Ein weiterer Grund war sicher auch das bei aller anfänglichen Brutalität jetzt meist halbwegs vernünftige Verhalten „unserer“ Partisanen und „unseres“ Národní Výbor.
Vielleicht machten sie sich auch nur Sorgen um die Folgen, die derartige Ausschreitungen gegen die Deutschen für die hier ebenfalls wohnenden fünf Prozent Tschechen mit sich bringen konnten. Jedenfalls griffen sie ein und versuchten zu vermitteln, wann immer sie gerufen wurden – egal ob von Deutschen oder Tschechen.

Auch an unsere Haustür krachten eines Nachts gebieterisch Gewehrkolben, und laute „Dawai! Dawai!"-Rufe ertönten.
Ich selbst war noch wach, da ich schon vor Tagen von meiner Mutter den Auftrag erhalten hatte, aus der Bücherei meines Vaters alle Bücher nazistischen Inhalts auszusortieren und dann Blatt für Blatt zu verbrennen. Da es keinen Strom gab, tat ich das auch in dieser Nacht in der Küche beim Licht einer Kerze, während meine Mutter schon im Bett lag. Für den Fall des Eindringens von Russen hatten wir vereinbart, daß ich ihnen die Haustür öffnen solle, während meine Mutter durch das Küchenfenster und über den Gartenzaun zum nahen Národní Výbor fliehen und um Hilfe bitten würde.
Gesagt, getan – ich ging also mit meiner Kerze zur Haustür und öffnete. Herein drängten im flackernden Schein des spärlichen Lichtes zwei bewaffnete russische Soldaten. Der eine hatte eine MP, der andere eine Pistole. Der mit der MP brummte grollend in meine Richtung: „Dawai, Undrhusa!" Der andere sagte bekräftigend ebenfalls: „Undrhusa!"
Nun bin ich normalerweise nicht begriffsstutzig, aber ich kapierte einfach nicht, was sie wollten. Sie legten mir mein Zögern falsch aus, und der mit der MP drückte mir seine Waffe in den Bauch und schob mich damit an die Wand. Und nochmals, nun lauter, kam das „Undrhusa!"
Endlich begriff ich, daß es sich um Unterhosen handeln müsse, was die beiden wollten.
Auf Zeitgewinn bedacht und um sie von meinen kleinen Geschwistern im Schlafzimmer fernzuhalten, zeigte ich mit meiner Kerze in Richtung Treppe hinauf zum ersten Stock. Dort waren in unserem nach Süden gelegenen Wohnzimmer Möbel einer Tante untergebracht, die früher in Trautenau gewohnt hatte. Darin befand sich neben anderer Wäsche auch die Kleidung ihres im Kriege an TB verstorbenen Mannes – und, wie ich hoffte, auch Unterhosen.
So stiegen wir, die beiden Bewaffneten hinter mir, die Treppe hoch, und ich führte sie ins Zimmer und öffnete ihnen den Wäscheschrank.

Nach kurzem Suchen fand ich auch mehrere Unterhosen und hielt sie ihnen hin. Mit einem „karascho!" – gut – schnappte sich jeder zwei oder drei, und wir stiegen wieder die Treppe hinunter, wobei ich auch diesmal vorausgehen mußte. Sie hatten in ihrer Schulung über den längst gestorbenen bösen deutschen „Werwolf" gut aufgepaßt! Wir hatten gerade die letzten Stufen erreicht, da kamen plötzlich zwei Tschechen des Národní Výbor mit gezogenen Pistolen zur immer noch offenen Haustür herein. Meine Mutter hatte sie verständigt, und die beiden waren sofort gekommen.
Nun stand ich zwischen den vier Männern, vor mir zwei Pistolen und hinter mir eine und eine Maschinenpistole. Aber Gott sei Dank verlor niemand die Nerven, sondern beide Parteien handelten nach dem in jener Zeit keineswegs selbstverständlichen Motto: „Reden ist besser als schießen!"
Die Tschechen fragten, was los sei, und die Russen zeigten auf „ihre" Unterhosen und redeten weiter drauflos. Die vier einigten sich dann aber sehr schnell, daß die Russen mit dieser nicht allzu wertvollen Beute wieder verschwinden sollten, was sie offensichtlich sowieso vorgehabt hatten.
Nach meinem Dank an die Tschechen brummten die Russen etwas in meine Richtung, was möglicherweise sogar ebenfalls ein Dank sein mochte. Dann gingen alle vier, und ich war allein.
Ich schloß die Tür und fragte mich, ob diese beiden Soldaten nicht zumindest mir gegenüber eigentlich ganz brave und bescheidene Burschen gewesen waren.
Kaum war jedoch die Haustür wieder zu, klopfte es erneut – diesmal jedoch wesentlich zaghafter. Ich öffnete und erblickte meine Mutter – im Nachthemd und mit einem Tuch um die Schultern. So, halb angezogen, war sie aus dem Haus geflüchtet und hatte die Wache des Výbor alarmiert.

Meine Tante war mir auch noch nach unserer Vertreibung dafür böse, daß ich die Russen zu ihrem und nicht zu unserem Kleiderschrank geführt hatte. Aber unserer stand im

Schlafzimmer, wo meine Mutter geschlafen hatte und wo auch meine beiden kleinen Geschwister lagen. Deren Sicherheit war mir jedenfalls wichtiger gewesen als ein paar gebrauchte Unterhosen!

Doch noch öfters drangen Russen bei uns ein. Aber alles verlief eigentlich immer relativ harmlos. In Erinnerung ist mir nur noch ein Geschehnis, das meiner Mutter und mir die außergewöhnliche Robustheit von zwei Russen demonstrierte.
Sie schlugen eines Tages mit ihren Waffen an die Haustür, und da es Tag war, lief meine Mutter nicht fort, sondern blieb in der Küche. Ich ging aufmachen: zwei bewaffnete russische Soldaten standen vor der Tür.
Ich sagte tschechisch „Dobrý den!“ – „Guten Tag!“ und grinste sie so freundlich wie möglich an. Sie verlangten nach „Wodka“; doch da war guter Rat teuer. Jedenfalls drängten sie ins Haus, und meine Mutter versuchte, ihnen in ihrem perfekten Tschechisch klarzumachen, daß wir weder Wodka noch anderen Schnaps im Haus hätten. Sie glaubten ihr nicht ganz, so daß ich sie in die Speisekammer führte, um ihnen zu zeigen, daß nichts da war.
Aber die beiden entdeckten dort grinsend zwei Flaschen – ein große Literflasche und im „Erste-Hilfe-Schränkchen“ eine kleine Apothekenflasche. In der einen war Brennspiritus und in der anderen Salmiak. Und auch ein tschechischer Wortschwall meiner Mutter über die Gefährlichkeit des Inhalts konnte die beiden nicht daran hindern, das fürchterliche Zeug auszutrinken.
Zwar schnappten sie beim Salmiak schwer nach Luft, aber sie tranken auch dieses Fläschchen mit einem tapferen Grinsen leer.
Freundlich verabschiedeten sie sich, offensichtlich sehr zufrieden mit ihrer Beute.

Am Nachmittag des gleichen Tages klopfte auch noch ein älterer, sehr schmächtiger Deutscher an unsere Tür.

Wir ließen ihn ein und führten ihn in unsere große Wohnküche. Er erbat sich etwas Essen und ein Getränk und erzählte uns seine Geschichte.
Er sei Kommunist und habe bis vor wenigen Tagen in einem KZ gesessen, in das er von Hitlers Schergen gesperrt worden war. Nun sei er unterwegs nach seiner Heimatstadt Reichenberg.
Er hätte im KZ Furchtbares erdulden müssen, und er erzählte schreckliche Einzelheiten, die ich hier nicht wiederholen will.
Gerade noch rechtzeitig sei er von den vorrückenden sowjetischen Truppen befreit worden, bevor ihn die SS umbringen konnte.
Unvermeidbar ergab sich zwischen ihm und meiner Mutter eine politische Diskussion, bei der er seinen trotz Stalin ungebrochenen Glauben an den Kommunismus mit einem sehr simplen Satz erläuterte: „Leben und leben lassen!" – das sei Kommunismus.
Für meine Mutter war diese offensichtlich ziemlich naive Äußerung weder in Einklang zu bringen mit Stalins Auslieferung deutscher Kommunisten nach dem Hitler-Stalin-Pakt noch mit dem brutalen Schreckensregime, das Stalin in der Sowjetunion seit vielen Jahren praktizierte.
Für mich war dies die erste Begegnung mit einem „gläubigen" Kommunisten.
Nach etwa zwei Stunden ging er gesättigt wieder; er wollte den nächsten Zug in Richtung seiner Heimatstadt erreichen und wünschte uns zum Abschied eine friedvolle Zukunft.
Letztlich hatten wir eigentlich fast Glück gehabt mit unseren verschiedenen unverhofften Besuchern.

Aber in Hermanitz, drei Kilometer elbabwärts und direkt an der Protektoratsgrenze gelegen, ging es viel schlimmer zu.
Zunächst gab es dort in dieser Endzeit eines wahnwitzigen Krieges, in der die Zivilbevölkerung meist mehr zu leiden hatte als der Soldat, ein ähnlich schreckliches Ereignis wie mit den Schlesiern bei uns.

Auf dem Hochufer der Elbe stand dort früher einmal nicht nur das Stammschloß derer von Waldstein, und die Eltern Wallensteins sind in der auch heute noch dank deutscher Spenden gepflegten Dorfkirche begraben. Dort stand und steht auch direkt an der zur Stromerzeugung aufgestauten Elbe die Baumwollspinnerei, die einmal Igo (Ignaz) Etrich gehörte.

Wer die Geschichte der Fliegerei kennt, der weiß, daß Etrich zu den ersten Flugpionieren zählte. Er erfand die „Etrich-Taube", die ab 1910 von Edmund Rumpler in verbesserter Form als „Etrich-Rumpler-Taube" nachgebaut wurde. Sie war das in Deutschland und Österreich bekannteste Flugzeug vor dem Ersten Weltkrieg.

Zu der Fabrik gehörten auch die an der vom Norden kommenden Staatsstraße gelegenen „Fabrikhäuser", erbaut für die Arbeiterinnen und Arbeiter der Firma und deren Familien. Es handelt sich dabei um zweistöckige Gebäude mit einfachen Wohnungen, die U-förmig um einen großen baumbestandenen Platz gegliedert sind.
Auch dort fielen Russen ein. Sie umstellten das ganze Areal, in dem ja am Ende des Krieges nur noch Frauen und Kinder sowie einige Greise wohnten, und vergewaltigten alle Frauen und Mädchen, alte und noch ganz junge, und schonten auch halbwüchsige Kinder nicht.
Ein zuverlässiger Augen- und vor allem Ohrenzeuge, der von den Tschechen als „Starost" – Bürgermeister – eingesetzt worden war, schilderte seine Eindrücke so:
„Doch gegen Abend kam der Troß und mit ihm das Gesindel, dem Marschall Woroschilow wie im Mittelalter acht Tage Plünderfreiheit gegeben hatte! Des Nachts war es schrecklich, wenn die Russen wild herumschossen und in den Fabrikhäusern die Frauen und Mädchen laut schrieen."
Und weiter: „Unsere Tochter steckte tagsüber in den dichten Himbeersträuchern des Gartens, und in der Nacht war sie auf dem Heuboden versteckt. Von meinen Nichten wurden vier

vergewaltigt. Eine 59 Jahre alte Frau und ein 12 Jahre altes Mäderl mußten wir ins Spital bringen, weil sie von den brutalen Schändern schwer verletzt worden waren! Meine Frau verlor damals vor Angst und Schrecken ihr Gehör!"
Aber auch sonst hausten dort die Sieger wie die marodierenden Banden des schon vergessen geglaubten Dreißigjährigen Krieges.

Wie bereits beschrieben, war Hermanitz der letzte deutsche Ort vor der Protektoratsgrenze. Ganz in der Nähe hatten die schlesischen Trecks abschwenken müssen, hatte die Flucht vieler deutscher Soldaten geendet, sei es, daß sie aus Schlesien kamen oder aus dem Protektorat. Überall lagen Waffen und Munition, gesprengte Geschütze und ausgebrannte Fahrzeuge, es standen aber auch die zum Teil noch unversehrten Lastwagen der Wehrmacht mit Lebensmitteln und sonstigen Gütern aller Art herum. Einen Teil der Waren hatte die Bevölkerung ganz nach Art der Zlatokopce, der Goldgräber von 1945 also, in ihre Häuser gebracht. Andere Fahrzeuge hatten ähnlich Gesinnte aus dem benachbarten tschechischen Siedlungsgebiet geplündert. Daß dort etwas zu holen sein müsse, merkten auch die nun einmarschierenden Russen, und sie wollten ihren Anteil an der Beute haben. Da es auf den umherstehenden Fahrzeugen nichts mehr gab, mußten die begehrten Waren in den Häusern sein. So begann, anfangs freundlich angeleitet und präzise eingewiesen von gut informierten Tschechen, eine Orgie der Plünderung.
Zuerst hatten sie es auf Uhren und Schmuck, insbesondere auf Ringe abgesehen. Dazu kam stets das unvergeßliche „Dawai tschassy!", wenn Uhren gesucht wurden; es war noch lange nach Kriegsende ein geflügeltes Wort, wenn jemand etwas zu Unrecht verlangte.
Später waren Wäsche und Kleidungsstücke besonders begehrt, und die Frauen wurden ganz nebenbei wieder einmal vergewaltigt. Und als es fast nichts mehr gab, trat der „český šperhák", der „tschechische Sperrhaken", in Aktion. Fenster

und Türen wurden aufgebrochen, Möbel, die man ja nicht mitnehmen konnte, zerschossen.
Auch das Eigentum meiner Verwandten in Hermanitz mußte daran glauben. Was nicht geklaut wurde, das zerstörte man – so einfach war die Devise!
Eines Tages gab es dann bei den Deutschen nichts mehr zu holen. Was tun? Ganz einfach – dann waren die als „Auch-Sieger" bisher verschonten Tschechen dran!
Kurz zuvor hatten sie noch den russischen Soldaten den Weg zu den lukrativsten deutschen „Claims" gewiesen, plötzlich ging es ihnen selbst an den Kragen. Schließlich wollten die Nachzügler des Plünderns auch noch etwas von ihrem großen Siege profitieren.
Das Jammern und Wehklagen war nun groß, und der Ruf nach dem Bürgermeister, ihren eigenen Partisanen und dem Národní Výbor ertönte laut.
Doch ließen sich die russischen Soldaten dadurch nicht beirren. Sie plünderten, wo immer sie etwas fanden.

Aber es gab trotz dieser Zeit des Hasses und der Rache auch noch andere Tschechen – jene, bei denen Mitmenschlichkeit und Vernunft über primitiven Haß- und Rachegefühlen rangierten.
So erklärte die tschechische Frau eines kurze Zeit später nach Hermanitz versetzten tschechischen Gendarmerie-Wachtmeisters öffentlich angesichts des Geschehenen:
„Ich muß mich in dieser Zeit schämen, eine Tschechin zu sein!"

„Práce šlechti!“ – Arbeit adelt!

Die Feiern, Besäufnisse, mutwilligen Schießereien aber auch Morde der Sieger des 8. Mai 1945 waren in der Nacht zum elften endlich vorbei. An diesem Tage ertönten etwa um 10.00 Uhr wieder die schon bekannten drei Feuerstöße. Erfüllt von Furcht vor neuen Plagen, machte ich mich wie die anderen eilig auf den Weg zur Bürgerschule. Noch nicht ganz nüchtern klingendes Gebrüll empfing uns.

Wir mußten uns in Zweierreihen anstellen und bekamen von Slavku eine Predigt mit dem Inhalt, daß es jetzt an der Zeit sei, uns zu kennzeichnen, damit man uns deutsche Kriegsverbrecher nicht mehr mit anständigen Menschen, nämlich den glorreichen Siegern dieses Weltkrieges, verwechseln könne. Wir müßten schließlich sofort erkennbar sein für sie, die tapferen Partisanen, für ihre Brüder, die Soldaten und Zivilisten der Union der Sozialistischen Sowjetrepubliken, und auch für jene heldenmütigen Tschechen, die unter den deutschen Nazischweinen so viel gelitten hätten und die nun mit ihren slawischen Brüdern und Schwestern dieses unverdiente Joch endlich abschütteln konnten. Nun seien schließlich sie wieder die unumschränkten Herren und wir die germanischen „Untermenschen“.

Wir hätten nun als ihre fleißigen Arbeiter alles wieder gutzumachen und aufzubauen, was die Hitlerovci und damit automatisch auch wir kaputtgemacht hätten.

Außerdem dürften wir ab sofort unseren Heimatort nicht mehr ohne „Propustka“, den Passierschein des „Národní Výbor“, verlassen. Auf Zuwiderhandlung stünden hohe Strafen bis hin zum Erschießen. Als Bekräftigung hieß es: „Deutsche Munition haben wir noch genug!“

Eine Predigt ist auf jeden Fall besser als die Prügel der letzten Zeit, dachte ich mir im stillen. Dann mußten wir vortreten und durften weiße Armbinden mit einem schwarzen „N“ für „němec“ = Deutscher sowie grüne Dreiecke mit dem gleichen

„N“ in Empfang nehmen. Dabei hatten wir anzugeben, aus wieviel Personen unsere Familie bestände und bekamen für jede Person eine Armbinde und das Dreieck. Dieses, so wurden wir belehrt, sei in Brusthöhe an Jacke, Bluse oder Hemd zu befestigen.
Selbstverständlich mußte jeder von uns sofort an die gelben Judensterne des „Dritten Reiches“ denken. Nun waren wir wohl fast ebenso rechtlos wie unter Hitler die Juden.
Außerdem, so ging es nach der Verteilung der „N“ weiter, sei nun, wie schon gesagt, unser faules Leben als „Herrenmenschen“ – dieses Wort kam wieder einmal im deutschen Originalton – vorbei; ab sofort müßten wir täglich arbeiten. Wir alle hätten uns am nächsten Tag um sechs Uhr in der Gärtnerei des Stiftes zu melden. Die Arbeitszeit sei erst mit dem Dunkelwerden zu Ende.
Zur Einübung dürften wir nun gleich das bei den Siegesfeiern dreckig gewordene Schulgebäude saubermachen.
Nach dieser herrschaftlichen Ergänzung bekamen wir vom tschechischen Hausmeister Besen, Putzlumpen, Eimer und Schrubber; wir wurden eingeteilt und machten uns an die Reinigung der Schulräume, die zum größten Teil aufgrund der Feiern der letzten Tage in einem saumäßigen Zustand waren. Fast überall stieß man auf Erbrochenes, lagen leere Flaschen, zerknüllte Zeitungen, schmutzige Papiere, gefüllte Präservative und stinkende Essensreste herum.
Bei der Reinigung wurden wir immer wieder schikaniert, indem die Partisanen zu ihrem Vergnügen mit aufgenommenem Schmutzwasser gerade erst gefüllte Eimer wieder umstießen, neuen Dreck verteilten, eben gefüllte Papierkörbe wieder ausschütteten und andere Dinge zu unseren Lasten veranstalteten, die sie wohl für Scherze hielten. Doch wir konnten darüber gar nicht lachen.
Ganz offensichtlich war ihre Kreativität auf diesem Sektor außerordentlich gut ausgebildet. Später sollte ich erfahren, daß einige von ihnen lediglich weitergaben, was sie im KZ oder in Gefängnissen selbst hatten erdulden müssen.

Erst gegen sechs Uhr nachmittags waren wir mit der Arbeit dennoch fertig und durften nach Hause gehen. Nochmals eingeschärft wurde uns, das Befestigen der „N“-Schilder ja nicht zu vergessen und um sechs Uhr am nächsten Morgen pünktlich bei der Arbeit zu sein! – Man werde uns sonst mit der Nagaika holen! Slavku schwenkte die seine in unsere Richtung und ergänzte unter dem beifälligen Gelächter der anderen Sieger: „Die kennt ihr doch schon!“

Zwangsarbeiter der Partisanen –

Wir suchen die Kinder von LIDICE!

Pünktlich um sechs Uhr standen wir entsprechend dem strikten Befehl unseres Bosses vor dem gediegenen Eingangstor des Stiftes. Wir wurden eingelassen und nach „links hinten" zur Gärtnerei geschickt. Dazu mußten wir durch den Stiftspark gehen, der früher eine sorgfältig gepflegte Barockanlage mit schattigen Laubengängen, schönen Blumen- und Buchsbaumrabatten, allegorischen Sandsteinfiguren und herrlichen Springbrunnen gewesen war – Werke des berühmten Bildhauers Matthias Braun.

Im Rahmen der „Mobilisierung der Heimatfront" war bereits von den Nazis befohlen worden, daraus einen nur noch nützlichen Gemüsegarten zu machen. Lediglich die langen Laubengänge, die Buchsumrandungen und natürlich die Figuren und Brunnen durften stehenbleiben.

Heute gibt es auch davon nur noch verloren umherstehende Reste. Zwischen den verwahrlosten ehemaligen Laubengängen erheben sich einsam und sinnentleert Figuren und Brunnen in Gras, Unkraut und Brennesseln.

Auch wertvollstes deutsches Kulturgut durfte nicht erhalten, sondern mußte ausgelöscht werden. Nach chauvinistischer Siegermanier durfte nur noch tschechische Vergangenheit in Böhmen existieren – welch ein Widerspruch zur hehren Theorie und zu früheren Forderungen!

Noch 1931 lauteten zwei der Hauptthesen, welche der 6. ordentliche Parteitag der KPČ, der Kommunistischen Partei der ersten Tschechoslowakei, beschlossen hatte:

„Gegen die Besetzung des deutschen Teiles von Böhmen und für dessen Räumung durch die tschechische Okkupationsmacht! Für das Selbstbestimmungsrecht der Nationen bis zur Loslösung vom Staate!" und: „Gegen die obligatorische

Staatssprache – Kampf dem imperialistischen Betrug mit der tschechischen Staatsidee!“
Da sage noch einer, daß Kommunisten starre Dogmatiker und nicht wandlungsfähig sind!
Doch zurück zu den brutalen Realitäten von 1945:
Die Stiftsgärtnerei war also schon unter den Nazis zu einem Gemüselieferanten verkommen, der nicht nur die zahlreichen Stiftsinsassen zu versorgen, sondern auch ein hohes Ablieferungssoll zu erfüllen hatte. Die „Schwererziehbaren“ hatten dort widerborstig gearbeitet, und wir waren jetzt ihre ebenfalls unfreiwilligen Nachfolger.

Bezüglich der Verwaltung warf deren Organisation schon damals ihre kommunistisch-bürokratischen Schatten voraus. Zwei Personen mit fragwürdigen Verdiensten um die Tschechen waren darin tätig. Der Chef war der frühere Vorsteher unseres Bahnhofs, der von der Großgärtnerei natürlich keine Ahnung hatte. Trotz einer tschechischen Abstammung hatte er sich im „Dritten Reich“ wegen seiner deutschen Frau zum Deutschtum bekannt und auf diese Weise den sicher scheinenden Posten erhalten.
Gerüchte gingen um, daß er am Ende des Krieges im Interesse des beginnenden tschechischen Widerstandes mit den beiden verräterischen Zahlmeistern zusammengearbeitet habe. Nun konnte er zwar nicht auf seinem Beamtenposten bleiben, aber ansonsten war ihm nichts geschehen.
Ein fast perfekter „Wendehals“ auch damals schon!
Als Sekretärin fungierte die Frau eines im Krieg gefallenen deutschen Offiziers, die wie wir aus Kukus stammte. Auch sie war aus mir unbekannten Gründen von Repressalien aller Art verschont geblieben.
Kam ich ins Büro, wenn sie allein war, so machte sie mir immer wieder Komplimente und schnurrte um mich herum.
Offensichtlich hatte sie verständliche Sehnsucht nach einem Mann.

Beide hatten die verantwortungsvolle und äußerst schwierige Aufgabe, jeden Morgen die Schaufeln, Hacken und sonstigen Geräte an uns auszugeben und sie abends wieder einzusammeln. Ansonsten hatten sie nichts zu tun, ratschten und rauchten von den Partisanen organisierte Zigaretten.
Überflüssig zu erwähnen, daß es vor dem Kriegsende überhaupt keine eigenständige Verwaltung für die Gärtnerei gegeben hatte!
Da der frühere Stiftsgärtner erschlagen worden war, spielte nun die Rolle des Gärtners mit einigen Fachkenntnissen einer der alten Pfründner. Er war eindeutig überfordert und versuchte mit viel gutem Willen, aber meist mehr schlecht als recht die gesamte Gartenarbeit zu organisieren.
Unsere erste Aufgabe war, überall das Unkraut zu jäten und wieder Ordnung zu schaffen, schließlich war in den letzten Wochen nichts mehr geschehen. Zusätzlich waren die verschiedenen Gewächshäuser zu betreuen, in denen viele Pflanzen eingegangen waren, weil sie niemand mehr gegossen hatte.

Auf diese und andere Routinearbeiten möchte ich jedoch nicht näher eingehen. Ich will lediglich die Geschehnisse herausgreifen, die auch heute noch von Interesse sind.

Die vergebliche Suche nach Kriegswaffen:
Bald nach unserem ersten Arbeitsantritt kam eines Morgens Slavku mit zwei seiner Bewaffneten und befahl mir, eine schwere Axt zu nehmen und mitzugehen. Es mußte schnell gehen! Obwohl ich wegen des warmen Wetters nur eine Badehose anhatte, durfte ich mir nicht einmal etwas überziehen.
Zuerst gingen wir in die im elbaufwärts gelegenen Seitenflügel des Stiftes untergebrachte Wohnung der bettlägerigen Gräfin, ihrer Tochter und des Enkelsohnes. Ihnen und mir gab man als Begründung für unser unerwünschtes Eindringen an, daß alles nach versteckten Waffen durchsucht werden müsse.

Bald merkte ich, daß ich mit meiner schweren Axt nur als Drohpotential mitgenommen worden war. Ich sollte dafür garantieren, daß die zum Teil in den Türen der Zimmer, Schränke und Kästen fehlenden Schlüssel schnell herbeigeschafft wurden. „To je naše český šperhák!" – „Das ist unser tschechischer Sperrhaken!" sagte Slavku zur Tochter und zeigte auf mich und auf die blinkende Axt.
Ich mußte jedoch in keinem einzigen Falle in Aktion treten, da alle benötigten Schlüssel schnell gefunden wurden. Die Durchsuchungen nahmen die drei Partisanen selbst vor. Sie waren dabei nicht wählerisch und warfen aus den meist überfüllten Schränken, Fächern und Schubladen einfach alles auf den Boden und durchwühlten es dann. Ich stand eigentlich nur herum und glotzte auf die mindestens hundert, teils bestickten alten Ballkleider aus herrlichen Stoffen, die vergilbte Spitzenunterwäsche, die vielen Handschuhe und Schuhe, die Anzüge und die protzigen Uniformen aus der österreichischen Kaiserzeit.
Nach einer dreiviertel Stunde zog einer der Uniformierten triumphierend eine schwarze Lederkassette aus einem Schrank, die sich als Etui mit längst vergessenen Duellpistolen entpuppte. Sie hatten ziselierte Silbergriffe und waren auch sonst prächtig anzusehen. Auch ein wenig Munition fand sich an gleicher Stelle.
Selbstverständlich wurde beides beschlagnahmt. Aber ebenso sicher bin ich, daß es wie vieles andere auch „privatisiert" und nicht an den Staat abgeliefert wurde.
Einige Zeit danach wurde nämlich bekannt, daß zwar für alle der konfiszierten Artikel im Auftrage des Staates sorgfältig geführte Listen angefertigt worden waren. Als jedoch später der inzwischen wieder funktionierende tschechische Staat diese Verzeichnisse anforderte, um seinerseits die Beute sichten und registrieren zu können, gingen sie „leider verloren"!
Nach dem erfreulichen Pistolenfund suchten wir noch etwa eineinhalb Stunden weiter und hinterließen ein richtiges Tohu-

wabohu. Nur ich bedauerte bei unserem Weggang die Frauen, die das alles wieder einräumen mußten.

Die zweite Suche galt den Verbrennungsöfen für die „Kinder von Lidice“:
Unsere erste Durchsuchung war, gemessen am Ziel, noch brauchbare Kriegswaffen zu finden, nicht sehr erfolgreich gewesen.
Jetzt zogen wir hinab zur großen Stiftsküche, und ich fragte mich, was wir hier wohl suchen oder gar finden könnten.
Slavku ging jedoch gleich zielstrebig auf eine Stelle im Steinboden zu, wo offensichtlich einmal eine rechteckige Öffnung nach unten gewesen war. Irgendwann war sie dann mit starken Bohlen aus Hartholz verschlossen worden.
Trotz der mehrfachen Beteuerungen der alten Köchin, daß hier seit mindestens zwanzig Jahren niemand mehr versucht hatte, die ehemalige Öffnung freizulegen, befahl mir Slavku, mit meiner langen Axt tätig zu werden und die Bohlen zu beseitigen. Dies war jedoch leichter gesagt als getan und wirklich harte Arbeit, da die hohl liegenden Bohlen bei jedem Hieb zurückfederten.
Bald war uns allen klar, daß ich die Aufgabe allein und in zumutbarer Zeit nicht schaffen würde. So wechselten wir uns ab, und jeder von uns durfte im kurzen Abstand von etwa drei bis vier Minuten die Axt schwingen.
Endlich, nach etwa zwanzig Minuten, hatten wir es geschafft – die erste Bohle war zerhackt und entfernt. Die weiteren waren kein Problem mehr, und bald war die ganze Öffnung frei.
Im Halbdunkel darunter erblickten wir eine gemauerte Treppe, die ohne Geländer ins Kellergeschoß führte. Dazu muß bemerkt werden, daß dieses Geschoß wegen der Hanglage des ganzen Stiftes nur auf der einen Seite Keller war, auf der anderen jedoch völlig unbenutztes Erdgeschoß, dessen schmutzig-blinde Fenster von außen schwer vergittert waren.
Die vor Angst zitternde und ganz verschreckt blickende Köchin drückte mir auf Verlangen Slavkus eine alte Petroleumlampe

in die Hand, während er selbst seine dafür mitgebrachte Taschenlampe einschaltete.
Und dann stiegen wir vorsichtig die mit einer erkennbar seit langem unberührten dicken Staubschicht überzogenen Stufen hinab. Auf den ersten Blick war klar, daß seit mehreren Jahrzehnten hier niemand mehr umhergegangen war.
Überall hingen staubig-graue Spinnweben, und alter Dreck von Fledermäusen und verschiedenen Vögeln war zu sehen. Ebenfalls staubüberzogenes Gerümpel lag herum, angefangen von riesigen alten Töpfen über vergammeltes Küchengerät bis hin zu kaputtem Geschirr. Halb vermoderte Bretter, Kommoden und Schubladen vervollständigten das Bild der vergammelten Rumpelkammern.
Dennoch mußten wir alles durchsuchen, wobei Slavku insbesondere an Mauervorsprünge klopfte, ob sie wohl innen hohl seien, und nach Öffnungen im festen Mauerwerk suchte. Besonders genau wurde ein alter Kamin überprüft, dessen verrostete Eisentür ich mit der Axt herausbrechen mußte. Außer Ruß war darin aber nichts zu finden. Auch nach Kohle, Koks und Benzinkanistern mußten wir Ausschau halten, fanden jedoch auch davon nichts.
Slavku verwendete gegenüber seinen Leuten immer wieder die Ausdrücke „krb“ für Kamin und „kost“ und „kosti“ für Knochen, und ich wußte überhaupt nicht mehr, worum es bei unserer intensiven Suche in mehreren dieser verlassenen Kellerräume eigentlich ging. Aber wir fanden ganz offensichtlich nichts von dem, was erwünscht gewesen wäre, worüber die drei Sieger sichtlich sehr enttäuscht waren.
Endlich stiegen wir dreckig geworden zurück in die Küche, stellten einen Tisch über das Loch, und ich wurde gnädig in die Gärtnerei entlassen. Unterwegs stieg ich in einen der einladenden breiten Springbrunnen, um den Staub und Dreck halbwegs wieder loszuwerden.
Erst am nächsten Tag wurde mir klar, was wir eigentlich gesucht hatten.

Wieder kamen die drei am frühen Vormittag, wählten diesmal allerdings den kleinsten und schmächtigsten von uns aus und verschwanden mit ihm und einer kurzen Holzleiter im Gebäude.
Wie er uns später erzählte, ging es in jenen Heizungskeller, von dem aus früher einmal die zweihundert Jahre alte, aber bis dahin noch funktionsfähige Fußbodenheizung unter dem großen Speisesaal betrieben worden war.
Von dort aus hatte er, nur mit seiner Unterhose bekleidet und mit einem vor Nase und Mund gebundenen Taschentuch versehen, über die mitgenommene Leiter in die Öffnungen der rußigen, waagerecht gemauerten Schächte der Heizung kriechen müssen. Er sollte mit Hilfe der Taschenlampe feststellen, ob irgendwo verkohlte Knochen oder Reste von Knochen lagen.
Er wurde immer wieder zu neuen Schachtöffnungen geschickt und mußte sich so weit wie vom Raum her überhaupt möglich hineinzwängen. Immer von neuem zog er schwärzer als irgendein Kaminkehrer seinen Kopf und Oberkörper aus den engen Schächten heraus, ohne auch nur ein einziges Knochenstück gesehen zu haben. Als er aber auch nach fast zwei Stunden der Quälerei noch immer nichts gefunden hatte, wurde die sinnlos gewordene Suche abgeblasen. Die Enttäuschung der drei war groß, und unser Mitsklave wurde auf dem Umweg über eines der auch schon von mir benutzten Brunnenbecken wieder zu uns geschickt. Sauber war er im klaren Wasser jedoch nicht geworden, dazu brauchte er später mit Seife und Bürste noch über eine Stunde.
Er kam wieder zu uns in den Garten und erzählte, was er der Unterhaltung der Tschechen und seinem schwierigen Suchauftrag entnommen hatte. Zusammen mit späteren Gesprächsfetzen und weiteren Informationen, die ich zum Teil erst nach der Vertreibung aus der Heimat erhielt, ergab sich letztlich folgendes Bild:
Noch im Protektorat des tschechischen Ministerpräsidenten Dr. Emil Hacha war unter den Tschechen das Gerücht ent-

standen, daß im Stift Kukus die achtundneunzig „Kinder von Lidice“ gegen Ende des Krieges ermordet und verbrannt worden seien, nachdem sie zuerst zur „Eindeutschung“ in einem Lager der Waffen-SS gewesen waren.
Zur Zeit der „Befreiung“ hatte sich die tschechische Presse der Sache angenommen und damit dem Gerücht zusätzliche Nahrung und Glaubwürdigkeit verliehen.
Um endlich die Wahrheit herauszufinden, waren nicht nur der Obererzieher, der Erzieher und der Stiftsgärtner bei Verhören aufs Brutalste geprügelt und schließlich ermordet worden, sondern auch der Ortsleiter und der Ukrainer. Alle fünf hatten jedoch bei diesen Folterungen zur Sache absolut nichts aussagen können, weil sie davon nichts wußten und auch nichts wissen konnten.
Eine tschechische Untersuchungskommission, die dann eingesetzt wurde, ließ nochmals alles überprüfen und dabei sogar den Fußboden über den genannten Heizungskanälen aufbrechen. Sie stellte im Sommer 1946, also nach mehr als einem Jahr seit Beginn der Überprüfungen, folgendes fest:
Im Spätherbst 1944 waren vor der sowjetischen Armee gerettete ostpreußische Waisenkinder getrennt von den schwererziehbaren Jugendlichen im Stift untergebracht und dort auch einige Zeit betreut worden. Diese Kinder waren dann im Frühjahr 1945 vor den nun über Schlesien herannahenden russischen Truppen „ins Altreich“, in die vermeintliche Sicherheit gebracht worden.
Aus diesem damals ganz normalen Vorgang entstand das genannte böse, aber angesichts der wahnwitzigen Greueltaten der Nazis gar nicht so unglaubwürdige Gerücht. Es kostete fünf Männern unseres Ortes unter furchtbaren Qualen das Leben.
Die von der Waffen-SS verschleppten „Kinder von Lidice“ waren nie in Kukus gewesen!

Die Schwester des Chefs

Der dritte Vorgang betraf unseren Boß selbst beziehungsweise seine Schwester! Slavku kam eines Tages zu mir und sagte:
„Wolfe, pomoc mně!" – „Wolf, hilf mir!"
Auf meine Frage, wobei ich ihm denn helfen solle, erzählte er mir folgende heute fast unglaubliche Geschichte:
Als er nach seiner Verurteilung im Frühjahr 1943 ins KZ kam, wurde seine in die inkriminierte Angelegenheit ebenfalls verstrickte Schwester gezwungen, zunächst in einer deutschen Kaserne im Protektorat als einfache Küchenhilfe zu arbeiten. Als sie, die vermeintlich leichte Beute, mit dem begehrlichen Küchenbullen nicht hatte schlafen wollen, war sie nach entsprechender Denunziation einem Wehrmachtsbordell überstellt worden. Dort hatte sie fast bis zum Kriegsende „arbeiten" müssen.
Darin befand sie sich auch noch im April 1945, als sich nicht nur die deutsche Wehrmacht aufzulösen begann, sondern auch das nun überflüssige Bordell. Die befreiten „Nutten" versuchten, in ihre früheren Heimatorte zurückzukehren, was der Schwester nach langem Fußmarsch und viel Versteckspiel auch fast gelang.
Dabei hatte sie jedoch nicht mit dem großen Haß und der noch ungestillten Rachsucht ihrer eigenen tschechischen Landsleute gerechnet. Sie wurde kurz vor ihrem Heimatort erwischt, schwer mißhandelt und mit anderen „Kollaborateurinnen" eingesperrt.
Dazu gehörte auch, daß ihr die Haare am ganzen Leibe ohne Seifenschaum und mit stumpfer Klinge abrasiert wurden, so wie dies ja auch in Frankreich und Italien in ähnlichen Fällen nach der „Befreiung" geschehen ist.
Ein paar Tage vor meinem Gespräch mit dem Boß war sie wegen der Verdienste des Bruders um den tschechischen Widerstand entlassen worden und hatte sich nun bei ihm gemel-

det. Eine zuverlässige Botin war gekommen und hatte ihn gefragt, ob er der Schwester helfen und ob sie bei ihm unterkommen könne. Es galt, die Zeit abzuwarten, bis sich „der Volkszorn" wieder gelegt hatte.
Und um noch etwas bat er mich – ich solle niemandem etwas sagen, bis er die leidige Geschichte seinen „kamaradi" beigebracht habe.
Am nächsten Tag holte ich nach seinen präzisen Anweisungen aus verschiedenen Räumen des Hauses Möbel zusammen und räumte zwei von ihm ausgesuchte Zimmer damit ein – das eine als Schlaf- und das andere als Wohnraum.
In der Abenddämmerung des gleichen Tages kam bereits die schon angekündigte Schwester.
Ihre Haare waren wenige Millimeter lang, sie wirkte verängstigt, müde und deprimiert, obwohl sie doch jetzt erstmals wieder in voller Sicherheit war. Nur ein bißchen tränenumflorte Freude kam auf, als sie ihren Bruder zur ersten Begrüßung umarmte. Und beide verschwanden ohne viele Worte sofort in den vorbereiteten Zimmern. Dort blieb die Schwester meist versteckt die ganzen weiteren Wochen bis zu unserer Vertreibung im Juli 1945.
Ab dieser Zeit und damit ab dem Vertrauensbeweis, den Slavku mir gegeben hatte, war es mir ab und zu möglich, für unsere Arbeitsgruppe durch persönliche Rücksprache kleine aber wichtige Erleichterungen zu erreichen. Ich hörte zwar manchmal ein hartes: „Wolfe, pozor!" – „Wolf, nimm dich in acht!" aber er versuchte dann doch, auftretende Härten für uns erträglicher zu regeln.
Wenn zum Beispiel abends um neun Uhr, nach fünfzehn Stunden Arbeit also, einer seiner Mitsieger daherkam und etwas von uns wollte, was angeblich unbedingt heute noch erledigt werden mußte, so verlegte er die Arbeit, wann immer es ging, auf den nächsten Morgen. Und auch etwas mehr und besseres Gemüse als bisher durften wir uns nun für unsere wie wir meist darbenden Familien nach Hause mitnehmen.

Kein Spinat für die Sieger!

Wir mußten aus der Gärtnerei auch an die Tschechen im nahen Königinhof Gemüse liefern.
Eines Tages ernteten wir eine ganze Wagenladung großblättrigen Spinat. Er war zwar noch in der Zeit des „tausendjährigen Reiches“ gesät worden, aber man sah es ihm nicht an. Ich erinnere mich noch gut, daß wir alle miteinander, Partisanen und Arbeitssklaven, stolz auf diese große Ernte waren.
Aber am nächsten Morgen kam der Laster, der gleiche, auf dem die beiden Gemarterten Anfang Mai zu ihrem Grab in den Elbbuschen gefahren worden waren, wieder aus der Stadt zurück. Man hatte dort nur drei oder vier Kisten losgebracht, dann war man mit der siegergemäßen Aussage wieder weggeschickt worden: „Spinat sollen die blöden Deutschen fressen! Wir essen jetzt Fleisch!“
Die so argumentierenden Tschechen ahnten noch nicht, wie schnell ihnen die Fleischgelüste im bald herrschenden, auch bei ihnen „real existierenden“ – oder „real deprimierenden“? – Sozialismus/Kommunismus zwangsläufig vergehen würden.
Der Spinat wurde dann an uns Deutsche verteilt. Doch über die Zulässigkeit dieser Entscheidung waren erst noch ernsthafte Diskussionen unter den Partisanen notwendig!
Aber einen ganzen Lastwagen voll konnten wir nicht brauchen. So landete der Großteil für uns alle demotivierend auf dem Komposthaufen.
Wir hatten nun noch weniger Lust, halbwegs gute Arbeit zu leisten und rächten uns später bei der Erdbeerernte.
Obwohl die Pflanzen wunderbar geblüht hatten und auch entsprechend ansetzten, gab es nur wenige Körbe voll reifer Früchte, die wir dann auch tatsächlich ablieferten.
Alles andere war eben verfault, was nicht einmal ganz gelogen war. Wir aßen Erdbeeren, bis wir beinahe platzten. Wohl niemand von uns hat früher oder später wieder so viele dieser köstlichen Früchte gegessen!

Auch die Tschechen lernten in den kommenden kommunistischen Jahrzehnten gründlich, wie sich jeder vor echter Leistung drückt, wenn nichts dabei herausspringt. Entsprechend schlecht und für die Sieger besonders deprimierend funktionierte ja dann auch ihre Wirtschaft.

Das uns eigentlich zustehende fürstliche Salär konnte auch keine Motivation zu guter Arbeit sein. Zwar hatte man uns gelegentlich erklärt, daß unsere Arbeit mit achtzehn Pfennig je Stunde vergütet würde, jedoch mit höchstens einer Reichsmark täglich. Dieser „stolze Betrag" entspreche dem, was die deutschen Rüstungsfirmen ihrerseits während des Nazireiches für ausgeliehene Häftlinge gezahlt hätten.
Aber auch diese tägliche Reichsmark hat in dem uns damals aufgezwungenen Okkupationsgeld, den „okupační peníze", keiner von uns je zu sehen bekommen. Angeblich waren damit die Kosten unserer Bewachung verrechnet worden.
Wer weiß, in wessen tiefe Taschen dieses Geld verschwand?

Auf zur Feldarbeit!

Zwischendurch wurden wir auch einmal für etwa zwei Wochen auf die Felder des früheren Jesuitengutes im elbaufwärts gelegenen Stangendorf ausgeliehen. Es war schon in der ersten Republik, dann im „Dritten Reich" und zu dieser Zeit wieder staatliche Domäne gewesen.
Gemeinsam mit den Burschen aus dem Ort, die dort ständig eingesetzt waren, hatten wir auf den kilometerlangen Feldern Futterrüben zu behacken. Das heißt, wir mußten das Unkraut beseitigen und die Erde auflockern.
Es war eine ziemlich langweilige und leider auch bestens von peitschenschwingenden Aufsehern überwachte Fronarbeit.

Ständig standen sie hinter uns und reckten begleitet von bösen Schimpfworten drohend die Lederpeitsche, wenn wir nach ihrer damals für uns leider maßgeblichen Meinung nicht schnell genug waren.
Das einzig Gute war dort das Essen. Unsere tschechischen Bewacher schätzten nach dem Königinhofer Sieger-Motto selbst üppige Fleischportionen, und wir bekamen eigentlich immer genügend ab.
Dabei war die Methode der Fleischbeschaffung trotz der vorhersehbaren Endlichkeit fast genial einfach. War eine Kuh aufgegessen worden, so wurde der nächsten das Bajonett in den Hals gestochen. Sie verendete, der Kopf wurde abgetrennt, der Kadaver ausgeweidet und enthäutet – und schon gab es wieder genug Fleisch!
Nach dem „Rübeneinsatz" kamen wir wieder zurück in die schon gewohnte Stiftsgärtnerei.
Da ich fast immer in einer Bade- oder Turnhose gearbeitet hatte – spezielle Arbeitskleidung gab es selbstverständlich keine – war mein ganzer Körper tiefbraun geworden. Dadurch fiel ich den vorbeikommenden Tschechen besonders auf, die nach dem Kriege wieder erstmalig das Barockkleinod Kukus besuchten.
Von manchen gab es dann Beschimpfungen nach dem Motto: „Dir werden wir es schon noch zeigen!" – „počkey, tebe to eště ukážem!"
Aber es gab auch andere, vernünftige Tschechen, die das Gespräch mit uns suchten und die sich für unsere rechtlose und daher schwierige Situation ohne eigene Rachegelüste tatsächlich interessierten. Sie fragten zum Beispiel danach, was wir angestellt hätten oder mit welcher Begründung man uns hier arbeiten lasse. Meine Antworten führten zu manchem Kopfschütteln und auch zur Frage, wie es denn weitergehen solle. Dazu wußte ich aber sicher weniger als die Besucher.

Im Juli verdichteten sich dann auch die schon seit Ende Mai kursierenden Gerüchte, daß „die Deutschen" bald aus Böh-

men rausgeschmissen würden. Mir erzählte dies mit spürbarem Bedauern ein durchaus wohlwollendes tschechisches Ehepaar aus Königgrätz, das die Stiftung und auch den gegenüber früher enttäuschenden Park besichtigte.
Wir Deutschen konnten oder wollten das alles jedoch immer noch nicht glauben – es war für uns einfach unvorstellbar. Viele dachten auch, das könne doch nur die während des Krieges in den „Luftschutzbunker des Reiches“ nach Böhmen evakuierten „Reichsdeutschen“ betreffen.
Doch Ende Juli 1945 war es dann soweit – wir wurden mit nur ganz wenigen unserer Habseligkeiten aus der vor mehr als achthundert Jahren besiedelten Heimat unserer Vorfahren vertrieben!

Vom Haß verjagt – der 30. Juli 1945

„Die Beseitigung des Streites zwischen uns und unseren Deutschen wird eine große politische Tat sein. Handelt es sich doch um die Losung einer jahrhundertealten Frage, um die Regelung des Verhältnisses zwischen unserem Volk und einem großen Teil und damit dem ganzen deutschen Volk."

Tomaš Garrigue Masaryk (1850 – 1937)
Gründer und Präsident der ČSR von 1918 – 1935
in seinem Buch: „Die Weltrevolution"

„Das Selbstbestimmungsrecht ist eine schöne Phrase. Jetzt aber, da die Entente gesiegt hat, entscheidet die Gewalt!"

Alois Rašin, tschechischer Minister,
am 4. November 1918 (!) gegenüber einer Delegation von Sudetendeutschen.

Am späten Nachmittag eines jener heißen Tage Ende Juli 1945 erstarb nach und nach die Arbeit in der Gärtnerei. Ein ungewohntes Gefährt war durch den früheren Park gerollt und am hinteren Eingang des Stiftes der Barmherzigen Brüder stehengeblieben. Es war ein von einem Pferd gezogener Leiterwagen mit etwas aufgeschüttetem Stroh in der Mitte.
Da uns niemand daran hinderte, gingen wir neugierig hin, um zu sehen, was es damit für eine besondere Bewandtnis habe. Um den Wagen herum standen Slavku und drei weitere „unserer" Partisanen. Sie unterhielten sich darüber, ob und wie man die über achtzig Jahre alte und seit Wochen bettlägerige Gräfin auf diesem Wagen bis zum Bahnhof der früher österreichischen Festung in Josefstadt (Josefov) transportieren könne.

Unsere erstaunte Frage war natürlich, warum sie denn dort hingeschafft werden müsse.
Slavku herrschte zu uns gewandt, es sei der Befehl ergangen, schon morgen fast alle Deutschen aus Kukus und den umliegenden deutschen Ortschaften bis zur früheren Protektoratsgrenze nach Sibirien zu deportieren.
„Dazu müßt ihr zum Bahnhof Josefstadt, dort wird ein Zug für euch bereitstehen.
Ihr werdet rausgeschmissen! Wir Tschechen sind die Sieger und werden hier überall einziehen!“
Nach dem ersten sprachlosen Erschrecken fragte ich, ob dies wirklich wahr sei.
Er sagte: „Ja, bestimmt! Ich mach mit sowas keine Witze!“
Daraufhin bat ich ihn, uns nach Hause zu lassen, damit wir packen könnten.
„Da braucht ihr nicht viel packen!“ war die Antwort. „Ihr dürft sowieso nur einen kleinen Koffer oder Rucksack und eine Tasche pro Person mitnehmen – aber keine Wertsachen! – Haut ab! Wir werden euch morgen früh um vier Uhr wecken und dann zum Bahnhof bringen.“
Halb betäubt liefen wir also letztmalig die schöne Kirschbaumallee zur Elbe hinunter und nach Hause, um die bittere und eigentlich unglaubliche Nachricht zu überbringen.
Kaum angekommen, erfuhren wir jedoch, daß fast alle Deutschen bereits vom „Národní Výbor“, dem in jedem Ort geschaffenen tschechischen Nationalausschuß, darüber informiert worden waren, daß sie als „freiwillige Aussiedler“ bis auf wenige Ausnahmen morgen das Land zu verlassen hätten. Einigen war auch schon eine vorgedruckte „Erklärung“ zur Unterschrift vorgelegt worden, auf der sie die aufgezwungene „Freiwilligkeit“ der Vertreibung durch Unterschrift bestätigen mußten.

Eine Besonderheit ergab sich bezüglich meiner Großeltern. Ihnen war gesagt worden, daß sie hierbleiben könnten. Dies sei eine Anweisung aus Prag von Ján Masaryk persönlich,

dem Sohn des Staatsgründers, der schon 1940 im Exil in London und nun endgültig zum Außenminister des neuen Staates avanciert war.
Sein Leben sollte allerdings bereits am 10. März 1948 nach dem kommunistischen Staatsstreich Gottwalds durch einen neuerlichen, den dritten „Prager Fenstersturz“ enden.
Der Grund des Angebotes an meine Großeltern lag darin, daß Tomaš Garrigue Masaryk, der Gründer der ČSR, und mein Großvater gute Bekannte gewesen waren.
Nach nur kurzem Nachdenken entschlossen sich meine Großeltern, das Schicksal ihrer Kinder und Enkelkinder zu teilen. Mein Großvater teilte dies sofort den Vertretern des Národní Výbor mit, wo seine Entscheidung akzeptiert wurde. Nach der Rückkehr vom Výbor, wo auch er die Freiwilligkeit seiner Aussiedlung schriftlich hatte bestätigen müssen, stellte er müde und resigniert fest: „Jetzt haben es die Panslawisten also geschafft!“ Und erläuternd: „Schon 1918 wollten Hanuš Kuffner und seine Mitstreiter die Deutschen verjagen und den gesamten Böhmerwald, das ganze Erzgebirge mit einem weiteren Teil Sachsens, das halbe Schlesien und auch Österreich fast bis Wien der Tschechoslowakei einverleiben. Hitlers schrecklicher Weltkrieg hat ihnen jetzt dazu die schon lange erwünschte Gelegenheit gegeben!“
Wir begannen, unsere wichtigsten Sachen zu packen für eine absolut unfreiwillige Fahrt ins Ungewisse. Niemand war bereit oder imstande gewesen, uns eine ehrliche Auskunft über das Reiseziel zu geben. Wieder wurde auch hier gerüchteweise vor allem Sibirien genannt, was uns mit großer Sorge, ja Angst erfüllte.
Ein besonderes Problem entstand für unsere unvollständige Familie durch meine beiden kleinen Geschwister.
Mein Vater war, wie wir rund zwei Jahre später erfuhren, in Ungarn in russische Gefangenschaft geraten und konnte uns nicht zur Seite stehen. Andererseits war dies wahrscheinlich sein Glück. Wer weiß, was die Tschechen mit ihm als deutschem Lehrer angestellt hätten.

Meine Schwester war Ende Juni sieben Jahre alt geworden, mein jüngerer Bruder war noch nicht einmal fünf und ich seit einigen Tagen siebzehn.
So blieben zum Tragen des Gepäcks nur meine Mutter und ich, so daß es völlig unmöglich war, die erlaubten 20 kg pro Person zu tragen.
Wir reduzierten daher die zur Mitnahme vorgesehenen Sachen auf das absolute Minimum, wobei wir aber nicht vergaßen, alle notwendigen Papiere und Urkunden sowie alles noch vorhandene deutsche Geld einzupacken beziehungsweise bereitzulegen. Das wenige tschechische, in der Sowjetunion gedruckte Okkupationsgeld, „okupační peníze" genannt, legten wir wie angeordnet auch auf den Küchentisch.
Am Schluß unseres Aussortierens enthielten ein kleiner, aber heute noch existierender stabiler Koffer, ein Rucksack, auf dem das wichtige Töpfchen meines kleinen Bruders thronte, und drei Taschen unsere ganze Habe.
Am nächsten Tag, dem 31. Juli 1945, ratterten um vier Uhr früh für uns zum letzten Male die Maschinenpistolen der Partisanen. Die Schüsse galten heute für alle Deutschen und nicht nur für die bisherigen Arbeitssklaven wie mich. Außerdem liefen Angehörige des Národní Výbor und Partisanen durch die Straßen, um jene zu wecken, die in dieser angstvoll verbrachten Nacht irgendwann doch hatten einschlafen können. Vom Výbor wurden wir auch nochmals daran erinnert, um fünf Uhr unbedingt pünktlich am Sammelplatz auf dem schon erwähnten Turnplatz in Oberkukus zu sein.
Wir wuschen uns, zogen uns an, versorgten meine noch müden und daher quengelnden Geschwister und aßen unser letztes Frühstück in unserem eigenen Hause.

Erst 1968, während des „Prager Frühlings" der Dubček-Ära, sollten meine Mutter, meine Frau und ich das nächste Mal – wenn auch nur für zwei Stunden – in diesem Hause sein.

Kurz vor fünf zogen wir hinauf zum Turnplatz, nicht ohne – wie befohlen – die Türen und Fenster geschlossen und die Schlüssel in den Schlössern steckend hinterlassen zu haben. Dort warteten bereits einige der Partisanen und die meisten unserer deutschen Leidensgenossen.
Das Gepäck wurde auf drei bereitgestellte und mit Pferden bespannte Kasten- beziehungsweise Leiterwagen verladen; auch kleine Kinder durften dort Platz nehmen. Zwei bettlägerig gewesene Kranke wurden angeschleppt und ebenfalls hinaufgelegt.
Dann formierten die Partisanen und ihre zivilen Helfer vom Národní Výbor zwar mit lautem Geschrei aber ohne die schon gewohnten üblen Beschimpfungen unsere Kolonne.
Es war dies die Stunde ihres spätestens seit 1918 ersehnten Triumphes über uns, die alteingesessenen Deutschen Böhmens, Mährens und Sudetenschlesiens.
An die Spitze des Zuges kamen die größeren Kinder und deren Mütter, danach die fast ausschließlich weiblichen Jugendlichen, dann die vielen Frauen und die wenigen alten Männer. Dahinter eingeordnet wurden die Pferdefuhrwerke mit unserem Gepäck.
Eskortiert wurden wir von „unseren“ Partisanen, von denen zwei an der Spitze des Zuges, zwei an dessen Ende und die anderen an den Seiten gingen.
Das vorgesehene weitere Fuhrwerk mit der alten Gräfin war nicht dabei. Ihre Tochter hatte durch ein Telefonat mit Prag erreicht, daß sie vorläufig dableiben durfte.
Die alte Dame starb kurze Zeit später; Tochter und Enkelsohn wurden dann auch vertrieben.
Kurz nach fünf Uhr kam der Befehl zum Abmarsch. In der schräg einfallenden Morgensonne zogen wir zunächst vom Turnplatz zur vorbeiführenden Staatsstraße. Dort auf diesem Platz hatten wir als Kinder gespielt, dort waren unsere deutschen Turnfeste abgehalten worden. Dort hatten aber auch die Wagen der flüchtenden Schlesier gestanden, als sie von

den russischen Soldaten überfallen und Frauen und Mädchen brutal vergewaltigt worden waren.
Vom hochdekorierten sowjetischen Marschall Woroschilow waren ja schließlich acht Tage mittelalterliche Plünderungsfreiheit angeordnet worden; da war dies sicher nur ein Nebeneffekt gewesen.
Dann erreichten wir die Staatsstraße, die Verbindung zur früheren tschechischen Bezirksstadt Königinhof (Dvůr Králové) und auch zur späteren deutschen Kreisstadt Trautenau.
Diese Straße hatte in den letzten Kriegstagen das schier unbeschreibliche Elend von mehreren hundert aus Polen von der SS zweimal zur Dezimierung vorbeigetriebenen KZ-Häftlingen ertragen müssen. Später hatte sie außer den schlesischen Flüchtlingen die russischen T 34-Panzer getragen. Dann kamen die vielen Panjewagen mit den schlitzäugigen Tungusen, aber auch die berittenen Treiberinnen jener Kuhherden, die als lebende Verpflegung der stalinistischen Armee dienten.
Auf ihr waren aber auch die Infanteristen marschiert, die das Lager der Schlesier und drei Kilometer weiter in Hermanitz die wehrlosen Frauen und Kinder der Arbeitersiedlung überfallen hatten.
Wir zogen weiter Richtung Prode, überquerten die Elbe auf der schmalen eisernen Brücke und registrierten, daß auch hier alle Häuser und Gehöfte bereits vom Großteil der deutschen Bevölkerung „gesäubert“ waren.
Kühe und Schweine brüllten in ihren Ställen; offensichtlich war kurz vor sechs Uhr die Tageszeit, zu der sie bisher gefüttert worden waren.
Hermanitz kam in Sicht, jener Ort, an dem einst das bescheidene Schloß derer „von Waldstein“ stand, deren berühmtester Vertreter, dort 1583 geboren, später Wallenstein genannt werden sollte. 1945 stand nur noch der Keller, in dem die Bauern ihre Rüben und Kartoffeln für den Winter einlagerten.
Neben diesem Keller steht heute noch das Geburtshaus meines Vaters, ein früherer Bauernhof.

Auch aus Hermanitz waren bereits fast alle Deutschen vertrieben, auch dort hatte man einige von ihnen für die Schwerarbeit zurückbehalten, aber auch dort brüllten die unversorgten Tiere.
Kurz nach Hermanitz querten wir in Richtung Horschenitz (Horšenize) die damals seit Jahrhunderten unverändert bestehende Sprachgrenze und zogen Richtung Jermer (Jaroměř).
Dort bekamen wir wieder einmal den Haß des Pöbels aus der tschechischen Bevölkerung zu spüren; ein weiteres Mal wurden wir beschimpft, bespuckt und mit dem Erschlagen bedroht.
Höhnisch schrie man uns zu: „Wartet nur! Wir werden es euch schon noch zeigen! Ihr deutschen Schweine kommt nach Sibirien! Dort wird euch unser Stalin arbeiten lassen, bis ihr verreckt!" Und „němci ven! němci ven!" – „Deutsche raus!" skandierten die triumphierenden Fanatiker.
Als es auch zu Tätlichkeiten kam, indem die tobenden Tschechen auf uns einzuschlagen begannen, griffen die Partisanen ein und wurden – o Wunder! – erstmalig unsere edlen Beschützer. Mit vorgehaltener MP drängten sie die Geifernden und Tobenden zurück zum Straßenrand.
Danach ging das Spießrutenlaufen ohne Unterbrechung der bösen Beschimpfungen bis zum Güterbahnhof von Josefstadt weiter. Dies war und ist die Stadt und die Festung, die – nach dem Kaiser des „Heiligen Römischen Reiches Deutscher Nation" benannt – früher österreichische Festung gewesen war.
Ihre Bollwerke sind aus dem Sandstein der gleichen Steinbrüche am Ufer der Elbe erbaut, aus dem die Figuren von Matthias Braun für Kukus und auch für die Prager Karlsbrücke gemeißelt wurden.
Stein ist eben geduldig; wir rechtlosen Kriegsverlierer hatten es seit Mai 1945 auch zu sein!

Am Bahnhof Josefstadt – eingepfercht in Kohlewagen

Schließlich wurden wir in den mit einem hohen Drahtzaun umgebenen Platz des Güterbahnhofs eskortiert. Dort erblickten wir, schon aufgestellt in langen Reihen, Verwandte und Bekannte aus anderen Dörfern. Wir durften das Gepäck und die beiden Kranken von den Pferdewagen nehmen und bekamen Anweisung, uns den langsam vorwärts rückenden Schlangen vor den mit machtbewußten Tschechen besetzten Tischen anzuschließen.

Auf dem nächstgelegenen Gleis stand ein langer Zug. Er war aus vielen jener offenen Güterwagen zusammengestellt, wie man sie damals noch zum Transport von Kohle, aber auch von Erzen, Pflastersteinen, Kies und Sand benutzte, bevor es dafür die großen Kipploren gab.

Lediglich ganz am Schluß erblickte ich einen normalen Personenwaggon, den später selbstverständlich unsere uniformierten Bewacher bestiegen.

Aus einigen der Güterwagen sahen wir bereits hochgestreckte Köpfe ragen, darunter wiederum auch die von Verwandten und Bekannten aus unseren Nachbardörfern. Sie waren schon vor uns gefilzt und in diesen uns aufgezwungenen Sibirienexpreß verladen worden.

In der Warteschlange vor uns entdeckten wir meine Großmutter väterlicherseits und meine zwei Tanten mit den beiden kleinen Mädchen.

Der Großvater war gerade noch rechtzeitig vor Kriegsende gestorben, so daß er die brutale Vertreibung nicht mehr erdulden mußte.

Von den Männern der Tanten war der eine seit der Ardennenoffensive von 1944 vermißt, der andere aber, ein Architekt, in nur für ihn sehr komfortabler amerikanischer Gefangenschaft in Kalifornien.

Während wir anstanden, kamen Slavku und noch drei Partisanen, um sich mit einem vielleicht sogar ehrlich gemeinten Händedruck von uns zu verabschieden. Er erklärte meiner Mutter, daß ihm unsere Aussiedlung leid täte, hätte er uns doch als anständige Menschen kennengelernt; schuld an allem sei aber Hitler mit seinen Nazis, der Tschechen und Deutsche endgültig auseinandergebracht habe. Er wünsche uns alles Gute und hoffe, daß wir nach Deutschland und nicht nach Sibirien kämen; er hätte etwas von Dresden gehört.
Dann gingen die vier, und so endete ohne Bedauern unsererseits die dreimonatige Partisanenherrschaft.
Bevor wir „unseren" Wagen besteigen konnten, einen der vier, auf denen mit Kreide „Kuks", die tschechische Bezeichnung unseres Heimatortes, stand, waren aber noch am Kopf der Schlangen die Kontrollen zu passieren. An einfachen Holztischen standen oder saßen Tschechen mit den schon bekannten weiß-rot-blauen Armbinden des Národní Výbor und durchwühlten das Gepäck.
Offenbar waren einige dieser sich allmächtig dünkenden Sieger nach ihrer sehr subjektiven Auffassung noch immer nicht mit genügend deutschem Beutegut versorgt. Also hieß es, das sowieso schon lächerlich wenige Gepäck auf den Tischen auszubreiten, wobei nochmals alle halbwegs brauchbaren Dinge von diesen beutegierigen „Zlatokopce", den Goldgräbern, „enteignet" wurden. Wir waren nochmals ihr Kux, ihr Bergwerksanteil, den es möglichst gewinnbringend auszubeuten galt.
So wurden wir also erneut bestohlen, obwohl wir für uns vier nicht einmal mehr dreißig Kilogramm Gepäck hatten und insgesamt achtzig Kilogramm unseres Eigentums „erlaubt" gewesen wären.
In der einen Tragetasche meiner Mutter fand unser „Auch-Sieger" zwei kleine silberne Zierlöffel, die ihr mal zu irgendeinem Anlaß geschenkt worden waren. In den beiden anderen Taschen und in meinem Gepäck fand er nichts, was er brau-

chen konnte. Unser chauvinistischer Goldgräber war also sichtlich darüber enttäuscht, daß sein Claim so wenig hergab. Dann erblickte er aber zu seiner erkennbaren Freude am Finger meiner Mutter den breiten Ehering und zog ihn trotz deren bittenden Protestes mit Gewalt ab.
„In Sibirien braucht niemand einen goldenen Ehering!“ war sein grinsend gegebener Kommentar. Und, noch mehr feixend: „Von den Russen wird sowieso jeder erschossen, bei dem noch Wertsachen gefunden werden. Stell dir vor! Ich hab dir gerade das Leben gerettet!“
Gott sei Dank ließ uns dieser ganz spezifische Lebensretter alle Papiere, Geburtsurkunden, Zeugnisse, aber auch den Grundbuchauszug unseres Hauses und die Sparbücher. Er glaubte wohl auch tatsächlich an die immer wieder behauptete Deportation nach Sibirien und vermutete, daß wir dort ja doch nichts mehr damit anfangen könnten.
Und er fand eines nicht, was für uns noch sehr wichtig werden sollte – meine Großmutter und die Tante hatten in ihren BHs einige Tausender deutsches Geld versteckt! Meine sonst so umsichtige Mutter dagegen hatte alles deutsche Geld zusammen mit dem „Okkupationsgeld“ auf dem Küchentisch bereitgelegt – und in der Aufregung vergessen!
Dann „durften“ wir mit den Großeltern und anderen Dorfbewohnern in den uns zugewiesenen Waggon. Es war keineswegs ein Viehwaggon, wie so oft behauptet wird, denn diese Wagen haben ja im Interesse der Gesundheit der wertvollen Viecher ein Dach und unsere hatten keins! Wir waren doch nur lästige und unerwünschte Deutsche. Je weniger davon übrigblieben, desto besser für die Zukunft der Tschechei – so oder ähnlich dachten damals die heute nach deutschen Investitionen rufenden Sieger!
Wir bekamen als fahrbaren Untersatz ein altes Vehikel, das vorher erkennbar, da sichtbar ungereinigt, zum Transport loser Braunkohle verwendet worden war. Zwei bis drei Zentimeter lag darin – natürlich unbeabsichtigt – der braunschwarze Staub, so daß wir sehr bald höchst unfreiwillig und gar nicht

belustigend wie Kaminkehrer aussahen. Im Waggon selbst hatten wir „Glück“ und erhielten einen Platz an der Stirnseite; wir waren somit gegen den Fahrtwind halbwegs geschützt. Auch war unser Wagen erst der etwa fünfzehnte hinter der dank Braunkohlenfeuerung qualmenden und stinkenden und später in der Nacht auch sichtbar funkensprühenden Lokomotive.

Als mindestens fünfzig Personen ihren „Platz“ gefunden und ihr spärliches Gepäck hingestellt hatten, schickte man uns fürsorglich noch auf die dreckigen, weil überbeanspruchten Toiletten des nebenan gelegenen Passagierbahnhofs. Zum Austreten während der langen Fahrt werde auch bei Bahnhofsaufenthalten keine Gelegenheit mehr sein, so hieß es – und einige beschämende Erfahrungen später glaubten wir dies auch. Nach unserer Rückkehr wurden die beiden schweren eisernen Schiebetüren des Waggons der ČSD geschlossen – wir waren dank der unablässigen gemeinsamen Bemühungen so vieler Tschechen endlich versandfertig.

Bei den Eingepferchten gab es zwar ob der menschenverachtenden Umstände und der großen Ungewißheit über die Zukunft je nach Temperament Weinen und Schluchzen oder auch Wut und zorniges Schimpfen, aber noch kaum Verzweiflung.

Noch immer wollte und konnte niemand an die unwiderrufliche Endgültigkeit dieser Vertreibung glauben, an diesen brutalen Schlußstrich unter mehr als achthundert Jahre deutsch-tschechische Gemeinsamkeit.

Für die meisten der Kinder war die ganze Sache gar noch eine Art Abenteuer – dies sollte sich jedoch bald ändern.

Da immer noch Vertriebene anderer Dörfer ankamen, die in harter Arbeit gefilzt, bestohlen und in die Wagen kommandiert werden mußten, hatten wir in den vollgestopften Waggons noch ungefähr eine Stunde zu warten. Gegen elf Uhr setzte sich der Zug endlich träge qualmend und widerlich stinkend mit seiner menschlichen aber durchaus nicht wertvollen Fracht in Bewegung.

Bald nach der Abfahrt stand fest, daß es Richtung Königgrätz ging. Ich kannte die Strecke sehr gut, weil ich sie bis zur Einberufung durch den „Heldenklau“ des „tausendjährigen Reiches“ über dreieinhalb Jahre hinweg oft benutzt hatte. Bei den monatlich einmal erlaubten Heimfahrten aus dem Internat in Königgrätz war ich sie regelmäßig gefahren. Diese Fahrten waren noch in bester Erinnerung, da ich dabei immer mit großer Vorfreude auf den Heimatort und das Elternhaus erfüllt war und die Ankunft am Bahnhof Kukus kaum erwarten konnte.

Erst 1968 und dann wieder 1990 sollte ich den dann ganz harmlos erscheinenden Bahnhof in Josefstadt sowie das Internat und die Schule in Königgrätz wiedersehen und auch fotografieren. Alles stand noch wie damals im Jahre 1945. Es war nur total heruntergekommen und vergammelt aufgrund der in fünfundvierzig Jahren erzielten außerordentlichen „Errungenschaften“ tschechisch-kommunistischer Mißwirtschaft.

Transport quer durch Böhmen

Wir dampften also langsam durch die böhmische Ebene, zwischen den zum Teil schon abgeernteten Getreide- und vielen Zuckerrüben- und Chicoréefeldern hindurch. An fast jeder Station wurden wir angehalten, um den auf den Bahnsteigen schon in Festesstimmung auf uns wartenden Tschechen Gelegenheit zu geben, uns zu beschimpfen und mit den sicher ganz unabsichtlich aufgelesenen Steinen zu bewerfen. Folglich kamen wir erst gegen ein Uhr am preußisch-österreichischen Schlachtfeld von 1866 vorbei nach Königgrätz. Für die nicht einmal zwanzig Kilometer hatten wir in der größten Mittagshitze fast zwei Stunden gebraucht!

Dort, in dieser geschichtsträchtigen Stadt, erwartete so manche von uns neues Unheil. Zwar hatte man unseren Zug fürsorglich mit zwei Gleisen Abstand zum nächstgelegenen Bahnsteig halten lassen, aber wer den Bahnhof von Königgrätz kennt, der weiß, daß es dort außerhalb des Bahnsteigbereiches seit Jahrzehnten eine eiserne Fußgängerbrücke hinüber zum Lokomotivdepot gibt. So hatten jene von uns den Haß vor allem jugendlicher Tschechen zu erleiden, deren Wagen unmittelbar unter der ohne diese Menschen so harmlosen Brücke standen.

Vom Perron aus wurden auch dort auf uns gezielt Steine geworfen. Sie verletzten jedoch niemanden ernsthaft, da wir uns an die dem Gehsteig zugewandte Seite des Waggons drückten, wo wir dann einigermaßen sicher verharrten. Auch hörte nach etwa zehn Minuten das Werfen fast ganz auf, weil Männer mit den Armbinden des Národní Výbor ein Einsehen hatten und es unterbanden.

Dagegen erging es denen im Waggon direkt unter der erwähnten Brücke erbärmlich, und dies im wahrsten Sinne des Wortes.

Sie hatten in ihrer immer noch vorhandenen Naivität um Trinkwasser gebeten und wurden daraufhin von teils feixen-

den, teils höhnisch lachenden und viehische Witze reißenden jungen Burschen bespuckt, bepißt – „Da habt ihr was zu saufen!" – und selbstverständlich auch beschimpft.
Groß war der Triumph und laut das Gegröle, wenn wieder jemand getroffen worden war und die wehrlosen Frauen und Kinder im Waggon vor Scham und Verzweiflung heulten und klagten.
Nach einer dreiviertel Stunde ruckte der Zug mit einer anderen Lokomotive um zwei bis drei Waggons weiter, und das böse alte Spiel begann mit beiderseits neuer Besetzung von vorne.
Oben hatte man notwendige Verstärkung geholt; andere der nicht mehr spuck- und urinierfähigen, haßvoll-zynischen Lumpen hatten die Brücke bereits verlassen.
Den Männern der Aufsicht zugerufene flehentliche Bitten führten zu nichts; die Brücke zum Depot dürfe nicht gesperrt werden, lautete die allzu billige Antwort.
Als wir endlich weiterfuhren, hatte der Aufenthalt insgesamt etwa zwei Stunden gedauert. Später ging als Begründung für das Warten das Gerücht um, daß wir ursprünglich über Prag transportiert werden sollten, um die Rache- und Triumphgefühle von Prager Tschechen auf ganz neue und auch ganz besondere Art zu befriedigen. Schließlich gehörten wir im Juli 1945 mit zu den ersten Deutschen, die aus ihrer angestammten Heimat „freiwillig" vertrieben wurden.

Später nannte man dies allgemein die „Wilde Vertreibung", weil sie bereits vor dem zweiten August 1945 geschah, dem Tage, an dem in Potsdam der „Bevölkerungstransfer" offiziell und endgültig beschlossen wurde. Die spätere Fortsetzung war die „Organisierte Vertreibung" der Jahre 1946 und 1947, die allerdings auch nicht viel humaner verlief.

Dann hatte man aber das offensichtlich doch zu große Risiko gescheut und transportierte uns nordöstlich um Prag herum Richtung Melnik am Zusammenfluß von Moldau und Elbe. Auch dies dauerte sehr lange, denn wir wurden wieder in je-

dem Kaff angehalten, damit man uns – solange noch etwas Tageslicht vorhanden war – beschimpfen und mit Steinen beschmeißen konnte.
Wir passierten im Laufe des Nachmittags und der folgenden langen Nacht Chlumec, Podiebrad, Nimburg, Altbunzlau, Melnik, Leitmeritz und Lobositz, bis wir am nächsten Morgen unsere vorläufige Endstation am Güterbahnhof von Teplitz-Schönau erreichten.
Dies klingt alles viel einfacher, als es war; Hunger vor allem Durst hatten uns geplagt, und die Toilettenprobleme waren nicht zu lösen. Unser Glück war in diesen schlimmen Stunden, daß mein kleiner Bruder auf die Mitnahme seines emaillierten Blechtöpfchens bestanden hatte, das nun zu seiner Verwunderung aber auch zu seinem Leidwesen immer wieder die Runde machte und während der Fahrt jeweils über die seitliche Bordwand entleert wurde.
Zwischendurch gab es mitten in der Nacht auch einen Regenschauer von etwa zwanzig Minuten, den wir – meine Mutter, die Geschwister und ich – mit Hilfe eines für diesen Zweck mitgenommenen, ziemlich wasserdichten Tischtuches aus Wachstuch ganz gut überstanden. Andere unserer „Mitreisenden" waren noch am Morgen naß und hofften im Fahrtwind frierend auf die ersten Sonnenstrahlen.
Tatsächlich war dann auch alles schnell wieder getrocknet, und eine angenehm wärmende Julisonne schien gegen acht Uhr morgens am Bahnhof Teplitz-Schönau tröstend auf uns nieder.
Dort brüllten die bereits auf der Verladerampe auf uns wartenden tschechischen Uniformierten „vystoupit! vystoupit!" also „aussteigen!"
Die Schiebetüren wurden geöffnet, und wir folgten dem unfreundlichen Befehl.
Das Gepäck mußte nun auf Haufen gestapelt werden, und die Kranken aus den verschiedenen Wagen wurden neben das Gepäck auf den Bahnsteig gelegt. Dann durften wir endlich die

Toiletten aufsuchen, was wegen des großen Andrangs fast eine Stunde dauerte.
Danach mußten wir in Dreierreihen antreten und erhielten von einem bewaffneten tschechischen Zivilisten mit der schon bekannten weiß-rot-blauen Armbinde über seinen deutschsprachigen Dolmetscher die Befehle für die nächsten Stunden.
Wir würden nun endgültig aus ihrem Lande hinausgeschmissen, in dem wir als Immigranten den Tschechen nur Unglück gebracht hätten. Das Gepäck sollten wir liegenlassen, es würde – welche Großzügigkeit – ebenso wie die Kranken mit Lastwagen über die Grenze nach Sachsen transportiert. Wir selbst hätten begleitet von Bewaffneten zu Fuß, so wie unsere Vorfahren als unerwünschte Eindringlinge gekommen seien, die Grenze „Heim ins Reich" – dies auch vom Tschechen in Deutsch – zu passieren. Und zynisch setzte er hinzu: „Es wird euch doch sicher freuen, wieder heimzukommen!"
Nach diesen für den Sieger lichtvollen, wenn auch alle historischen Wahrheiten negierenden Worten sollte auf Befehl der zwar nur etwa zwanzig Kilometer lange, aber in Anbetracht der letzten dreißig Stunden und der zu bewältigenden Paßstraße sehr anstrengende Marsch über den Südhang des Erzgebirges nach Sachsen beginnen.
Während sich die Dorfgemeinschaften befehlsgemäß in der schon gehabten Aufstellung formierten, fuhren drei kleine alte Lastwagen neben die aufgetürmten Gepäckhaufen.
Plötzlich ertönten gellende Schmerzensschreie, die wohl niemand von uns je vergessen wird.
Einer der LKW war – natürlich aus reinem Versehen – beim Rangieren über die Beine der Kranken hinweggefahren, wobei deren Unterschenkel zerbrochen und zerquetscht worden waren.
Als die Angehörigen versuchten, hinzulaufen und zu helfen, wurden sie durch Schläge mit den Gewehrkolben und auch mit der geschätzten Nagaika zurückgetrieben. Ein paar MP-Salven ratterten durch die Luft, um bei uns deutschen Sklaven

wieder die Art von „Ruhe und Ordnung“ herzustellen, wie sie sich für uns geziemte.
Später, in Geising in Sachsen, sollten wir die bis dahin nur sehr unzureichend versorgten Kranken neben unserem Gepäck auf dem Pflaster vor dem Bahnhof liegend wiedersehen. Einige waren bereits dem Tode nahe, da man sie nur notdürftig verbunden, ohne echte ärztliche Untersuchung auf die LKW geworfen und dann auf dem Bahnhofsvorplatz ihrem Schicksal überlassen hatte.
Zum zweiten Mal mußten wir uns nach diesem für die machttrunkenen Sieger unwichtigen Zwischenfall aufstellen, dann ging es erneut los.
Wieder eskortierten uns Bewaffnete, wieder hatten wir fast nichts zu essen und nichts zu trinken – so ging es „Heim ins Reich!“ – wie man es uns versprochen hatte!
Es ging ins geschlagene, zerbombte, ausgeblutete und hungernde restliche Deutschland, dessen Bürger die Sudetendeutschen bis dahin in ihrer gesamten Geschichte nur für knapp sieben Jahre gewesen waren.

„Heim ins Reich!" – 1945
Der Elendsmarsch übers Erzgebirge

Die ersten sechs Kilometer bis Eichwald konnten uns unsere bewaffneten Treiber noch gut zusammenhalten. Da auch die Kinder und die Alten trotz halb durchwachter Nacht noch einigermaßen frisch waren, kamen wir relativ zügig vorwärts. Zwar hätten uns die Tschechen diesen ersten Teil des Fußweges ersparen können, denn bis Eichwald ging damals die Straßenbahn von Teplitz, und ihre Gleise verliefen fast durchwegs neben der Straße. Aber – wie bei den Nazis die Juden, durften nun die Deutschen seit Mai 1945 keine öffentlichen Verkehrsmittel mehr benutzen!
Unterwegs waren kaum Neugierige und fast keine der geifernden Sieger zu sehen. Es ging durch – vorläufig noch – deutsches Siedlungsgebiet.
Beim weiteren Anstieg durch das damals noch von Bäumen gesäumte und landschaftlich schöne Tal zur Paßhöhe begann sich unser Elendszug jedoch auseinanderzuziehen. Die vorhergegangenen Strapazen und die für viele von uns zu spärliche Ernährung wirkten sich vor allem auf die körperliche Verfassung der vielen Alten und der kleinen Kinder aus.
Unsere Bewacher ließen die Streckung des Trecks zu und hatten auch nichts dagegen, als wir anfingen, statt auf dem harten und heißen Pflaster der Straße daneben im Schatten der damals noch überall vorhandenen Waldbäume zu gehen. Auch waren wir auf der Straße den lauten und qualmend dieselnden LKW im Wege, die im Pendelverkehr nun tatsächlich unser Gepäck und auch die schwerverletzten Kranken transportierten.
Bald mußten einzelne Kinder getragen werden; sie hatten Hunger und Durst und begannen zu weinen, weil sie wie wir vom vielen Marschieren Blasen an den Füßen hatten. Auch ich mußte immer wieder meinen kleinen Bruder auf die Schultern nehmen, da er einfach nicht mehr konnte.

Viel zu leiden hatte auch meine gerade erst siebenjährige Schwester. Sie hatte seit einem Sturz aufgeschlagene Knie. Aber wir konnten ihr nur gut zureden und nicht wirklich helfen, da sie zu schwer zum Tragen war. Bald lief sie wegen der drückenden Schuhe barfuß im Grase.
Viele aus dem langen Zug gingen auch ganz im Wald, um dessen Kühle zu nutzen, denn auf den angenehm warmen Morgen war ein heißer Tag gefolgt.
Die Gespräche verstummten; die bedrückende Gewißheit griff Platz, daß nun die Vertreibung endgültig und die Heimat verloren sei. Vor allem alte Leute weinten still und fast tränenlos vor sich hin.
Als ich unterwegs beim Austreten weiter in den Wald hineinging, erblickte ich zu meinem Entsetzen am nicht allzu hohen Ast eines Laubbaumes einen alten Mann, der sich dort aus schierer Verzweiflung mit seinen ledernen Hosenträgern aufgehängt hatte.
Ich erzählte dies leise meiner Mutter. Sie begann, hemmungslos zu weinen und zu schluchzen. Unvermeidbar heulten sofort auch meine beiden Geschwister mit.
Später hieß es, daß sich insgesamt zwölf Männer und Frauen, fast ausschließlich alte Menschen, auf diese Weise das Leben genommen hatten.
Da die Angehörigen das Fehlen meistens erst zu spät bemerkten, nahm auch niemand die Leichen ab. An ein Zurückgehen war nicht zu denken, da die Bewacher dies mit vorgehaltener Waffe verhinderten. Auf unsere Bitten hieß es lediglich, man werde die Selbstmorde melden.
Auch meine verwitwete Tante wollte immer wieder tiefer in den Wald hinein, um ihren Sohn und sich selbst umzubringen. Wir mußten sie mehrfach durch gutes Zureden und später auch durch Gewalt davon abhalten.
Anders mein ebenfalls übermüdeter, deprimierter und sich nur noch dahinschleppender Großvater. Er hatte wie schon 1938 bei unserer Flucht seine zwei aus Ägypten mitgebrachten, inzwischen als Manschettenknöpfe in Gold gefaßten Skarabäen

dabei und war mit diesen angeblichen Glücksbringern fest davon überzeugt, daß wir dies alles heil überstehen würden.
Heute noch besitze ich sie – ohne allerdings abergläubisch zu sein.
In der damaligen sehr schwierigen Situation haben sie jedoch wie 1938 auf Grund der glaubhaft festen Überzeugung unseres von allen hoch geschätzten Großvaters mit Sicherheit geholfen, uns psychisch zu stützen.
Erschöpft und immer verzweifelter schleppten wir uns weiter und kamen endlich zwischen Hinterzinnwald und Zinnwald auf der Paßhöhe und damit an der alten und nun wieder neuen deutsch-böhmischen Grenze an. Dort erwarteten unsere weit auseinandergezogenen traurigen Haufen russische Soldaten, an die wir von den tschechischen Bewachern formlos übergeben wurden.
Mit „Dawai! Dawai!" ging es nun rechtsab die weiteren fünf Kilometer bis nach Geising. Dort kamen wir verschwitzt, erschöpft, fast verzweifelt und von einigen der Einwohner mitleidig und auch neugierig betrachtet gegen halb fünf Uhr am Bahnhofsvorplatz an. Unser Gepäck hatte man von den Ladeflächen der LKW geworfen, und es lag auf großen Haufen durcheinander. Die stöhnenden, zum Teil aber schon ohnmächtigen oder bereits sterbenden Kranken mit ihren zermalmten Beinen hatte man ebenfalls dort niedergelegt. Zwar war ein Arzt gekommen; er konnte aber wegen der fehlenden Medikamente nur mit den damals üblichen „Mullbinden" aus Kreppapier neu verbinden und letztlich auch nicht viel helfen.
Die schwerverletzten Kranken wurden später mit in den Zug verladen und nach Dresden gebracht; was dort aus ihnen geworden ist, weiß ich nicht.
Im Durcheinander der großen Gepäckhaufen fing nun die lange Suche nach den eigenen Koffern und Taschen an. Sie wurde lediglich dadurch erleichtert, daß immer nur einzelne Gruppen ankamen und zu wühlen begannen.

Oft war die Suche auch vergebens, da sich einige Tschechen am Bahnhof von Teplitz-Schönau noch ein weiteres Mal genommen hatten, was sie brauchen konnten.
So waren wir wieder einmal – aber noch nicht zum letzen Mal! – bestohlen worden.
Unserer Familie fehlte die Tasche mit dem Brot und dem Stück Speck, den uns die wohlmeinende Frau des tschechischen Schulhausmeisters noch am Abend vor der Vertreibung zugesteckt hatte. Meine Mutter hatte die Tasche – immer noch viel zu vertrauensvoll! – einem der tschechischen LKW-Fahrer mit der Bitte übergeben, sie für uns nach Geising zu bringen.
Da die Tasche auch verschiedene Messer, sonstiges Besteck und manche notwendigen Kleinigkeiten enthalten hatte, vermißten wir ihren Inhalt sehr.
Wir mußten also, vor allem für die Kinder, unsere Verwandten aus Hermanitz und andere aus unserem traurigen Zuge um Essen anbetteln, da auch die Tante und die Großeltern zwar ein paar Kilo Zucker, aber sonst nichts dabeihatten. Auch verschiedene mitfühlende Einwohner Geisings kamen und steckten dem einen oder anderen von uns etwas zu. Von anderen wurden wir allerdings beschimpft: „Mit euch hat alles angefangen!“ hieß es. Und sie meinten die von Hitler als Reaktion auf zu selbstherrliche tschechische Politik provozierte Sudetenkrise von 1938.
Dann hatten wir uns auf Befehl vor dem Wartesaal des Bahnhofs anzustellen, in dem zu unserer Verwunderung vor allem russische Soldatinnen mit – wenn auch geringen – Deutschkenntnissen saßen. Sie verlangten unsere Papiere und stellten eine Art vorläufigen Personalausweis aus. Dies ging verhältnismäßig schnell, da nur Name, Vorname, Geburtsort – die deutsche und nicht die tschechische Bezeichnung! – und das Geburtsdatum eingetragen wurden. Das ganze versah man mit einem großen russischen Stempel und der entsprechenden Unterschrift.

Angenehm empfanden wir nach den Erfahrungen der vergangenen Monate, daß es trotz des großen Andrangs keine Ruppigkeiten oder gar Beschimpfungen gab.
Während des Anstehens begannen zunächst einzelne, dann mit einem trotz der traurigen Situation merklichen Aufatmen alle, ihr bis zur sächsischen Grenze diskriminierend empfundenes „N"-Schild für „Němec", Deutscher, von der Kleidung abzunehmen. Manche warfen das Symbol unserer Erniedrigung gleich weg; andere steckten es als Andenken an das Erlebte ein. Ich selbst habe mein schwarzes „N" auf grünem Grund heute noch.
In der Schlange hatte sich auch das Gerücht verbreitet, daß der neue antifaschistische Bürgermeister von Geising trotz der späten Stunde bereit sei – gegen Gebühr, versteht sich! – Bescheinigungen auszustellen, die zur freien Einreise in die amerikanische Zone berechtigen sollten.
Auch wir erhielten nach erneutem Anstehen eine entsprechende Bescheinigung, die sich später in Ölsnitz an der neuen Zonengrenze als völlig wertlos herausstellen sollte. Ich hoffe, daß der entweder – wie wir – sehr gutgläubige oder aber sehr geschäftstüchtige Herr Bürgermeister die Gebühren wenigstens für die vielleicht notleidende Stadtkasse verrechnet hat!
Nachdem auch dies überstanden war, folgten wir den anderen zum Bahnsteig und stellten zu unserer Freude fest, daß man uns hier wieder für Menschen und nicht für Braunkohle hielt.
Auf dem Gleis stand ein richtiger Personenzug! Zwar mit alten Wagen und harten Holzbänken, aber mit einem schützenden Dach und auch mit auf der Fahrt benutzbaren Toiletten.
Einwohner Geisings brachten uns wiederum Trinkwasser und auch etwas Brot. Sogar russische Soldaten reichten Stücke von ihrem dunklen Vierkantbrot und verteilten es vor allem an die Kinder. Auch meine kleine Schwester wurde bedacht und erhielt dazu sogar ein freundliches Lächeln, begleitet von einem Kopfstreicheln. Zu meinem kleinen Bruder meinte scherzend ein anderer, daß er ihn gern mit zu sich nach Hause nehmen würde, ob er denn nicht mitkommen wolle.

Verlegen-ängstliches Schmunzeln und die Suche nach Mutters Rock waren die Antwort.
Die russischen Soldaten waren angesichts des Elends auch sonst nicht nur korrekt, sondern wirkten trotz der drohend umgehängten MP meist sogar freundlich und hilfsbereit.
Die bange Frage meiner Mutter, ob wir nun nach dem gefürchteten Sibirien deportiert würden, wurde mit deutlichem „Njet!“ und einem verständnislosen Kopfschütteln beantwortet; der Zug führe auf jeden Fall nach Dresden.
Dieses Njet verbreitete sich wie ein Lauffeuer unter den immer noch Wartenden. Unsere auf dem langen Marsch gewachsene große Verzweiflung begann zu schwinden. Sie machte der aufkeimenden Hoffnung Platz, daß wir irgendwo in diesem restlichen Deutschland eine Bleibe würden finden können.
Etwa um halb acht Uhr abends setzte sich der Zug, auch hier dank Braunkohle stinkend und qualmend, in Richtung Heidenau an der Elbe in Bewegung. Während langsam das auch heute noch liebliche Tal der Müglitz an den Fenstern vorbeiglitt, schliefen die Geschwister erschöpft auf ihren Plätzen ein. Wir passierten Glashütte und Dohna und kamen nach Heidenau, um von dort nach kurzem Aufenthalt Richtung Dresden weiterzureisen.
Obwohl wir wieder die Elbe entlangfuhren, war es aber dort nicht mehr unsere schmale, noch junge Elbe des Riesengebirges, sondern ein breiter Strom.
Bei der beginnenden Einfahrt nach Dresden drängten bald alle sehr schnell zu den Fenstern, denn niemand konnte zunächst glauben, was wir da draußen zu sehen bekamen. Nach der schönen, waldreichen Landschaft des Müglitztales erblickten wir die schaurige, die schon aufgekeimte Hoffnung wieder erstickende Trümmerlandschaft Dresdens.
Vor der untergehenden Sonne zeigte sich besonders plastisch mehr als zwanzig lange Bahnminuten das, was alliierte Bomber im ehemals schönen und gepflegten Elbflorenz angerichtet hatten.

Auf Befehl seiner Regierung hatte der später dafür gesellschaftlich geächtete und dann aus Großbritannien ausgewanderte „Bomber-Harrys“ in der Nacht vom 14. zum 15. Februar 1945 diese reiche Kulturstadt vernichten lassen.
Wir sahen fast ausschließlich traurig-deprimierende Gerippe von Häusern, wie sie nach sorgfältig geplantem und im hellen Schein der „Christbäume“ gut gezieltem Einsatz, zuerst von Spreng- und dann von Brandbomben, übrigbleiben.
Ich hatte Dresden zuletzt im Juni 1943 gesehen, als ich zu einem Lehrgang an der „Reichsschießschule“ in Suhl unterwegs war. Mein Großvater kannte es genauestens aus der Zeit vor dem Kriege – und dann dies.
Wir wurden stumm ob dieser Zerstörung und verfluchten wieder einmal den Krieg und die verbrecherischen Politiker, die ihn verursacht hatten.
Dann kamen wir am ebenfalls zerstörten, aber von Trümmern im notwendigen Umfang geräumten Hauptbahnhof an. Aus den noch oder wieder funktionierenden Lautsprechern hieß es: „Endstation des Sonderzuges aus Geising. Alles mit Gepäck aussteigen! Bleiben Sie auf dem Bahnsteig! Sie werden zur Übernachtung in die verschiedenen Lager eingeteilt.“
Diese Einteilung dauerte für uns etwa eine halbe Stunde, in der es langsam finster wurde. Dann gab es an einigen Kesseln der noch oder wieder arbeitenden Bahnhofsmission heißen, aber ungezuckerten „Tee“ und je ein Stück Brot, mit Margarine bestrichen. Dies war zwar nicht viel, aber uns wurde gesagt, daß wir am nächsten Morgen im Lager ein Frühstück bekommen könnten.
Mehr ver- als getröstet ließen wir uns die Wegbeschreibung zu unserer vorübergehenden Bleibe geben. Das Lager sei nur etwa zwei Kilometer entfernt, und der Weg sei leicht zu finden, hieß es. Wir müßten uns aber beeilen, denn ab zehn Uhr gelte die vom sowjetischen Militärkommandanten wegen vorgekommener Plünderungen angeordnete Ausgangssperre für alle Deutschen. Sie werde streng überwacht!

Es war schon halb zehn, und wir ahnten, daß es mit den kleinen Kindern, meinem sehr müden Großvater, dem Gepäck und in einer fremden Stadt ohne jedes Licht und ohne Straßenschilder zeitlich sehr knapp werden würde.
Wir nahmen unser restliches Gepäck und zogen mit den Verwandten aus Hermanitz und etwa hundert anderen in die angegebene Richtung.
Die Angst vor den Konsequenzen einer wenn auch unbeabsichtigten Überschreitung der Ausgangssperre beflügelte zunächst unsere Schritte, die in den leeren Straßen auf dem alten Steinpflaster von den beiderseitigen Ruinen widerhallten. Dann begannen jedoch die Kinder zu weinen; sie hatten wie wir nun aufgeplatzte und besonders schmerzhafte Blasen an den Füßen. Der lange Marsch über die Grenze war schon viel zu viel für sie gewesen – und nun diese neuen Strapazen!
Da ich bald meinen kleinen Bruder auf den Schultern, den Rucksack am Rücken und den Koffer in der Hand tragen mußte, während meine Mutter die zwei uns noch verbliebenen Taschen trug, blieben wir hinter den anderen zurück. Bald waren wir – die Großeltern, die Tante mit ihrem Sohn, meine Mutter, die Geschwister und ich – allein auf der nun schon ganz finsteren nächtlichen Straße.
Plötzlich hörten wir auf dem Pflaster sich näherndes hartes Pferdegetrappel. Eine russische Armeestreife, bestehend aus zwei Berittenen, hielt vor uns. Einer der Soldaten beleuchtete mit einer Taschenlampe unsere Gruppe und wiederholte dann neben russischen Schimpfwörtern immer wieder die Worte: „Du Spärre, nix Strasse, du Spärre!“ Dann kam doch noch meine Mutter zu Wort und schilderte in langsamem Tschechisch kurz unsere Situation und daß wir nur um die Ecke ins Lager wollten. Zu unserer Erleichterung wurde sie ganz offensichtlich verstanden. Wir erhielten sogar den Hinweis, daß wir nach etwa dreihundert Metern rechts abbiegen müßten und dann bald dort seien; die Baracken seien leicht zu finden.

Mit der eindringlichen Mahnung, uns zu beeilen, ritten die beiden mit erneut gespenstisch aus den Ruinen hallendem Hufeisengetacke weiter.
Endlich kamen wir nach etwa zehn weiteren Minuten am noch offenen Lagertor an. Wir mußten unsere Einweisung vorzeigen und erhielten gegen je zwanzig Reichsmark Kaution jeweils eine Decke. Dann wurden wir von einer älteren Frau beim Licht einer Kerze – ab zehn Uhr war, wenn es überhaupt Strom gab, auch Stromsperre – nach einigem Suchen nach leeren „Betten“ in einen der Räume einer Baracke eingewiesen.
Im Raum standen einige noch freie eiserne Bettgestelle, je zwei „Betten“ übereinander, zwar mit eingehängten Drahtmatratzen – aber sonst nichts. Strohmatratzen und Kopfkissen seien verbrannt und der verbleibende Rest gestohlen, lautete die nüchterne Antwort auf unsere diesbezügliche Frage. Auch hätte das Fehlen den Vorteil, daß es weder Läuse noch Wanzen gäbe. Wir sollten uns einfach in die Decke einwickeln und auf das Drahtgestell legen; das ginge schon die ein oder zwei Nächte. Die Kerze müsse sie wieder mitnehmen, so die ältere Frau, sie habe selbst fast keine mehr.
Nach der dringenden Mahnung, gut auf unser Gepäck aufzupassen, zeigte sie uns noch den Weg zur Toilette und zum Waschraum, wo man sich am nächsten Morgen auch waschen könne. Dann überließ sie uns der Finsternis und den Geräuschen der anderen Insassen des Raumes.
Als erstes stellten wir das Gepäck in die uns zugewiesene Ecke. Dann tasteten wir uns mit einigen schmerzlichen Stößen zu unseren Bettgestellen vor. Dort wickelten wir zunächst die Kinder und dann uns selbst in die geliehenen Decken, legten uns mit gräßlichen Quietschgeräuschen der Drahtmatratzen hin, wünschten uns ohne jede Ironie eine gute Nacht und schliefen bald tief und traumlos.
Baracke, Matratze und Decke waren auf jeden Fall besser als ein zugiger offener Kohlewagen und die haßerfüllt geifernden tschechischen Sieger der drei harten, seit Ende April vergangenen Monate.

Irrweg und neues Ziel – von Dresden über Ölsnitz nach Bad Blankenburg

Der nächste Morgen brachte das zögerliche Erwachen durch die lästigen Geräusche der Frühaufsteher. Sie wollten schon an diesem Tag versuchen, mit der Bahn aus dieser fast völlig zerstörten Stadt wegzukommen.

Auch wir waren mit laut protestierendem Quietschen der wakkeligen Bettgestelle aufgestanden, wuschen uns nach langem Schlangestehen erstmalig seit über fünfzig Stunden, reinigten die lädierten Füße der wegen der neuen Schmerzen heulenden Kinder und verbanden die Wunden mit sauberen Taschentüchern. Sonst gab es kein geeignetes Verbandsmaterial, nicht einmal die am Ende des Krieges üblichen „Mullbinden" aus Kreppapier.

Nach neuerlichem Anstehen ergatterten wir dann im bescheidenen, aber halbwegs sauberen Eßraum genügend Platz für uns alle. Dabei vergaßen wir nicht, wie dringend empfohlen, Gepäck und Decken mitzunehmen. Zum Frühstück gab es wieder ungesüßten „Blümchentee" und für jeden ein Scheibchen Margarinebrot, auf das wir etwas vom Zucker der Tante streuten.

Hungrig standen wir wieder auf, weil diese eine kleine Scheibe Brot für unsere ziemlich ausgehungerten Körper einfach zu wenig gewesen war. Am meisten litt mein Großvater unter dem Nahrungsmangel. Obwohl schlank, ja hager, hatte er immer gut und viel gegessen – bis zu 36 gute böhmische Kirschknödel auf einmal! Dies war für ihn leider ein Muß, weil sein Körper die Nahrung schon immer nur sehr unzureichend verwertet hatte.

Unsere Verwandten aus Hermanitz, die zwei Tanten und die Großmutter, wollten gleich weiter – nach Magdeburg. Dort hatte die eine Tante mit ihrem Mann, dem in amerikanischer Gefangenschaft befindlichen Architekten, seit 1932 bis zur 1944 wegen der Bombenangriffe erfolgten Evakuierung gelebt.

Dort hatte sie auch ihre Wohnung gehabt, die, wie sich bei der Ankunft später herausstellen sollte, durch alliierte Bomben fast völlig zerstört worden war.
Lediglich einige unbeschädigt gebliebene Möbelstücke waren von einer befreundeten Familie gerettet worden.
Es gab einen kurzen Abschied, bei dem sich beide Seiten mit Tränen in den Augen alles Gute wünschten. Wir sollten uns melden, wenn wir einen Ort als dauernde Bleibe gefunden hätten; die Magdeburger Anschrift hatten wir ja.
Nach dem nur zum Teil erfolgreichen Versuch einer gründlichen Reinigung unserer immer noch vom Kohlenstaub geschwärzten Kleidung, erkundigten wir uns bei der Lagerleitung nach unseren weiteren Möglichkeiten. Wir erfuhren, daß wir in Dresden und auch in der Umgebung nicht bleiben könnten, da alles durch evakuierte Dresdener und durch Flüchtlinge aus Schlesien überfüllt sei. Dagegen gäbe es weiter im Westen, vor allem in Thüringen, noch Unterkunftsmöglichkeiten. Es sei ursprünglich von den Amerikanern besetzt worden, bei deren Abzug dann aber viele ortsungebundene Deutsche wegen der anrückenden ungeliebten Russen mit nach Westen gezogen waren.
Und zu unserer großen Freude erklärte man uns, daß es im nahegelegenen Flüchtlingsamt gegen einen Stempel auf unsere vorläufigen Ausweise Lebensmittelmarken gäbe, mit denen wir – wenn wir Glück hätten – auch Brot und eventuell sogar Margarine kaufen könnten.
Von anderen Lagerinsassen erfuhren wir, daß sie auf jeden Fall in „den Westen“ wollten, denn dort „bei den Amerikanern“ solle es – ausgenommen für Kriegsgefangene – in fast jeder Beziehung besser sein.
So beschlossen wir, diesen einen Tag noch in Dresden zu bleiben. Wir wollten vormittags die Zugverbindungen Richtung amerikanische Zone erkunden und das Brot besorgen. Und am Nachmittag hätten wir dann Zeit, uns die Stadt anzusehen beziehungsweise das, was von ihren Sehenswürdigkeiten noch übrig war.

Zuerst lagerten wir das Gepäck und die Decken gegen eine geringe Gebühr in einem Nebenraum der Lagerverwaltung ein. Meine Mutter, meine Tante und meine Großmutter zogen mit unseren Ausweisen los, um etwas Eßbares zu beschaffen, während mein Großvater mit den immer noch müden und auch verängstigten Kindern im Lager blieb. Ich selbst erhielt den Auftrag, zum Bahnhof zu gehen, mich nach den Zugverbindungen Richtung Westen zu erkundigen und Fahrkarten zu kaufen.
Danach zogen wir los und erledigten unsere Aufträge.
Wohin wir auch kamen, es gab nichts anderes als Trümmer, Trümmer und immer wieder deprimierende Trümmer. Lediglich die wichtigsten Straßen waren notdürftig freigemacht, und für einzelne Strecken gab es einen unregelmäßigen Pendelverkehr mit Pferdewagen.
Gegen zwölf Uhr trafen wir alle wieder im Lager ein. Die Frauen hatten zwei Brote, Margarine und von einem, die spätere Marktwirtschaft bereits praktizierenden Schwarzhändler gegen dreißig Mark ein Stück undefinierbare, aber dank unseres großen Hungers wohlschmeckende Wurst erhalten.
Wir konnten uns erstmalig seit Tagen wieder einigermaßen satt essen, obwohl wir selbstverständlich etwa die Hälfte unserer Schätze für den Abend aufzusparen hatten.
Am Nachmittag blieb meine Großmutter bei den Kindern. Wir anderen zogen gegen drei Uhr los Richtung Elbe. Wieder registrierten wir die mit Farbe oder verblichener Kreide an den Mauerresten niedergeschriebenen Mitteilungen der ausgebombten Dresdener. Sie lauteten etwa: „Wir leben! Sind bei Tante Gitta in Weixdorf." Oder: „Für Papa – Inge ist tot! Wir sind bei Omi in Grillenburg." Oft stand auch einfach da: „Alles tot!" – wenn Spreng- und Brandbomben eine ganze Hausgemeinschaft ausgelöscht hatten.
Bald sahen wir die Ruinen der Semper-Oper und die des weltberühmten Zwingers. Wir fanden die Reste der Hofkirche, des Residenzschlosses und der Frauenkirche.

Besonders mein Großvater war aufgrund seiner noch frischen Erinnerungen aus Friedenszeiten entsetzt und bestürzt über diese der Zermürbung der Zivilbevölkerung dienenden Terrorangriffe auf reine Wohngebiete und einmalige Kulturstätten.
Dann gingen wir zum Elbufer, starrten lange meist schweigend auf das Wasser und hingen schweren, wehmütigen Gedanken nach. Im Bett dieses Flusses vor uns strömte ja auch Wasser vorbei, das noch vor nur einem Tag im Riesengebirge durch unseren Heimatort geflossen war.
Nach etwa zwei Stunden gingen wir zurück zu unseren Baracken, um uns auszuruhen und unsere wunden Füße zu pflegen.
Am späten Abend kamen neue Vertriebene aber auch ein paar schlesische Flüchtlinge und füllten die frei gewordenen Bettgestelle bald wieder auf.
Früh am nächsten Morgen machten wir uns fertig, um zum Antritt unserer weiteren Wanderschaft zum Bahnhof zu gehen.
Nach einigem Warten konnten wir uns in einen alten Waggon des klapprigen Zuges drängen, der uns über Freital und Freiberg nach Chemnitz bringen sollte.
Wieder stand die strahlende Sommerlandschaft in krassem Gegensatz zu den Gefühlen und der schlimmen Situation vieler Menschen, die – wie wir – das alte oder ein neues Zuhause suchend, durch die Reste Deutschlands irrten.

Vor Chemnitz gab es das Problem, daß die Bahnbrücke über die Flöha zerstört worden war. So mußten wir aussteigen, auf einer tiefer gelegenen Behelfsbrücke den Fluß überqueren und drüben den Anschlußzug besteigen.
In Chemnitz angekommen, mußten wir mehr als zwei Stunden auf den Zug nach Zwickau warten. Endlich ging es weiter, und wir erreichten über Zwickau und Plauen Ölsnitz im schönen Tal der Weißen Elster.
Dort, nur etwa fünfzehn Kilometer vor der Zonengrenze, war Schluß mit der Bahnfahrt. Wir stiegen aus, und alle, alle wollten wie wir nach dem Westen.

Bald mußten wir jedoch feststellen, daß wir mit den kleinen Kindern und dem Gepäck keine Chance hatten, die Grenze zu erreichen. Auch für viel Geld war niemand bereit, uns mit einem Wägelchen, einem Karren oder einem Fahrrad zur noch neuen Zonengrenze zu begleiten.
Wir kapitulierten zunächst und gingen zurück zum mittlerweile ziemlich verlassenen Bahnhof. Dort beratschlagten wir, wie es nun weitergehen solle. Wir beschlossen, zuerst mit unseren vielversprechenden Bescheinigungen des Bürgermeisters von Geising eine deutsche Dienststelle aufzusuchen, um zu erfahren, wie wir legal nach Bayern einreisen könnten.
Meine Tante war nämlich mit einem Mann aus Altentreswitz bei Vohenstrauß in der Oberpfalz verlobt, so daß die Weiterfahrt nach Bayern nur logisch gewesen wäre.
Meine Mutter und ich zogen also trotz des Protestes meiner verunsicherten Geschwister zur nun ohne Zweifel antifaschistischen deutschen Polizei, legten unser kostbares Papier vor – und wurden ausgelacht!
Wie könne sich ein deutscher Bürgermeister noch dazu aus einer Kleinstadt wie Geising im Jahre 1945 einbilden, daß sein Geschreibsel etwas wert sei? Man habe uns ganz offensichtlich reingelegt, denn für Zuzugsgenehmigungen in andere Besatzungszonen seien selbstverständlich nur die Besatzungsmächte zuständig!
Nachdem meine Mutter diese deprimierenden und unerfreulichen Neuigkeiten an unsere wartenden Angehörigen weitergegeben hatte, kapitulierten wir endgültig vor der Zonengrenze. Meine Großmutter und die Tante schlugen vor, zu einem guten Bekannten der Familie nach Königsee im Thüringer Wald zu fahren, vielleicht könne er uns helfen. – Wir waren immer noch Optimisten!
Folglich wollten wir uns gleich die Fahrkarten mit dem nun lächerlichen Aufdruck „Deutsche Reichsbahn“ nach Königsee kaufen. Doch am Schalter bekamen wir die Auskunft, daß eine Fahrt wegen einer „Unterbrechung der Strecke“ nur bis Bad

Blankenburg möglich sei. Aber von dort nach Königsee sei es ja dann nicht mehr weit. Ja, und die Bahnverbindung?
Wenn wir Glück hätten, könnten wir an diesem Tag mit Umsteigen in Plauen und in Gera noch bis Göschwitz südlich von Jena kommen. Dort sei auch ein Lager, in dem wir vielleicht übernachten könnten. Die südlicher nach Saalfeld führende Strecke sei noch nicht durchgehend befahrbar.
So setzten wir uns in den nächsten Zug und folgten den Ratschlägen des Bahnbediensteten. In Gera hatten wir wieder einen längeren Aufenthalt. Er wurde genutzt, um für diesen Tag die dringend benötigten Lebensmittelmarken und damit Brot zu besorgen.
Auch heute noch ist mir dieses Brot aus Gera in besonders guter Erinnerung, weil es nicht nur wegen unseres großen Hungers ganz ausgezeichnet schmeckte.
Am späten Nachmittag kamen wir in Göschwitz an und erkundigten uns nach dem Weg zum Lager. Bald trotteten wir mit den natürlich bereits müden und weinerlichen Kindern und mit unserem Gepäck in der beginnenden Abenddämmerung in die genannte Richtung. Gleich beim Eingang spürten wir, daß dort ein ungutes Klima herrschen müsse. Dies lag nicht nur daran, daß auch zahlreiche Nichtdeutsche – vor allem Ungarn – in diesem Lager waren, die sich offensichtlich als die Herren der Baracken fühlten. Noch mehr störte uns die ungeniert taxierende Musterung aller Neuankömmlinge, insbesondere auch des Gepäcks.
Dennoch ließen wir uns registrieren und suchten die uns zugeteilte Baracke auf. Als jedoch eine alte Frau von Schlägereien, Raub und sogar einer Vergewaltigung sprach, stand unser Entschluß fest: Wir würden so bald wie möglich wieder abhauen.
Etwa eine Stunde nach Einbruch der Dunkelheit verließen wir das Lagergelände durch einen Hinterausgang – ein Loch im Drahtzaun – und schleppten uns müde zum Bahnhof zurück.
Dort angekommen, wollten wir möglichst in einem Personenwaggon die Nacht verbringen, da der Wartesaal schon ziem-

lich voll war. Aber auch gegen Geld war kein Bahnbediensteter bereit, einen Wagen zu öffnen, und so mußten wir dann doch in den Saal. Auf einer Bank rückten die bereits Anwesenden auf unsere Bitten wenigstens so weit zusammen, daß die drei Kinder und die Großeltern Sitzplätze fanden. Die Tante, meine Mutter und ich mußten die Nacht auf dem kalten Steinboden neben dem Gepäck verbringen.
Mitten in der Nacht begann meine übermüdete und daher auch völlig überreizte Mutter plötzlich gellend zu schreien – ein Mann hatte sich einfach auf meine halb liegend schlafende Schwester gesetzt, um für sich einen Sitzplatz auf der Bank zu erzwingen. Da auch die anderen sich über sein rücksichtsloses Verhalten aufregten, verschwand er schnell wieder und fand wie wir eine Sitzmöglichkeit auf dem Boden.
Nach einer höchst unbequem, aber dafür ziemlich sicher verbrachten Nacht gingen wir hinüber in die Schalterhalle, um uns nach dem nächsten Zug in die gewünschte Richtung zu erkundigen. Wegen einer in Jena ausgefallenen Lok würde der Zug erst gegen zehn Uhr fahren, war die Auskunft. So hieß es wieder einmal warten!
Endlich fuhren wir los, nicht ohne von Mitreisenden gesagt zu bekommen, daß dieser Zug nach Saalfeld führe und wir in Rudolstadt umsteigen müßten. Also dampften wir gemächlich durch die immer anheimelnder wirkende Hügellandschaft Thüringens, stiegen mit entsprechender Wartezeit in den Anschlußzug um und kamen trotz der wenigen Kilometer erst am frühen Nachmittag in Bad Blankenburg an.
Am Bahnhof teilte man uns mit, daß wir im „Weißen Roß" sicher Zimmer bekommen könnten, es stünde leer.
Wir ließen uns den Weg beschreiben und zogen dann voller Hoffnung über die noch von amerikanischen Pionieren aus Holz erbaute Behelfsbrücke über die Schwarza in die Stadt. Im „Roß" wies uns jedoch die Besitzerin, Frau R., mit der Bemerkung barsch ab: „Wir haben keine Zimmer für Zigeuner!" Die Antwort meiner Mutter: „Wir haben keine Läuse, wir haben

keine Flöhe! Aber wir haben genug Geld!" änderte nichts an dieser höchst ungastlichen Haltung.
Nicht nur, daß Frau R. offensichtlich vom Kriegsende, von Flüchtlingen und Vertriebenen noch nichts gehört hatte, sie lehnte auch jede weitere Diskussion und dann sogar vorgezeigte größere Geldscheine ab.
Also blieb nichts anderes übrig, als die zweihundert Meter weiter zum Rathaus zu gehen und der damals darin untergebrachten deutschen Polizei unser Problem zu erläutern. Diese schickte uns zur russischen Kommandantur.
Während wir anderen im Rathaus warteten und uns mit Erfolg um Lebensmittelmarken und damit um Brot bemühten, begaben sich die beiden am besten Tschechisch Sprechenden, meine Mutter und meine Großmutter, zu den Russen, um unsere Situation unter Hinweis auf das leerstehende Hotel zu erläutern.
Sie fanden schnell Gehör, und eine auch deutschsprachige russische Sekretärin schrieb eine Unterkunftseinweisung über vier Zimmer mit Küchenbenutzung aus.
Mit großem russischem Stempel und der Unterschrift eines Offiziers versehen, wirkte das Papier auf einen der deutschen Polizisten so, daß er gleich mit uns ging und der auch unter diesen Umständen nur nach außen hin kleinlauten Frau R. die neue Situation klarmachte.
Wir bekamen also die vier Zimmer, ein sehr großes mit mehr als dreißig Quadratmetern als Wohnzimmer für uns alle und gleichzeitig als Schlafzimmer für die Großeltern, zwei ganz normale Doppelzimmer und für mich ein kleines Einzelzimmer. Die beiden Doppelzimmer waren für meine Tante und ihren Sohn und für meine Mutter mit den kleinen Geschwistern bestimmt.
Alle Räume hatten richtige Betten und Schränke, von denen letztere allerdings noch sehr lange fast leer blieben. Damit wir heizen und bei Bedarf auch selbständig kochen konnten, wurde wenige Tage später sogar ein Kanonenofen aufgestellt, dessen Abzugsrohr durchs Fenster Richtung Hof ging.

Fürs erste schien alles geregelt, nur Frau R. blieb uns auch weiter – und dies bis heute – in unguter Erinnerung. Bereits am nächsten Morgen verschwand die vor den tschechischen „Goldgräbern" gerettete goldene Uhr meines Großvaters vom Nachtkästchen. Da außer uns lediglich Frau R., eine Verwandte und ein Bekannter von ihr im Haus waren, konnte unser Verdacht nur diese drei Personen zum Ziel haben.
Am nächsten Morgen meldeten wir uns nun ganz offiziell bei der deutschen Polizei an. Außerdem meldeten wir auch den Diebstahl. Danach fragten wir, ob wir zunächst in Bad Blankenburg bleiben könnten. Da man vorbehaltlich der Zustimmung der Kommandantur keinen Einwand hatte, richteten wir uns gedanklich auf einige Tage zusätzlichen Aufenthalt ein.
Vorher mußte jedoch noch die Angelegenheit mit unserem Bekannten geklärt werden. Ich erhielt daher zwei Tage später den Auftrag, die Familie K. in Königsee aufzusuchen und die möglicherweise dort für uns bestehenden Chancen zu erkunden.
Mit dem ersten Zug fuhr ich schon am nächsten Morgen jenseits der zerstörten Schwarzabrücke los ins auch heute noch idyllisch gelegene Königsee. Nach einigem Suchen fand ich die uns bekannte Adresse. Das Haus stand jedoch leer. Von einer Nachbarin erfuhr ich, daß die Familie K. beim Abzug der Amerikaner mit „in den Westen" gegangen sei.
Mit dieser deprimierenden Nachricht kehrte ich ins „Roß" zurück. Wir besprachen erneut unsere daraufhin noch schwierigere Situation und kamen zu dem Ergebnis, daß wir uns wohl auf einen längeren Aufenthalt in Bad Blankenburg einzustellen hätten.
So waren wir also in landschaftlich sehr reizvoller Umgebung zumindest vorläufig vom Schicksal gestoppt worden. Wälder grüßten von nicht zu steilen Hügeln, ähnlich denen der Vorberge des Riesengebirges, und ein kleiner Fluß durchzog fast wie zu Hause das Tal. Vom Hügel gegenüber grüßte zwar nicht das langgezogene Stift der Barmherzigen Brüder, aber

dafür die auch heute noch sehenswerte Burgruine Greifenstein.
Es galt „nur“ noch, Brot und Arbeit zu finden, auch wenn unser Geld sicher noch eine Weile gereicht hätte.
Letztlich sollten meine Mutter und die Geschwister fast zwei Jahre und ich mit zwei Unterbrechungen durch längere unvermeidbare Krankenhausaufenthalte rund drei Jahre im „Roß“ verbringen. Die Großeltern sowie die Tante mit ihrem Sohn fanden dagegen schon im Februar 1947 eine Wohnung in einer etwa einen Kilometer entfernten und damals noch schönen Villa. Dort starb auch im Juni 1948 nach Aufzehrung der letzten Reserven mein auch in dieser Gegend bald allseits hochgeschätzter Großvater – er verhungerte wegen seiner schon erwähnten, in diesem Falle tödlichen Verdauungsprobleme.
Die Tante dagegen wohnt mit anderen Mietern noch heute in diesem Haus.
Das „Weiße Roß“ selbst wurde zwar von der Besitzerin noch selbst bewirtschaftet, war jedoch wegen der nazistischen Vergangenheit des Ehepaares vorläufig beschlagnahmt worden.
Der Mann von Frau R. befand sich im Juli 1945 bereits in einem russischen Internierungslager, wo er wie viele andere schon 1946 als Folge der furchtbaren Zustände elend zugrundeging.

Der wechselnde Name des „Rosses“ spiegelt auch ein Stück deutscher Geschichte wider.
Bis zum Jahre 1934 und dann wieder ab Mai 1945 hieß es „Weißes Roß“, zwischen 1934 und Mai 1945 war es ganz im Zeichen der Nazis das „Braune Haus“. Nach dem „Vereinigungsparteitag“ vom April 1946 wurde im Juni 1946 aus dem „Roß“ das tiefrote „Karl-Liebknecht-Haus“. 1986 wurde es zum Teil abgerissen und bekam nach Wiederaufbau und Renovierung die etwas neutralere Bezeichnung „Haus der Organisationen“.

Seit März 1990 heißt es ganz harmlos und ohne parteipolitische Farbgebung „Clubhaus“ und steht nun endlich wieder allen Bürgern zur Verfügung.

Abschließend zwei Zitate:

„Anstatt ordentlich all die zu richten, die ihren Staat verraten hatten, verjagten wir sie aus dem Land und belegten sie mit einer Strafe, die unsere Rechtsordnung nicht kannte. Das war keine Strafe, das war Rache!“

Václav Havel
Staatspräsident der ČSFR, am 15. März 1990

„PRAVDA VÍTĚZÍ!“ – „Die Wahrheit siegt!“ –
lautete und lautet der selten beherzigte Wappenspruch der ČSR, ČSSR und ČSFR.

Thüringen – unsere „neue Heimat?“

In den folgenden Tagen bemühten wir uns, so schnell und so gut wie möglich wieder Fuß zu fassen. Wir liefen von Amt zu Amt, um neue Ausweise, Lebensmittelkarten und eine Aufenthaltsgenehmigung zu erhalten; wir meldeten uns bei der Arbeitsvermittlung und gingen auch selbst von Betrieb zu Betrieb, um Arbeit zu bekommen. Wir merkten sehr schnell, daß die auch in dieser Zeit unentbehrliche deutsche Bürokratie im soliden Stützkorsett neuer alliierter und spezieller sowjetischer Besatzungsvorschriften schon wieder bestens „vollzog“, so wie sie es in – fast – jedem Falle auch unter Hitler getan hatte.
Später, unter Ulbricht und Honecker, würde sie genauso „gewissenhaft“ handeln!
Nebenbei besichtigten wir die Stadt und entdeckten dabei das „Haus über dem Keller“ in der Johannisstraße 6, in dem Friedrich Fröbel seinen ersten Kindergarten eingerichtet hatte, bevor ihn dümmliche preußische Kultusbürokratie wegen der angeblich „destruktiven Tendenzen“ wieder verbot.
Besonders mein Großvater als früherer Bürgerschuldirektor hielt die Entdeckung für ein gutes Omen. Fröbel und seine Stadt ließen doch – trotz Frau R. vom „Roß“ – auf soziale Verantwortung und Bürgersinn schließen. Ein paar Äpfel, die mein kleiner Bruder von einer mitfühlenden Frau erhielt, wurden zum ersten Beweis für diesen Rückschluß erklärt.
Meine wie meist in schwierigen Situationen sehr zielstrebige Mutter fand bald für sich und ihre Schwester in einer noch privaten Möbelschreinerei Beschäftigung. Aus Sperrholz waren Kisten und Koffer hauptsächlich für russische Soldaten zu fertigen.
Der Nachteil bestand darin, daß diese Arbeit nur sehr wenig Geld und – wichtiger – gar keine zusätzlichen Lebensmittel einbrachte.
Ich selbst besann mich auf meine langjährige und gern ausgeübte Ferienarbeit auf dem Hof meines Onkels Herbert R. in

Hermanitz und fand nach einigem Suchen Arbeit bei einem Bauern in Großgölitz, etwa vier Kilometer nordwestlich von Bad Blankenburg.
So mistete ich bald den Kuhstall aus, mähte gemeinsam mit dem Großknecht mit der Sense das Futter für die Tiere, half später bei der Rüben- und der Kartoffelernte und lernte im Oktober mit einigen Schwierigkeiten, wie man mit nur einem Pferd und dem Einscharpflug ackert.
Größter Vorteil dieser Arbeit war, daß nicht nur ich selbst genügend zu essen bekam, wobei ich die dort üblichen „Thüringer Kließ" bald schätzenlernte.
Auch für meine Angehörigen bekam ich ab und zu etwas Brot, ein wenig Mehl, Kartoffeln und auch einen Sack Futterrüben. Die beiden zuletzt genannten Nahrungsmittel waren bis ins Jahr 1948 eine häufige Mahlzeit, die es sogar auf Lebensmittelmarken und für 0,90 Reichsmark in den Gaststätten gab.
Ende November war jedoch die Hauptarbeit zu Ende, und ich wurde mit Dank entlassen, während der Großknecht – ein ebenfalls dort gestrandeter Schlesier – auch den Winter über bleiben durfte.
Für meine Angehörigen und insbesondere für meinen immer hungrigen Großvater hatten die Lebensmittel bisher schon nicht voll ausgereicht, so daß guter Rat teuer war. Folglich bewarb sich meine Mutter wegen einer Allergie an den Händen, die von irgendwelchen Beizmitteln in der Möbelfabrik gekommen war, bei einer Ärztin als Köchin – das konnte sie sehr gut – und auch für die herbstliche Gartenarbeit, von der sie allerdings kaum Ahnung hatte.
Da es jedoch auch für diese Tätigkeiten kein zusätzliches Essen gab, bemühte sie sich bald für sich selbst und ihre Schwester eingedenk ihrer Tschechischkenntnisse um eine Anstellung als Küchenhilfe im Krankenhaus der russischen Armee. Dieses war damals auch Lungenheilanstalt und im ehemaligen Sanatorium „Warda" des Kurortes Bad Blankenburg untergebracht.

Beide wurden eingestellt, und wir lernten bald die zwar nicht anspruchsvolle aber nahrhafte und meist auch wohlschmekkende russische Küche kennen. Es gab Borschtsch und riesige Graupen, die wir „Kälberzähne“ nannten, Bohnen mit Bauchspeck und ganze Kanten des schwarzen russischen Kastenbrotes mit Speck und Zwiebeln. Wir hatten in dieser Zeit zwar nicht reichlich zu essen, aber doch so viel, daß wir nicht mehr wirklich hungern mußten.
Einige Monate später wurde meine Mutter in die Küche der von den Russen beschlagnahmten ehemaligen Sportschule neben dem Schwimmbad an der Schwarza versetzt, was für uns die weitere Sicherung zusätzlicher Lebensmittel bedeutete.
Nur für mich mußte eine neue Lösung gefunden werden.
Wir hörten, daß die Schulen allgemein ab dem 7. Dezember 1945 wieder öffnen würden, so daß für meine Schwester und mich der Schulbesuch wieder angesagt war. Meine Schwester wurde in der Volksschule angemeldet, und ich wollte und sollte die staatliche Oberschule in Rudolstadt besuchen, sechs Kilometer Bahnfahrt talabwärts im schönen Tal der Saale gelegen.
Da ich die „Deutsche Oberschule für Jungen und Mädchen zu Königgrätz“ und die ebenfalls „Deutsche Oberschule für Jungen, Betreuungsschule für Luftwaffenhelfer“ in Pilsen sechseinhalb Jahre besucht hatte und darüber auch die Zeugnisse vorlegen konnte, wollte ich mich für die siebte Klasse anmelden.
Der neu ernannte – vorher gründlich entnazifizierte – Direktor, ein Studienrat(!), erklärte mir jedoch, daß die siebte Klasse schon überfüllt sei. Er riet mir, gleich in die als einmaliger Sonderlehrgang eingerichtete spezielle achte Klasse für ehemalige Kriegsteilnehmer und entlassene Kriegsgefangene einzutreten. In dieser Klasse sei noch Platz, und wenn es schiefginge, hätte ich ja gegenüber meiner ursprünglichen Planung keine Zeit verloren. Ich folgte seinem Rat und ließ mich für die empfohlene Abiturklasse eintragen.

Meine erste illegale Reise nach Bayern

Bevor ich wieder ein mehr oder minder braver Schüler sein durfte, hatte ich jedoch im Auftrage meiner Familie noch eine große Bewährungsprobe meines Improvisationsvermögens, meiner trotz der erst siebzehn Jahre ausgeprägten Eigenständigkeit und meines Durchsetzungsvermögens zu überstehen.
Ich wurde beauftragt, in Altentreswitz südöstlich von Weiden in der Oberpfalz den Verlobten meiner verwitweten Tante zu finden. Auch hatte ich festzustellen, ob die Verlobung noch gelte, ob er also an einer Ehe noch interessiert sei und was die „amerikanische Zone“ insgesamt zu bieten habe.
Am nächsten Tage ging ich zur nahegelegenen Volksschule und bat um einen Atlas mit Karten von Thüringen, Franken und der Oberpfalz. Ich mußte ja den Verlauf der Demarkationslinie intensiv studieren und dann noch den weiteren Weg in die damals ferne Oberpfalz erkunden.
Mit dem so erworbenem Wissen und guten mündlichen Informationen von Bekannten aus Sonneberg über die Möglichkeiten an der Grenze war ich – wie sich später erweisen sollte – ganz gut gerüstet.
Ich bekam noch zweihundert Reichsmark sowie als Reiseverpflegung einen Brotbeutel mit Scheiben des auf dem Ofen getrockneten und anschließend fast ganz schwarzen russischen Kastenbrotes.
Um den 25. November 1945 trat ich dann diese erste von insgesamt vier illegalen Reisen nach Bayern an.
Aber so einfach wie heute war so eine Fahrt damals wirklich nicht. Zwischen Thüringen und Bayern lag ja die Zonengrenze, bewacht von sowjetischem Militär.
Zwar bestand sie noch nicht aus Stacheldraht, Todesstreifen, Selbstschußanlagen und Mauern – also dem ganzen armseligen „antifaschistischen Schutzwall“ Ulbrichts und seines schäbigen „real existierenden Sozialismus“, von dem Willi Stoph

viel später in Erfurt frech und uneinsichtig behaupten sollte, „der Bau der Mauer“ sei „ein Akt der Menschlichkeit“ gewesen! Dennoch war auch diese vorläufige Demarkationslinie nur für wirklich Ortskundige ungefährlich. Ich hatte gehört, am besten sei es, von Sonneberg aus durch Föritz, Schwärzdorf und Gessendorf über die Hügel und durch Wälder nach Stockheim zu gehen.
So erschwindelte ich mir mit dem Märchen von einem möglichen Arbeitsplatz in Sonneberg die Fahrkarte in das Zonenrandgebiet vor der Grenze und fuhr an einem frühen Morgen mit dem ersten Zug Richtung Saalfeld und Probstzella los.
Unterwegs lernte ich einen etwa vierzigjährigen Mann aus der Gegend von Magdeburg kennen, der auch nach Bayern wollte. Wir beschlossen, den Grenzübergang gemeinsam zu versuchen. Er hatte gegenüber mir den großen Vorteil, einen mit mehreren großen Besatzungs-Stempeln versehenen „Propusk“ (Passierschein) zu besitzen, der ihm in russischer und deutscher Sprache das Bereisen der einzeln aufgezählten Länder der sowjetischen Besatzungszone und auch Bayerns erlaubte. Ich selbst besaß nichts dergleichen.
Der bis auf das Wort „Bayern“ legale Wisch hatte ihn bei dem antifaschistischen deutschen Schreiber einer sowjetischen Dienststelle in Magdeburg natürlich etwas gekostet. Eine Flasche „echtes“ nachempfundenes „Königsberger Goldwasser“, zwei Schachteln Zigaretten der edlen „Sondermischung“, gefüllt mit „Bahndamm, letzter Schnitt“ – wie wir das nannten – und viel gutes Zureden waren der Preis gewesen.
Auf meine Frage, warum er denn nicht einfach in Probstzella legal über die Grenze gegangen sei, nannte er zwei Gründe. Einmal hätte er in seinem Rucksack einige wertvolle Sachen, die er nicht gern bei einer Kontrolle verlieren wollte, und außerdem sei dort am offiziellen Übergang möglicherweise doch jemand so schlau, den Schwindel mit dem Zusatz „Bayern“ zu bemerken.
Ich gab mich damit zufrieden und stieg mit ihm in Sonneberg aus.

Dann suchten wir uns den Weg über Föritz und Schwärzdorf nach Gessendorf. Wir vermieden dabei die heutige Bundesstraße 89 und gingen den schmalen Gemeindeverbindungsweg, der nach wie vor fast parallel dazu verläuft.
Nach etwa zwei Stunden waren wir in Gessendorf, wo wir uns von einem alten vertrauenswürdig aussehenden Bauern den besten und sichersten Weg erklären ließen. Wir sollten gleich hinter Gessendorf von der östlich führenden Straße rechts abbiegen und über den bewaldeten Hügel dort – er zeigte die Richtung – nach Bayern gehen. Wir kämen dann auf einen grenznahen Verbindungsweg zwischen Pressig und Stockheim.
Da es inzwischen fast Mittag geworden war, machten wir im Hof des freundlichen Bauern eine kurze Essenspause, während der er uns noch vor russischen Grenzposten warnte; sie stünden manchmal auch noch drüben auf bayerischem Gebiet!
So vorgewarnt, gingen wir bald wieder los. Dabei gab es zunächst auch keine Probleme. Wir fanden den Weg und passierten dann seitwärts im Walde die Grenze nach Bayern.
Während wir auf der bayerischen Seite bereits den schon beschriebenen Hügel wieder hinabstiegen, traten plötzlich zwei sowjetische Soldaten in ihrem Khaki hinter Bäumen hervor, richteten ihre Maschinenpistolen auf uns und einer rief: „Stoj!" und „Ruky verch!"
Wir blieben sofort stehen und hoben brav die Hände; als Deutsche des Jahres 1945 hatten wir darin ja schon einige Übung.
Nachdem sich der eine auf die inzwischen aus vielen Krimis bekannte Weise davon überzeugt hatte, daß wir unbewaffnet waren, durften wir die Hände wieder herunternehmen. Mit „Dawai! Dawai!" wurde auf unsere Rucksäcke gedeutet, und wir kapierten, daß wir sie abnehmen und öffnen sollten.
Bevor letzteres beginnen konnte, hatte jedoch mein Begleiter bereits seinen „Propusk" herausgezogen und hielt ihn dem Streifenführer vor die Augen. Der las langsam den Text, ak-

zeptierte ihn sogar und fragte dann in meine Richtung, wo denn mein „Propusk“ sei. Er war sichtlich enttäuscht, als ich keinen vorweisen konnte.
Also versuchten wir, ihm mit vielen Gesten und auch mit meinem bißchen Tschechisch klarzumachen, daß ich der Mitarbeiter meines Begleiters sei und daher mitkommen müsse. Er blieb sehr skeptisch und glaubte uns erst, nachdem wir für jeden der beiden eine noch volle Schachtel Zigaretten hatten springen lassen. Kaum qualmten die ersten Zigaretten der schon erwähnten Sondermischung, war auch die Frage unserer Glaubwürdigkeit endgültig zu unseren Gunsten geklärt; wir durften uns mit beiderseitigem „Do swidania!“ Richtung Bayern verabschieden. Auf so ein Wiedersehen hofften wir allerdings trotz der freundlichen Höflichkeitsformel nicht.
Bald danach entdeckten wir die ersten Häuser von Neukenroth, fanden die Straße nach Stockheim – heute die gut ausgebaute B 85 – und marschierten in dessen Richtung.
Dort angekommen, gingen wir zum Bahnhof und kauften uns die Fahrkarten nach Nürnberg. Wir erfuhren, daß wir mit viel Glück „heute noch bis Nürnberg kommen“ könnten. Dort ginge es allerdings wohl erst am nächsten Tag weiter.
So dampften wir denn über Kronach, Lichtenfels, Bamberg und Forchheim Richtung Nürnberg, wobei zweimaliges Umsteigen und entsprechendes Warten viel Zeit kosteten. Als Folge kamen wir erst am späten Abend im Großteils zerstörten Hauptbahnhof Nürnbergs an.
Nachdem wir uns umgesehen und vergebens nach einer geeigneten Übernachtungsmöglichkeit erkundigt hatten, wagten wir trotz der allgemeinen Finsternis einen kurzen Gang bis hinters Königstor. Auch dort sahen wir, daß die Bomber vor allem in der Innenstadt schwer gewütet hatten, um hauptsächlich Geschäfts- und Wohnviertel, aber auch wertvolle Kulturstätten zu zerstören.
Zum Bahnhof kamen wir kurz vor der auch dort geltenden Sperrstunde gegen zehn Uhr zurück. Wir suchten uns beim spärlichen Licht einer einsam an der Wand hängenden Glüh-

birne an einer noch stehenden Außenwand einen Sitzplatz am Boden und machten es uns so bequem wie möglich.
Es war bereits ziemlich kalt, und wir wußten, daß es noch kälter werden würde. Schließlich hatten wir Ende November, und der Himmel war unbedeckt.
Kaum hatten wir Platz genommen und uns mit meiner dünnen Decke zugedeckt, fiel uns auf, daß durch die Reihen der Sitzenden und Stehenden immer wieder einige Männer liefen, die irgend etwas anboten. Wir fanden heraus, daß es um Zigaretten, „Ami“ und „Sondermischung“, um Lebensmittelmarken, amerikanische Konserven und anderes mehr ging.
Der Schwarzmarkt blühte also wie überall zu dieser Zeit.
Dann entdeckten wir verhältnismäßig viele junge Frauen; sie schienen auf etwas zu warten. Von meinem erfahrenen Begleiter wurde ich aufgeklärt, daß sie sicherlich auf zahlende Freier warteten. Bald kamen auch einige. Es handelte sich um schwarze amerikanische Soldaten, die mit ihren Jeeps von der nicht allzu entfernt gelegenen ehemaligen SS-Kaserne vorfuhren und sich ihre „Fräuleins“ aussuchten.
Noch mehr als mein Begleiter war ich darüber schockiert; in bezug auf das weibliche Geschlecht wirkte in mir offensichtlich noch zu sehr das hehre und von den Verkündern selbst nicht praktizierte Propagandabild des „Dritten Reiches“ nach!
Bittere Kommentare kamen auch von den Lippen der anwesenden „Landser“.
„Dafür haben wir also jahrelang an der Front den Schädel hingehalten!“ – „Dafür sind unsere Kameraden im russischen Dreck verreckt!“ und ähnliches mehr war zu hören.
Schließlich war in den Parolen der Nazis oft genug von den deutschen Frauen die Rede gewesen, die durch den „heroischen Abwehrkampf im Osten des Reiches“ vor den „bolschewistischen Horden“ geschützt werden müßten.
Zu überlegen, warum dies nun so anders war, und daß diese Frauen mangels Einkommen vielleicht gar keine andere Wahl hatten, das kam mir erst viel später in den Sinn.

Etwa ab Mitternacht war dann Ruhe. Zwar konnten wir „dank" dem fehlenden Dach den strahlenden Sternenhimmel über uns bewundern, aber die immer unangenehmer werdende Kälte und auch die sonstigen Umstände hielten uns von romantischen Gefühlen ab. Irgendwann fielen wir auf dem harten und kalten Steinboden halb sitzend in einen unruhigen Schlaf, nicht ohne uns vorher die Rucksäcke hinter den Rükken geschoben zu haben.
Nach kurzer, eisig kalt und höchst unbequem verbrachter Nacht und nach dem kargen Frühstück aus trockenem Brot und Wasser verabschiedeten wir uns, denn der andere wollte nach München, und ich mußte nach Weiden. Am Schalter wurde mir erklärt, daß ich Weiden aus welchen Gründen auch immer nur auf dem Umweg über Amberg und Schwandorf erreichen könne; aber auch diese Strecke sei nur wenig befahren.
So auf das Bevorstehende eingestimmt, kaufte ich mir eine Fahrkarte nach Vohenstrauß und hatte dann bis nach neun Uhr zu warten, bis endlich ein Zug in meine Richtung fuhr.
Nach weiterem Warten beim Umsteigen in Amberg und einigen Zwischenaufenthalten unterwegs, kam ich erst am Abend in Schwandorf an. Dort erfuhr ich zu meiner großen Enttäuschung: „Heute fährt kein Zug mehr nach Weiden!"
Dies bedeutete nicht nur für mich, sondern auch für viele andere eine weitere Nacht in einem zu Übernachtungen wenig einladenden Bahnhofswartesaal.
Nachdem ich einen kurzen Blick in die Stadt geworfen hatte, ließ ich mich im Wartesaal nieder. Gegenüber Nürnberg hatte er den Vorteil, ein Dach zu haben und sogar mit Tischen und Stühlen möbliert zu sein.
Ich suchte mir einen Platz unter den vielen, die gleich mir dort gestrandet waren, kramte mein hartes getrocknetes Brot heraus und begann, es als „Abendessen" ziemlich lustlos zu kauen.
Bald setzte sich mit einem „Servus" ein etwa dreißigjähriger Mann neben mich, dessen von Kragenspiegeln, Schulterklap-

pen und früheren Hoheitsabzeichen befreite Uniform auf einen ehemaligen Panzersoldaten schließen ließ. Wir kamen ins Gespräch; er erzählte mir sein Woher und Wohin, und ich erfuhr, daß er nach seiner Entlassung aus mieser amerikanischer Gefangenschaft nach Hause in die Nähe von Gera wolle.
„Von Hof fährt mehrmals wöchentlich ein Zug, der dem Bevölkerungsaustausch und der Familienzusammenführung dient. Er ist eigentlich nur für Leute mit Entlassungspapieren oder einer Zuzugsgenehmigung für die sowjetische Besatzungszone bestimmt. Aber man kann sich, weil er immer überfüllt ist, so unter die anderen mischen, daß man nicht erwischt wird."
Drüben müsse man dann allerdings in ein Lager der Russen, wo alles überprüft werde.
„Aber vielleicht kann man unterwegs irgendwo verschwinden", setzte er hoffend hinzu.
Diese Informationen sollten für meine Rückfahrt nach Thüringen noch von großer Bedeutung sein.
Etwa gegen zehn Uhr kam eine noch junge Frau mit hochgesteckter „Entwarnungsfrisur" zu unserem Tisch, mit einem etwa viermonatigen Baby auf dem Arm und einer der damals üblichen schäbigen braunen Plastiktaschen in der Hand. Sie setzte sich uns gegenüber und legte das Baby vor uns auf den Tisch. Zwar kann ich mich nicht mehr erinnern, wo sie herkam oder wohin sie wollte. Die folgenden Stunden werde ich aber nie vergessen.
Etwa eine halbe Stunde und ein dahintröpfelndes belangloses Gespräch später fragte sie uns, ob wir kurz auf ihr Baby aufpassen könnten.
„Ich muß mal schnell auf's Klo!" sagte sie.
Natürlich hatten wir nichts dagegen. Wir scherzten noch, daß sie aber wirklich bald wiederkommen müsse, da wir von Babypflege absolut nichts verstünden. Lachend verschwand sie, während wir neugierig das nun uns anvertraute Wickelkind beäugten. Das Baby schlief wie bisher friedlich weiter und

hatte von dem vorübergehenden „Besitzerwechsel“ Gott sei Dank noch nichts gemerkt.
Nachdem jedoch eine halbe Stunde vergangen war und ich bereits ohne jeden Erfolg die Frau draußen gesucht hatte, wurden wir beide unruhig und fragten uns, wann die Mutter wohl zurückkommen werde.
Kurz vor Mitternacht begann das Baby dann tatsächlich, zuerst zu greinen und dann trotz Wiegens auf dem Arm zu schreien. Die bis dahin friedlichen Schläferinnen und Schläfer im nur trüb durch zwei brennende Kerzen beleuchteten Raum wachten auf und begannen, in unsere Richtung zu schimpfen.
„Wickelt doch das Kind endlich! Vielleicht hat's auch Hunger!“
„Wo is'n die Mutter?“ tönte es.
So schlau wären wir allerdings auch gewesen. Aber wie sollten wir den zwar grantig gegebenen, wenn auch sicherlich gutgemeinten Ratschlägen folgen?
So verschaffte sich mein neuer Bekannter Gehör und erklärte mit wenigen Worten die Situation. Daraufhin begann neues und noch lauteres Geschimpfe. Und es kam auch der Verdacht auf, daß sich diese „Rabenmutter“ wohl irgendwo mit den Amis amüsiere oder ganz einfach verschwunden sei.
Andererseits kamen aber auch zwei Frauen und boten uns ihre Hilfe an. Auf der Suche nach den Windeln kramten sie im kümmerlichen Inhalt der von der Verschwundenen zurückgelassenen Tasche und fanden tatsächlich noch zwei halbwegs saubere.
Die beiden hilfsbereiten Frauen wickelten das Baby, und wir hofften nun alle auf Ruhe.
Doch bald begann das kleine Wesen wieder zu schreien.
Offensichtlich hatte es auch Hunger. Da war guter Rat teuer, bis jemand auf die Idee kam, Brot in etwas Wasser einzuweichen und dem Bübchen in den Mund zu schieben. Dies tat dann eine der beiden Frauen, allerdings mit der Anmerkung, daß das Kind möglicherweise „Baucherlweh“ bekommen werde.

Zunächst aber schafften wir es innerhalb der folgenden zehn Minuten, daß sich das kleine hilflose Menschlein wieder beruhigte und dann auch einschlief.
Um halb zwei saßen wir noch immer mit „unserem“ Baby da!
Etwa um zwei Uhr öffnete sich die Tür, und es erschien zu unserer Erleichterung mit vielen Entschuldigungen die Mutter. Sehr schnell wurde sie mit einem Schwall von Vorwürfen und auch Schimpfworten aus der Runde eingedeckt.
Vielleicht hätte sich alles bald wieder beruhigt, wenn sie nicht den psychologischen Fehler begangen hätte, uns eine der in den letzten vier Stunden „verdienten“ Dosen mit „Ham and Eggs“ anzubieten.
Daraufhin wurde nicht nur mein Begleiter wütend. In dieser Runde vor allem ehemaliger Soldaten konnte sie kein Verständnis erwarten. Unvermeidbar mußten nun wüste Beschimpfungen kommen.
„Miese Amihure!“ – „Schickse!“ und „billige Niggermatratze!“ waren einige davon und dann auch dort wieder die Aussage: „Für so ’ne Nutte wie dich haben wir an der Front im Dreck gelegen und gekämpft. Für dich sind unsere Kameraden gefallen!“
Nur wir an unserem Tisch hörten ihre zaghafte Frage, wie sie denn sonst ihr Baby und sich selbst durchbringen solle?
Verzweifelt heulend packte sie nach nur wenigen Minuten ihr wegen des Lärms oder auch wegen der nun wohl beginnenden Bauchschmerzen wieder schreiendes Baby und ihre Tasche und verschwand aus dem Wartesaal.
Dort begann sich nun wieder der Frieden des guten Gewissens auszubreiten: der hatte man es aber gegeben!
Erst am nächsten Morgen sahen wir die beiden wieder; sie hatte die Nacht auf einer Bank im Schalterraum verbracht. Ein schlechtes Gewissen hatten einige von uns wohl doch – vor allem wegen des Babys. Und ihre Frage, wovon sie denn sonst leben solle, beantworteten wir für uns mit dem vielleicht doch zu billigen Hinweis, daß sie ja von uns alles an Eßbarem bekommen hätte, was immer wir hätten entbehren können.

So war auch diese lange, aber nicht langweilige Nacht endlich vergangen, und ich fuhr mit dem ersten Zug weiter nach Weiden.

Dort angekommen, sagte man mir, daß es mit einer Nebenbahn nach Vohenstrauß ginge und daß ich von dort noch einige Kilometer zu Fuß gehen müsse, um an mein Ziel zu kommen.

Erst gegen ein Uhr fuhr der Zug als typische Lokalbahn langsam und auf vielen Umwegen durch die Wiesen und die schon gepflügten Felder der hügeligen Landschaft in die Richtung meiner Station. Für die nur wenigen Kilometer brauchten wir rund eine Stunde. Am Bahnhof in Vohenstrauß ließ ich mir den Weg nach Altentreswitz beschreiben und bekam dabei erstmalig die typisch oberpfälzische und für mich heute noch ziemlich unverständliche Mundart zu hören.

Ich pilgerte los und war neugierig, was mich am Ziel wohl erwarten würde.

In Altentreswitz gut angekommen, fand ich nach kurzem Suchen anhand der Adresse den Hof des Bekannten gleich am Anfang des Dorfes. Zu meinem Erstaunen war jedoch niemand zu sehen!

Die Türen waren verschlossen; alles Klopfen und Rufen half nichts. Also ging ich zum Nachbarhof, um dort nachzufragen. Auf mein Klopfen öffnete eine Magd, deren Antworten auf meine Fragen ich nur so viel entnehmen konnte, daß eine Beerdigung stattgefunden habe und daß alle spätestens in einer halben Stunde nach Hause kommen würden. Ich setzte mich daher beim fahlen Schein der schon kraftlosen Novembersonne trotz der herrschenden Kälte auf eine Bank vor dem Haus und wartete.

Tatsächlich kamen bald ein schon älteres Paar und eine etwa fünfundzwanzigjährige Frau in Trauerkleidung zum Hof. Sie waren überrascht, dort einen Fremden vorzufinden, luden mich aber gleich ins Haus ein, nachdem ich ihnen gesagt hatte, daß ich wegen ihres Sohnes gekommen sei.

Drinnen in der warmen Stube erzählte ich ihnen meine Geschichte, warum ich gekommen sei und diese lange Reise angetreten habe. Während meiner Ausführungen fingen alle drei zuerst zu schluchzen und dann zu weinen an. Ich begann zu ahnen, daß Schlimmes passiert sein mußte.

Von neuerlichem Schluchzen immer wieder unterbrochen, erzählte die Mutter des Gesuchten, was sich ereignet hatte, wobei ich allerdings wieder große Schwierigkeiten hatte, etwas zu verstehen. Soviel wurde mir jedoch klar – der Sohn hatte völlig unversehrt den Krieg überstanden, war auch schon im Juli aus der amerikanischen Gefangenschaft entlassen worden und hatte am Hof fleißig bei der Ernte mitgeholfen. Schon im Jahr zuvor habe er bei einem Kurzurlaub von seiner Verlobung erzählt, so daß sie über meine Tante informiert seien.

Nach der Ernte war er bei einer Brauerei in Weiden als Kraftfahrer eingestellt worden, und fast alles wäre gut gewesen, wenn nicht am vergangenen Montag das schreckliche Unglück passiert wäre.

Am Abend dieses Arbeitstages habe er einen anderen LKW in die Garage eingewiesen, wobei er innen an der Rückwand des Garagengebäudes stand. Die Bremsen des rückwärts fahrenden Lasters hätten jedoch versagt, so daß er von der Ladefläche an die Wand gedrückt worden sei. Bevor der verständigte Arzt eintraf, sei er bereits tot gewesen, da der ganze Brustkorb zerquetscht worden war.

Eben komme man von seiner Beerdigung.

Der schreckliche Krieg hatte ihm nichts anhaben können – und dann dieses furchtbare Unglück!

Ich kondolierte, so gut ich es mit meinen siebzehn Jahren eben konnte und trauerte auch tatsächlich mit ihnen, denn auch ich hatte ihren Sohn gekannt.

Doch dann wurden sie gleich sehr praktisch. Sie luden mich ein, als ihr Gast bis übers Wochenende dazubleiben und erst in der kommenden Woche nach Thüringen zurückzufahren.

Also blieb ich ein paar Tage, hörte weitere Einzelheiten über den Sohn, verstand allmählich etwas mehr von der unge-

wohnten Mundart und versuchte, mich in Haus und Hof nützlich zu machen, wo immer es ging.
Am folgenden Montag hieß es dann, Abschied zu nehmen. Ich mußte ja wieder zurück, um in die Oberschule in Rudolstadt zu gehen.
Auch beim Abschied gab es wieder Tränen. Es kam aber auch die herzliche Einladung, sie alle wieder einmal und möglichst mit der Tante zu besuchen.
Daraus ist jedoch bis heute nichts geworden. Ob noch jemand von ihnen lebt und sich an meinen Besuch erinnern kann?
Dann ging ich, immer wieder zurückwinkend und gut versorgt mit Brot, Wurst und Speck, wieder nach Vohenstrauß. Von dort fuhr ich noch am Vormittag mit der sich durch die Landschaft windenden Bimmelbahn nach Weiden und um die Mittagszeit nach Hof, wo ich allerdings erst am späten Nachmittag ankam. Dort hörte ich, daß bereits am Dienstag ein Zug in die „Sowjetische Besatzungszone“ gehe.
„Ein Quartier gibt es hier aber nicht! Du mußt etwa vier Kilometer außerhalb zu den Baracken der früheren Flakstellung gehen. Dort kannst du sicher übernachten!“
Und auf meine Frage nach der Richtung: „Du brauchst nur den anderen nachlaufen, die wollen auch dorthin.“
Tatsächlich hatte sich bereits eine ganze Kolonne die Straße entlang in Bewegung gesetzt und strebte dem Lager zu. Ich schloß mich an, und da ich nach den ziemlich geruhsamen Tagen in Altentreswitz gut zu Fuß war, überholte ich allmählich die anderen, bis ich bei der Spitzengruppe angelangt war. Mit dieser erblickte ich nach knapp einer Stunde die Baracken und erkannte aufgrund meines früheren Einsatzes als Luftwaffenhelfer an der Art der Anlage auch die frühere Flakstellung.
Dort angekommen, wurde uns gesagt, daß es weder Betten noch Bettgestelle gäbe. Wir sollten uns einfach einen Platz suchen, wo immer wir ihn fänden.
„In einer Baracke, gleich rechts, ist auch genügend Stroh, mit dem ihr euren Schlafplatz polstern könnt. Zu Essen gibt es leider nichts! Aber Trinkwasser könnt ihr haben!“

Bald verteilten sich die Gruppen und Grüppchen in die Baracken, suchten sich ihr Plätzchen und belegten es mit Stroh. Dann setzten wir uns zusammen, aßen von unseren Broten und sprachen über die verschiedensten Dinge.
Zum bevorstehenden Transport hieß es wieder, daß man sich rechtzeitig absetzen müsse, wenn man nicht ins Lager der Russen wolle.
Kein Problem wäre es in den Baracken gewesen, Frauen oder Mädchen mit ins Stroh zu nehmen. Aus welchen Gründen auch immer – war es die nach dem Kriege neu erwachte Lebenslust, war es die allgemeine Unsicherheit, die sich nur dem Heute verbunden fühlte? Nicht wenige boten sich regelrecht an, wenn man mit ihnen nur ein paar freundliche Worte wechselte.
Bald wurde es finster, und die trotz des Strohes in der zugigen Baracke ziemlich kalte Nacht begann.
Schon sehr früh am nächsten Morgen, noch in der Dunkelheit, hieß es Aufstehen, kalt Frühstücken und dann den wärmenden Rückmarsch nach Hof zum Bahnhof antreten. Dort wartete tatsächlich schon ein Zug aus überdachten Güterwagen, der uns „rüberbringen“ sollte.
Kontrolliert wurde beim Einsteigen niemand.
„Das werden die Russen im Lager schon besorgen!“ hieß es dazu.
Gegen halb zehn Uhr fuhren wir bei kalter Herbstsonne, aber mit trotz der Kälte halboffenen Türen und mit dem damals üblichen müden Braunkohlentempo los. Gezogen wurden wir von einer zwar heftig qualmenden, aber schon ziemlich altersschwachen Dampflok. So ging es über die Zonengrenze in Richtung Plauen.
Da ich keine Sehnsucht nach einem neuen Lageraufenthalt hatte, erkundigte ich mich nach einer Möglichkeit, unterwegs auf einem geeigneten Bahnhof zu verschwinden. Streckenkundige sagten mir, daß für mich die beste Möglichkeit am Bahnhof Mehltheuer bestünde, weil dort die Strecke über

Zeulenroda nach Gera abzweige. So machte ich mich startbereit zum Abhauen.
In Mehltheuer angekommen, wartete auf dem gegenüberliegenden Bahngleis tatsächlich der Zug nach Gera. Aber auf dem Bahnsteig standen mehrere unbewaffnete deutsche Bahnpolizisten, die offensichtlich das illegale Umsteigen verhindern sollten.
Nach kurzem Zögern sprangen aus den verschiedenen Wagen etwa sechzig bis achtzig Frauen und Männer und rannten zum anderen Zug – ich selbstverständlich auch.
Die Polizisten waren entweder zu überrascht oder auch wegen der hohen Zahl zu verunsichert, um ernsthaft einzugreifen. Einige von uns hielten sie zwar an, ließen sie aber wieder laufen, als drohendes Gebrüll aus den Waggons ertönte. So schimpften und schrien sie zwar noch hinter uns her, was uns jedoch nicht weiter störte.
Bald fuhren wir Richtung Gera und waren damit dem Lager der Russen endgültig entgangen.
Unterwegs riet man mir, in Weida umzusteigen und auf der wieder befahrbaren Strecke über Pößneck und Saalfeld nach Bad Blankenburg zu fahren. Ich folgte dem Rat und war am Abend wieder im „Roß" bei meinen Angehörigen.
Dort mußte ich sofort die ganze zutiefst traurige Geschichte ausführlich erzählen. Der tragische Tod des Verlobten fand dabei selbstverständlich das Hauptinteresse.
Um eine große Hoffnung ärmer war besonders die weinende Tante. Aber auch alle anderen machten sehr enttäuschte Gesichter. Es wurde klar, daß wir in Bad Blankenburg wohl für längere Zeit festsitzen würden.
Zwar mußten wir uns auf jeden Fall zunächst damit abfinden. Es galt aber auch, aus der neuen Situation die notwendigen beruflichen und auch schulischen Konsequenzen zu ziehen!

Jetzt erst recht! – Der Weg zum Abitur

Wie vom Schulleiter verlangt, fand ich mich am 7. Dezember 1945 nach der kurzen Bahnfahrt über Schwarza nach Rudolstadt in der dortigen Staatlichen Oberschule für Jungen morgens um acht Uhr pünktlich ein. Das Gebäude stand und steht unten am Fuße der hochragenden Heidecksburg und ist sehr dauerhaft aus gelbem Klinker gemauert. So hat es nicht nur den 2. Weltkrieg, sondern auch fünfundvierzig Jahre ohne Pflege im „real existierenden Sozialismus" äußerlich recht gut überstanden.

Nur ein viele Meter langes Spruchband mit dem zwar unschönen, aber dafür auch nachweisbar nutzlosen Text: *Hohe Leistungen zur Stärkung unserer Republik im FDJ-Aufgebot ‚DDR 40'* zierte die damalige „Polytechnische Oberschule" im August 1988, als ich Rudolstadt nach zweiundvierzig Jahren erstmals wieder aufsuchen durfte.

Da „die Stärkung der Republik" nichts geholfen hatte, ist das Band wie alle anderen überflüssigen Propagandasprüche der angeblichen Sozialisten der früheren DDR inzwischen wieder verschwunden. Die alte Schule sieht – etwas schmutziger und damit grauer zwar – fast so aus wie 1945.

Die kurze Begrüßung der alten und neuen Schüler erfolgte durch den noch sehr jungen Direktor. Er agierte statt des wegen seiner Nazivergangenheit vom Dienst suspendierten Oberstudiendirektors, und in seiner Rede fehlten die pflichtgemäßen Hinweise auf den verbrecherischen Krieg und die glorreiche sowjetische Armee nicht. Dann wurden wir den einzelnen bereits wartenden Klassenleitern zugeteilt und stellten dabei fest, daß der Schulleiter auch gleichzeitig unser Klassenleiter war. Bei der Begrüßung fiel uns auf, daß es offensichtlich nur ganz junge und ganz alte Lehrer gab. Die fehlende Generation dazwischen war entweder im wenige Monate zuvor zu Ende gegangenen Krieg gefallen, noch in Ge-

fangenschaft oder wegen ihrer nazistischen Vergangenheit gleich dem früheren Direktor zumindest vorübergehend vom Dienst suspendiert.
Einem unserer Lehrer fehlte ein Bein; er hatte es schon 1943 bei schweren Kämpfen in Rußland eingebüßt und sprach nicht nur aus ganz persönlichen Gründen ungern darüber. Schließlich hatte er ja „für die Falschen“ an der Front gestanden!
Unser Klassenraum war ein Eckzimmer, mit Fenstern nicht nur hinten, sondern auch auf der rechten Seite. Als Folge sah es kühl und sehr nüchtern und damit ziemlich trostlos aus und war wegen der zum Beheizen fehlenden Kohle im beginnenden ersten Nachkriegswinter fast immer eiskalt. Wir Schüler saßen oft im wärmenden Mantel oder auf andere Weise dick eingemummt auf unseren harten und zu kleinen Bänken.
Aber fast ungeheizte und auch ziemlich ungepflegte Schulzimmer waren 1945 „normal“ und konnten weder anders aussehen noch wirken.
Die Klasse selbst bestand aus siebzehn Schülern und einer hübschen Schülerin. Im Gegensatz zu vorher und später wieder, mußte diese nicht erst auf Gleichberechtigung mit „den Männern“ bedacht sein, sondern genoß sie ganz selbstverständlich wegen ihres nicht leicht gewesenen Einsatzes als „Blitzmädchen“ im Kriege.
Unser Alter streute zwischen 17 und 28, wobei ich, wie schon in Königgrätz, wieder einmal der Jüngste war. Aber auch ich wurde trotz meiner Jugend voll akzeptiert, nachdem meine bisherige Lebens- und Leidensgeschichte bekanntgeworden war.
Zwischen den auf dem Podium sitzenden Lehrern und uns Schülern gab es keine hierarchisch bedingten Unterschiede. Das war nicht etwa deswegen so, weil sich die Lehrer uns anzubiedern versuchten, wie dies heutzutage so mancher von ihnen in hilfloser Kumpelhaftigkeit tut. Vielmehr wußte nach nur wenigen Tagen des gegenseitigen Beschnupperns jeder vom anderen, was er durchgemacht hatte, so daß schon auf

dieser emotionalen Basis die gegenseitige Achtung eine Selbstverständlichkeit war.
Als Folge herrschte ein geradezu ideales Lernklima. Es wurde nur durch die völlig unzulängliche Ausstattung der Schule, vor allem in den naturwissenschaftlichen Fächern, und durch die fehlenden Bücher – auch deren Texte mußten ja erst gründlich „entnazifiziert" werden – immer wieder erheblich beeinträchtigt.
Wir waren binnen kürzester Zeit eine Gemeinschaft geworden, in der jeder jedem bei allem half, was immer in unserem Schülerdasein so daherkam. Bald hatten wir die notwendigen Bleistifte und die Füller. Auch gab es bräunliches, „recyceltes" Schreibpapier und ebensolche Hefte; es gab kurze Lineale aus Holz und meist funktionierende Zirkel, alles Dinge, die im Dezember 1945 so einfach nur gegen das ziemlich wertlose Geld kaum zu bekommen waren.
Nur ein Mitschüler paßte nicht ganz zu uns. Er wohnte wie ich in Bad Blankenburg und hinkte mit einem Krückstock mit echt silbernem – wie er immer wieder betonte – Knauf durchs Zimmer. Eine schwere Beinverwundung war, so sagte er, schlecht verheilt. Wir bezweifelten dies bald, weil er auch ohne das angeblich obligatorische Hinken auskam, wenn er sich unbeobachtet fühlte. Er schied auch vorzeitig aus und machte die für Juni 1946 vorgesehene Reifeprüfung nicht mit.
Ich sollte später noch mit ihm zu tun bekommen, weil er als bekannter Schwarzhändler tätig war. Noch ein paar Jahre später hörte ich zufällig in einer Sendung des Rias Berlin, daß vor ihm gewarnt wurde – er leistete angeblich Spitzeldienste für die Sowjets und für den schon bald wieder tätigen kommunistisch-deutschen Geheimdienst.
Immer schwieriger wurde in dieser bitteren Zeit nicht nur die allgemeine Versorgungslage, sondern auch und besonders die unserer Familien. Da ich nicht mehr beim Bauern arbeitete, hatten wir noch weniger zu essen. Außerdem gab es kaum Holz und Kohle zum Heizen, weil die mageren Zuteilungen einfach nicht reichen konnten.

So mußte ich nicht nur einmal mit einem einheimischen Freund in den Wald am Stadtrand, um nachts bereits gefällte Bäume in tragbare Stücke zu zersägen und auf dem schnell schmerzenden Rücken durch die halbe Stadt nach Hause zu schaffen. Dort wurden die Stämme dann tagsüber zerkleinert. Natürlich hatten wir bei unserem illegalen Tun ständig die Sorge, erwischt zu werden. Auch eine Handsäge, wie wir sie hatten, ist in einer sonst stillen Nacht sehr weit zu hören.
Aber es ging immer wieder gut, da wir jeweils erst nach Mitternacht loszogen, zu einer Zeit also, zu der alle anderen einschließlich der noch unbewaffneten Polizei bereits im warmen Bett waren.
Da nur das Zimmer meiner Großeltern mit dem einfachen Kanonenofen versehen und somit als einziges heizbar war, saßen wir fast allabendlich bis zum Schlafengehen in diesem Raum, in dem ich auch meine Hausaufgaben erledigen mußte. Für unsere stets eiskalten Betten legten wir auf die kleine Ofenplatte aus einer zerstörten Gärtnerei „organisierte" massive Ziegelsteine, die in dünne Tücher gewickelt, ans Fußende unter das alte und klumpige Federbett gelegt wurden. Sie halfen uns dabei, die ersten stets bitter kalten Minuten im Bett zu überstehen und uns „warmzuzittern", wie wir es nannten.
Ein besonders trauriges Fest war Weihnachten 1945. Zwar hatten wir vom Bauern in Großgölitz eine kleine Fichte erhalten, aber sie war ohne jeden Schmuck und mit nur vier Kerzen versehen. Auch Geschenke gab es zur großen Enttäuschung der drei Kinder keine – wo hätten sie auch herkommen sollen? Fleisch oder gar ein saftiger Braten waren auch nicht vorhanden. Meiner Mutter und der Tante war es lediglich gelungen, von ihren Arbeitsstellen etwas mehr an Borschtsch – selbstverständlich ohne die in guten Zeiten übliche saure Sahne – und ähnlichen Genüssen zu erlangen, als dies normalerweise möglich war.
So saßen wir nach dem wenig festlichen Abendessen da, bewunderten zunächst den glitzernden „Schmuck" der Eisblumen an den einfachen Fenstern, und sangen dann gemeinsam und

wehmütig der verlorenen Heimat gedenkend, einige bekannte Weihnachtslieder.
Mein Großvater sprach aus seiner profunden Kenntnis der Bibel uns alle ergreifende Weihnachtsgedanken und sorgte dann für die einzige positive Überraschung.
Auch in der alten Heimat schon schriftstellerisch tätig gewesen, hatte er aus dem Empfinden des schmerzlichen Verlustes heraus drei neue Strophen zum Riesengebirgslied verfaßt und trug sie nun vor:

HEIMATLIED, von Heinz Edmund Füssel

(1) Wo die Höhen sanfter ragen,
und die Täler sammetgrün
ihren Duft ins Weite tragen,
hin, wo Lämmchenwolken ziehn;
wo zum Saume dunkler Wälder
der gepflegte Acker streicht,
und das Ährengold der Felder
Brot im Überflusse reicht:

: Dorthin zieht es mich einzig alleine,
nach dem Boden, mir lieb und vertraut,
wo die Sonne fast immer gelächelt
und der Himmel so lieblich geblaut.
Land, ach so ferne, hab dich so gerne,
meine schöne Heimat, du! :

(2) Wo der Elbstrom, leise rauschend,
seinen Weg durch Blumen nimmt,
und der Vogel, singend, plauschend,
froh den Himmelsdom erklimmt;
wo von Giebeln Sprüche grüßen,

Dörfchen sich an Städtchen reiht,
und von Lippen Worte fließen,
schlicht der Wahrheit nur geweiht:

: Kehrreim :

(3) Wo vor vielen hundert Jahren
unsre Ahnen sich gemüht,
bis nach Nöten und Gefahren
alles Grenzland voll erblüht,
wo im Glanz der Abendröte
stolz die Koppe wacht und grüßt,
bis das Auge im Gebete
andächtig den Tag beschließt.

: Kehrreim :

Meine Großmutter, jahrzehntelang sehr aktive Vorsitzende verschiedener deutscher Organisationen im Bezirk Königinhof, und meine Mutter, beide früher im Chor singend, stimmten zur Melodie von „Riesengebirglers Heimatlied“ diese Verse sofort an. Und wir anderen fielen ein, so gut wir es eben konnten.
Wieder rannen Tränen des Heimwehs und der Wehmut über die schmalen Wangen fast aller Anwesenden. Und wir stellten uns die Frage, wer wohl jetzt in der geliebten Heimat in unserem Hause Weihnacht feiern würde?
Auf diese Weise hatte das erste Weihnachten fern der Heimat trotz aller Gefühle des Verlustes und des Verlorenseins dank meinem Großvater doch noch einen würdigen Ausklang gefunden.
Nach herzlichen Gutenachtküßchen und nochmaligem gegenseitigem Austausch bester Weihnachtswünsche gingen wir

dann etwas getröstet und mit den schon erwähnten heißen Steinen bewaffnet ins kalte Bett.
Die folgenden Feiertage brachten keine neuen Lichtblicke. Für mich war das nicht gar so wichtig, da ich während der ganzen Ferien die nicht geringen Wissenslücken zu schließen versuchte, die in den zehn Monaten ohne jeglichen Schulbesuch entstanden waren. Gestört wurde ich dabei allerdings durch ständige Reibereien zwischen meinem sehr unruhigen Neffen und dem Großvater. Ersterer fand es besonders vergnüglich, stundenlang vom Tisch aus in den an der Wand gegenüber angebrachten großen Spiegel ständig wechselnde Fratzen zu schneiden.
Mich selbst, der ich am gleichen Tisch meine Arbeit erledigen mußte, regte das nur manchmal auf; über seine besseren Dingen würdige Kreativität und nie ermüdende Ausdauer war ich allerdings immer wieder von neuem erstaunt. Aber mein geistig und körperlich hungernder und seiner reichhaltigen Bibliothek nachtrauernder Großvater hatte nicht mehr die Nerven, dem seltsamen und auch lächerlichen Spielchen mit der notwendigen Gelassenheit zuzusehen – er schimpfte immer wieder, wenn auch meist vergebens. Meine trotz ihres Alters noch immer äußerst temperamentvolle Großmutter, meist liebevoll Mama genannt, ereiferte sich dann jeweils über beide und machte ihnen letztlich nutzlose Vorhaltungen.
Ein weiteres stetes Ärgernis im Hause war, daß wir immer wieder daran gehindert wurden, in der großen Küche des ehemaligen Hotels zu kochen und das dort vorhandene zahlreiche Geschirr zu benutzen, obwohl beides ausdrücklich auch in unserer Einweisung stand. Es dauerte noch Monate, bis zwischen der ehemaligen Eigentümerin und uns auf der Basis der Vernunft eine Art Waffenstillstand geschlossen wurde.
Also war ich nicht traurig, als die Ferien zu Ende waren und die Schule wieder begann.
Der weitere Unterricht und mein gesamtes restliches Schülerdasein verliefen mit einer aufrüttelnden Ausnahme ohne besondere Vorkommnisse.

Im zeitigen Frühjahr 1946 verschwand plötzlich ein allseits beliebter Mitschüler auf Nimmerwiedersehen. Am Samstag war er noch im Unterricht gewesen, am folgenden Montag fehlte er. Flüsternd wurde berichtet, daß sein Vater, wertvoller Facharbeiter bei Zeiss in Jena, von den Sowjets als billiger Zwangsarbeiter kassiert worden war. Bei den laufenden Demontagearbeiten im Werk hatten die ungeliebten Besatzer festgestellt, daß sie ihn und viele andere beim Wiederaufbau der Fabrik in der Sowjetunion gut brauchen konnten. Also wurde die ganze Familie an einem frühen Montagmorgen geweckt, bekam nur zwei Stunden Zeit zum Packen, um dann mit anderen Leidensgenossen in den unbekannten und weitgehend kriegszerstörten Osten abtransportiert zu werden.
Auch dort gab es also, mitten im deutschen Kernland Thüringen, harte und ungerechte Vertreibungen aus der angestammten Heimat.
Ich selbst wurde während der insgesamt sieben Monate dauernden Schulzeit immer dünner. Das Essen war sehr knapp und blieb es auch. Am Schluß des Schuljahres 1945/46 wog ich bei einer Länge von 176 Zentimeter ganze zweiundfünfzig Kilo.
Meiner die Volksschule besuchenden Schwester ging es noch viel schlimmer; sie mußte wegen ständiger Unterernährung in ärztliche Versorgung. Ihre Augen waren durch die nicht nur unzureichende, sondern auch völlig unausgewogene Ernährung immer schlechter geworden.
Eines Tages konnte sie in der Schule die weiße Kreideschrift an der Tafel nicht mehr entziffern. Der damit überforderten Lehrerin fiel nichts Besseres ein, als sie der persönlichen Bosheit zu bezichtigen, was meiner beklagenswerten Schwester auch noch weitere ungerechte Beschimpfungen und Bloßstellungen einbrachte. Sie selbst war zu eingeschüchtert, um zu Hause etwas zu sagen; sie wußte ja auch nicht, was mit ihr los war.

Erst als es gar nicht mehr ging, vertraute sie ihre Probleme unserer Mutter an, und der konsultierte Arzt stellte die wirklichen Gründe des „Versagens“ fest.
Die in der Beurteilung voreilig gewesene Lehrerin entschuldigte sich zwar später für ihr völlig verständnisloses Verhalten; das half aber meiner für eine längere Zeit stark verschüchterten Schwester nicht mehr viel.

Große Probleme gab es für uns alle auch mit der wenigen und vor allem auf den Sommer abgestimmten Kleidung, die uns die „goldgräberischen“ Tschechen bei der Vertreibung gelassen hatten. Nur mein Großvater hatte einen warmen Wintermantel dabei und ich einen leichten Lodenmantel meines Vaters. Zwar konnten wir mit unserem immer noch ausreichend vorhandenen Geld auf dem inzwischen florierenden Schwarzmarkt und auch bei mitfühlenden neuen Bekannten einiges nachkaufen, aber für den strengen Winter reichte es immer noch nicht.
Mir selbst gelang es, einen kompletten Frack mit früher elegantem „Schwalbenschwanz“ und einen fast neuen grünen Offiziersmantel von einer Frau zu kaufen, deren Mann im Krieg gefallen war. Dieser Mantel war zwar aller nazistischen Hoheitszeichen ledig, erregte jedoch bei russischen Soldaten immer wieder Anstoß. Je nach Laune riefen sie mir beleidigende Schimpfworte nach oder verspotteten mich. Beides war jedoch in unserer Situation besser, als zu frieren.
Aus dem schwarzen Frack machte mir ein benachbarter Schneider eine Hose und aus den Resten des Schwalbenschwanzes mit Hilfe eines passenden Stückes Stoff eine dringend benötigte Jacke.
Mein Großvater fiel in der Stadt bald überall angenehm auf. Dank seinem würdigen Auftreten, seinem gepflegten weißen Bart und dem für die Nachkriegssituation viel zu schönen dunklen Wintermantel wurde er bald eine stadtbekannte und wie in der Heimat allseits geachtete Persönlichkeit.

Noch im Winter 1945/46 wurde das „Roß“ wieder eröffnet. Zuerst nahm die Restauration ihren Betrieb auf, und dann genehmigten die Sowjets unter Aufhebung der Sperrstunde von 22.00 Uhr die ersten Tanzveranstaltungen.
Beides brachte für uns Dauergäste des Hotels vor allem Ärger mit sich. Während es bisher im großen und fast leeren Hause ziemlich ruhig gewesen war, begann plötzlich der laute Trubel. Gäste liefen durchs Haus, suchten die Toiletten und klopften auch an unsere Türen.
Und das erste ernsthafte Problem ließ auch nicht lange auf sich warten.
Eines Abends saß ich mit Freunden in der gut ausgestatteten Gaststube, die von einem großen Kachelofen beheizt wurde. Wir aßen gekochte Kartoffeln mit ebensolchen Futterrüben, ein – wie schon erwähnt – damals durchaus übliches Essen. Drei Tische weiter hatten zwei mit Maschinenpistolen bewaffnete russische Soldaten direkt neben dem Kachelofen einen ganzen Tisch für sich. Sie tranken den seit neuestem wieder erhältlichen und wie in der Sowjetunion nach Gramm zu kaufenden Schnaps. Entweder aus Langeweile oder auch aus Wichtigtuerei spielten sie dabei mit ihren MPs.
Plötzlich hämmerte die eine los, wobei Kugeln nicht nur in die Wand, sondern auch gegen den Kachelofen krachten. Sofort ließen wir uns unter den Tisch fallen, aber ein Abpraller hatte einen jungen Mann am Nachbartisch bereits in der Bauchgegend erwischt.
Die beiden jungen Russen waren darüber mindestens ebenso erschrocken wie wir und begannen, über sich selbst zu fluchen, wobei sie den verbreitetsten russischen Fluch ständig wiederholten. Dann versuchten sie, etwas unbeholfen und ängstlich, dem schwer verwundeten deutschen Gast zu helfen.
Schon nach kurzer Zeit fuhr jedoch draußen ein dunkelgrüner Eineinhalbtonner mit der von der Wirtin verständigten russischen Militärpolizei vor. Die Mitglieder des Kommandos stürmten in den Raum und begannen, auf die beiden einzubrüllen.

Dann wurden die zuerst vor Angst fast erstarrten Übeltäter hinausgetrieben und dabei ganz brutal zusammengeschlagen. Sie konnten schon nicht mehr gehen, bevor sie überhaupt den LKW erreichten. Von den mitleidlosen Militärpolizisten wurden sie gepackt, auf die kahle Ladefläche des LKW geworfen und sofort abtransportiert.
Erst dann kam ein Sanka, und der verletzte Deutsche wurde nach Rudolstadt ins Krankenhaus geschafft.
Bereits am nächsten Tag konnten wir auf den überall angeschlagenen Plakaten des Militärkommandanten in russischer und deutscher Sprache lesen, daß die beiden schuldigen Soldaten zu je drei Jahren Zwangsarbeit in Sibirien verurteilt worden seien.

Ein weiteres schlimmes Ereignis, das leicht hätte tödlich enden können, ist mir auch noch lebhaft in Erinnerung.
Eines Tages wollte ich vom Zimmer meiner Großeltern aus die Treppe hinunter und das Haus verlassen. Doch schon auf dem Treppenabsatz stand plötzlich ein Russe mit gezogener Pistole vor mir und plärrte guttural „Frraau!". Ich verstand zunächst nicht, was er wollte. Daraufhin stellte er mich mit „Ruky verch!" an die Wand und hielt mir die Pistole an die Stirn. Und wieder kam dieses „Frraau!" mit dem auf jeden Fall unmißverständlichen Zusatz „Fickään!".
Wo sollte ich eine willige Frau noch dazu für einen offensichtlich halb besoffenen Soldaten hernehmen? Also sagte ich zu ihm – ob mutig oder leichtsinnig, ich weiß es nicht – in russischer Sprache: „Bitte, schieß doch. Du kommst nach Sibirien!"
Da wurde er plötzlich fast nüchtern, nahm die Pistole weg, sicherte sie und steckte sie in die Tasche. Dann begann er zu grinsen, legte einen Arm auf meine Schulter, nannte mich „brat", also Bruder, und lud mich zu 100 Gramm Wodka ein. Daraufhin gingen wir in die schon beschriebene Gaststätte und prosteten uns mit dem von ihm spendierten Schnaps immer wieder zu. Da es bei den ersten 100 Gramm nicht blieb, wurde es mit der Zeit noch ganz lustig. Wir waren jedenfalls

beide heilfroh, daß nichts Schlimmeres passiert war und trennten uns später durchaus freundschaftlich.

Doch zurück zum Alltag:
Weil unsere Zimmer direkt über dem Tanzsaal lagen, ergaben sich wegen der wieder erlaubten Tanzabende und der damit verbundenen Aufhebung der Sperrstunde für uns auch Probleme mit dem Schlafen. Mindestens jedes Wochenende, aber oft auch während der Woche, gab es für uns laute Gratismusik und vor Mitternacht keine Ruhe. Die Tanzesfreude der nach dem damals verbreiteten Motto „Wir sind noch einmal davongekommen!“ Feiernden war überschwenglich.
Also beschloß ich, ebenfalls zum Tanzen zu gehen, wann immer eine gute Kapelle unter uns spielte. Ich verbrachte viele Abende im Saal, gewann dabei neue Freunde unter Einheimischen, Flüchtlingen und Vertriebenen und wurde ganz nebenbei in den örtlichen Schwarzmarkt eingeführt.
Trotz vieler anderer Sorgen waren es fast immer vergnügliche Stunden, die ich durchaus zu genießen begann.

Sowjetische Versuche der „Umerziehung“

Eine besondere Methode hatten die Sowjets in dieser Zeit entwickelt, um uns Deutsche nicht nur in Presse und Rundfunk immer wieder an die unverzeihlichen Verbrechen der Nazidiktatur zu erinnern.
Im Kino durfte abwechselnd immer erst nach zwei russischen Filmen ein deutscher gezeigt werden. Dies wäre auszuhalten gewesen, wenn es sich um die schönen und allseits geschätzten russischen Naturfilme gehandelt hätte. Aber fast ausschließlich waren Streifen über den heldenhaften Kampf der ruhmreichen sowjetischen Armee im großen „Vaterländischen

Krieg“ zu sehen. Dabei wurden die deutschen Soldaten fast immer als dümmlich, primitiv, feige und verbrecherisch agierend hingestellt, was uns natürlich nicht sonderlich gefiel.
Man hätte zwar ganz einfach diesen Filmen fernbleiben können, aber dann wäre aufgrund des geringen Besuches der für die nächste oder übernächste Woche vorgesehene deutsche Film ganz gestrichen worden.
Und noch etwas hatte man sich zur Umerziehung Schuldiger und Unschuldiger ausgedacht.
Vor jedem Streifen, gleich ob russisch oder deutsch, gab es zwanzig bis dreißig Minuten Filme ausschließlich über die schrecklichen Greuel, die in den nazistischen Konzentrationslagern geschehen waren.
Vielleicht wäre diese Aufklärung in Maßen sogar notwendig gewesen, da der ganz „normale Deutsche“ von dem verbrecherischen Geschehen meist bis zum Kriegsende tatsächlich nicht viel gewußt hatte. Aber was uns aufgezwungen wurde, war einerseits zu häufig und geschah außerdem in einer Zeit, in der die Sowjets nicht wenige Konzentrationslager der Nazis ihrerseits wieder als Massenvernichtungslager nutzten.
Schuldige aber auch viele Unschuldige, wie zum Beispiel Sozialdemokraten, die sich der Zwangsvereinigung mit der KPD widersetzten, sonstige politisch Andersdenkende, aber auch zahlreiche Priester und Angehörige bestimmter mißliebiger Religionsgemeinschaften wurden psychisch und physisch gemartert und nicht wenige von ihnen ermordet.
Auch vor den KZ-Filmen konnte sich niemand drücken. Die Kinotüren wurden bei Beginn zugesperrt und bis zur Pause im Hauptfilm nicht mehr geöffnet. Ein absichtliches „Zuspätkommen“ endete also vor verschlossener Tür.
Ich habe damals zusätzlich zu meinen Erlebnissen von 1945 so viel über die furchtbaren Verbrechen der Nazis gesehen und gelernt, daß ich für mich in bezug auf Politik und Politiker alle notwendigen Konsequenzen für mein ganzes Leben gezogen habe.

Dies gilt auch für die Geschehnisse um den im April 1946 mit großem Pomp gefeierten Vereinigungsparteitag zwischen KPD und SPD. Obwohl gerade in Thüringen, einem früheren Kernland deutscher Sozialdemokratie, die Sozialdemokraten gegenüber den Kommunisten etwa im Verhältnis 10:1 in der Überzahl waren und sich auch fast überall vehement gegen den Zwangszusammenschluß wehrten, wurde er im Bedarfsfalle skrupellos mit Gewalt oder der Androhung von Gewalt durchgesetzt. Die Entmachtung der SPD geschah außer durch Repression auch durch die scheinheilige Paritätsklausel, durch die in allen neuen Gremien SPD und KPD mit gleicher Personenzahl vertreten sein mußten.
Auch in Bad Blankenburg hatte dies Auswirkungen. Das „Roß“ wurde wie früher braunes in dieser Zeit kurzerhand rotes Parteihaus und in „Karl-Liebknecht-Haus“ umbenannt. Das Sekretariat der neuen SED wurde im ersten Stock des Gebäudes untergebracht.
Parteisekretär war allerdings ein junger Sozialdemokrat, der mir gegenüber immer wieder über die ständige besserwisserische Bevormundung durch die bisherigen KPD-Leute klagte. Er zog kurz nach meinem eigenen Weggang im Juli 1948 daraus die Konsequenz und setzte sich ebenfalls in den freien Westen ab.

Und die Schule?
Natürlich lernte ich trotz aller widrigen Umstände für die Schule, so gut es eben ging.
Im Februar war als zusätzliches Fach Russisch eingeführt worden, dem die meisten von uns ziemlich hilflos gegenüberstanden. Für mich waren diese Anfangskenntnisse kein Problem, da meine wenn auch geringen Tschechischkenntnisse mir bereits etwas Gefühl für eine slawische Sprache vermittelt hatten. Dies kam mir nun zugute, und ich wurde die dringend benötigte Anlaufstelle der Mitschüler für das Schreckgespenst Russisch.

Das Halbjahreszeugnis gab es wegen des verkürzten Schuljahres zum 1. April 1946. Trotz des Juxdatums und aller sonstigen speziellen Umstände fiel es für mich einigermaßen zufriedenstellend aus.
Schnell kam dann die Zeit der Reifeprüfung.
Im Juni 1946 wurde unsere nur noch aus der Schülerin und 15 Schülern bestehende Klasse als erste seit dem Kriege zur längst erwarteten, aber auch gefürchteten Prüfung zugelassen. Trotz unserer schlechten Vorahnungen ging alles gut. Ich wurde sogar von den mündlichen Prüfungen befreit, da ich in allen Fächern solide, wenn auch nicht überragende Ergebnisse erzielt hatte.
Und dann gab es eine Abiturfeier, wie sie Rudolstadt lange nicht mehr erlebt hatte und auch später im „real existierenden Sozialismus" nicht mehr erleben sollte.
Zuerst erhielt am 29. Juni 1946 jeder von uns mit der feierlichen Aushändigung des im Namen des „Landesamtes für Volksbildung", Land Thüringen, ausgestellten „Zeugnisses der Reife" einen echten Lorbeerkranz aufs hoch erhobene Haupt gedrückt. (Meiner landete allerdings später zwar sehr prosaisch, aber durchaus sinnvoll nach und nach in den Kochtöpfen meiner Mutter.) Dazu gab es eine Abiturzeitung mit Texten auf simplem Durchschlagpapier, in der wir uns gegenseitig und auch die Lehrer in Versform karikierten.
Ich habe sie heute noch; ihre breiten Ränder fehlen allerdings großenteils, da das dünne Papier bestens zum Selbstdrehen von Zigaretten geeignet war.
Und noch etwas anderes gab es, was für die meisten von uns an ein echtes Wunder grenzte.
Der Vater eines Mitschülers war Likörfabrikant und stellte alles zur Verfügung, was er im Betrieb nur abzweigen konnte. Ein anderer Vater war selbständiger Konditormeister und stand mit Eßbarem aller Art nicht nach.
So hatten wir für den gemütlichen Teil die der Heidecksburg am anderen Saaleufer gegenüberliegende „Berggaststätte

Marienturm“ bestellt, wohin die beiden Väter mit einem alten „Holzgaser“ alle uns gestifteten Köstlichkeiten schafften.
Auch unsere Lehrer waren eingeladen, und so zogen wir nach der offiziellen Feier mit ihnen und mit unseren Lorbeerkränzen auf dem Kopf durch die Straßen von Rudolstadt. Fürsorglich gelernte Studentenlieder singend und immer mit einem Fuß auf dem Randstein des Bürgersteiges und dem anderen auf der damals praktisch unbefahrenen Straße, ging es bald bergan Richtung Marienturm.
Dort stieg ein die ganze lange Nacht andauerndes und bis heute unvergessenes Fest, das nicht nur für mich eine Nacht im ersehnten Schlaraffenland bedeutete.
Gegen Mitternacht kam es allerdings zu einer Störung.
Eine aus zwei Mann bestehende und mit Maschinenpistolen bewaffnete russische Streife erschien in der Eingangstür und wollte „für Ordnung sorgen“. Ich wurde vorgeschickt und lotste die beiden mit freundlichster Miene in die Küche. Dort versuchte ich, ihnen beizubringen, was für ein Fest gerade gefeiert wurde.
Ob es mein in nur wenigen Monaten angelerntes bißchen Russisch war oder – eher – die Einladung, mit uns ein Weilchen zu feiern? Sie verstanden mich jedenfalls sehr schnell und tranken etwa eine Stunde fröhlich mit.
Dann mußten sie jedoch vor allem zu ihrem Bedauern gehen, denn total besoffen hätten sie sich als bewaffnete Streife doch nicht mehr in ihre Kaserne getraut.
Etwa gegen sechs Uhr am nächsten Morgen war leider Schluß mit der Seligkeit, und es begann bei vielen von uns der redlich verdiente Kater sein Werk. Nach herzlichen Verabschiedungen und dem allseitigen Versprechen, die Kontakte auch in Zukunft aufrecht zu erhalten, fuhr ich um halb acht mit zwei Mitschülern auf dem offenen Vorbau des letzten Waggons unseres Zuges zurück nach Bad Blankenburg.

Mit Ausnahme des tatsächlichen oder angeblichen Spitzels und eines zuckerkranken Mitschülers, ja Freundes namens P., der 1949 wegen des fehlenden und – wenn vorhanden – meist verdorbenen Insulins nach totaler Erblindung starb, habe ich von keinem der Mitschüler je wieder etwas gehört. Ich weiß nur, daß die meisten später ebenfalls nach „dem Westen" gegangen sind.

Ich besaß also das Abitur und war noch nicht einmal ganze achtzehn Jahre alt. Ich hatte es trotz der riesigen und heute nicht mehr nachvollziehbaren Schwierigkeiten und Probleme tatsächlich geschafft!
Fast alles hätte nun doch wieder gut werden können – aber ein hartes Schicksal in Gestalt der übermächtigen Sowjets wollte es noch einmal anders.

Abitur – was nun?

Die wohl einmalige Abiturfeier war vorbei, der darauf folgende Kater besiegt und auch schon vergessen. Neue Ziele mußten nicht nur gesetzt, sondern auch angestrebt werden.
Aber schon wenige Tage nach der großen Freude nahm mir das zwar gerade erst gegründete, im Auftrage der sowjetischen Besatzer aber schon fleißig arbeitende Land Thüringen diese Sorge ab – ich wurde zur Ferienbetreuung für Schulkinder eingeteilt.
Diese sah so aus, daß mir wie anderen auch, mit Ausnahme von Sonn- und Feiertagen, jeden Morgen um acht Uhr etwa zwanzig Schülerinnen und Schüler übergeben wurden, um die ich mich dann bis siebzehn Uhr zu kümmern hatte. Wir gingen in den grünen Hügeln rund um Bad Blankenburg spazieren, besuchten die sehenswerte Ruine Greifenstein, unternahmen allerlei Ballspiele auf einem Sportplatz oder gingen bei schönem Wetter zum Baden ins städtische Bad neben der Schwarza.
Zwischen zwölf und ein Uhr gab es täglich für uns alle ein zwar bescheidenes, aber dringend notwendiges Mittagessen. Das war auch für mich sehr wichtig, denn die Bezahlung mit ganzen 10,– RM je Woche war auch für die damalige Zeit sehr mies.
Ansonsten machte diese Tätigkeit durchaus Spaß, da die Ansprüche der Kinder in jenen ersten Nachkriegsjahren noch sehr bescheiden waren. Auch wurde jede noch so kleine Hilfe, auch eine Art Förderunterricht, sehr dankbar angenommen.
Nach etwa vier Wochen endete dieser Einsatz, weil die unverzichtbare Gemeinschaftsverpflegung nicht mehr aufrechterhalten werden konnte – es gab dafür keine Lebensmittel mehr!
Nun genoß ich ein paar geruhsame Tage und machte mich zu Hause nützlich. Ich kümmerte mich um meine kleinen Geschwister und den unruhigen Neffen, wenn die Großeltern ausgehen oder ihre Ruhe haben wollten.

Aber auch einen Reiseauftrag erhielt ich wieder von der Großfamilie.
Wie schon berichtet, waren die beiden Tanten und die Großmutter aus Hermanitz von Dresden aus Richtung Magdeburg aufgebrochen. Da die Wohnung großenteils zerstört war, hatten nur wenige Möbel von befreundeten Nachbarn durch rechtzeitige Auslagerung gerettet werden können. Daher wurden die Verwandten schon nach zwölf Tagen des Aufenthaltes in den gefürchteten, weil tageslichtlosen Elbbunkern aufs Land verlegt. Sie kamen am 14. August 1945 bei einem Bauern im kleinen Ort Sandbeiendorf nördlich von Magdeburg unter.
Dorthin sollte ich fahren, um zu sehen, wie es ihnen geht. Ein Brief war schnell geschrieben, und ich selbst folgte auch bald.

Nach sehr frühem Aufbruch in Bad Blankenburg kam ich am Nachmittag über Erfurt, Halle, Köthen und Magdeburg am Bahnhof Tangerhütte an. Von dort aus ging ich bei strahlendem Sonnenschein zu Fuß die rund zehn Kilometer nach Sandbeiendorf. Kurz vor dem Ort entdeckte ich auf einem Feld etwas abseits der Straße die Verwandten bei der Arbeit. Es gab ein großes Hallo und eine herzliche Begrüßung. Dann wurde die Arbeit für diesen Tag beendet, und wir gingen gemeinsam in den damals wie heute kleinen und unscheinbaren Ort.
Alle wohnten sehr beengt in winzigen Zimmern, räumten jedoch für mich sofort eine der stramm mit Stroh gefüllten Matratzen. Dem Kochen diente ein ebenfalls winziges blechernes Öfchen, das mit Kiefernzapfen beheizt wurde. Auch eine der damals üblichen „Kochkisten“ gab es. Gefüllt mit alten Zeitungen, Stroh und Heu diente sie dazu, leicht vorgekochte Speisen samt Topf aufzunehmen. Nach ein paar Stunden war dann alles gar, und die Speisen konnten noch warm gegessen werden.
Nach kurzer Zeit begannen wir, uns gegenseitig die jeweiligen Neuigkeiten der jüngsten Vergangenheit zu berichten.

Der Mann der einen Tante galt immer noch als in Frankreich vermißt. Wie wir später erfuhren, war er wegen eines befohlenen Einsatzes hinter der Front von den Amerikanern standrechtlich erschossen worden. Er ist auf dem ausgedehnten Soldatenfriedhof Andilly nordwestlich von Nancy beerdigt. Ich habe sein Grab rund fünfundzwanzig Jahre später aufgesucht und für die Tante fotografiert.
Der Mann der anderen Tante war damals und noch bis zum Frühjahr 1948 im schönen Kalifornien in amerikanischer Gefangenschaft. Ihm ging es sehr gut. Von Beruf Architekt, war er auch ein befähigter Maler, und die Wachmannschaften hatten das sehr schnell herausgefunden. Er wurde nach einigen Malproben von sonstiger Arbeit freigestellt und mußte Woche für Woche und Monat für Monat die Offiziere und deren Familien, mit und ohne Hund und auch in allen sonstigen noch möglichen Varianten, porträtieren. Dafür erhielt er regelmäßig Sachwerte und auch manchmal verbotenerweise Geld und schickte von seinem Überfluß etwa alle zwei Wochen ein Paket mit in dieser Zeit besonders kostbaren Dingen nach Hause. So gab es dort duftenden Bohnenkaffee, aromatischen Schwarztee, ausgezeichnete Schokolade, Amizigaretten und milden Tabak, alles Dinge, die für den unvermeidbaren Tauschhandel und die blühenden Schwarzgeschäfte bestens geeignet waren. Nach meiner Rückkehr besorgte ich der Tante in Bad Blankenburg zum Beispiel Bettwäsche gegen Bohnenkaffee.
Onkel W. war einer von sicher nur ganz wenigen Kriegsgefangenen, die ihre Familie zu Hause in Deutschland aus weiter Ferne gut ernähren konnten! – Zwei Onkel, aber welch unterschiedliches Schicksal!
Nach etwa einer Woche kehrte ich mit vielen neuen Eindrükken nach Bad Blankenburg zurück. Gerade als ich mich wieder eingewöhnt hatte, traf um den zwanzigsten August bei mir aus fast heiterem Himmel ein Einschreibebrief mit Zustellungsurkunde ein.

In knappem Deutsch wurde mir befohlen, mich „am Montag um 6 Uhr morgens“ bei der zerstörten „Steinernen Brücke“ im Schwarzatal einzufinden, um sie mit anderen wieder aufzubauen. Um diesem Befehl auch den gehörigen Nachdruck zu verleihen, stand auf der Rückseite nach guter deutscher Sitte als Rechtsbehelfsbelehrung, daß ich bei seinem „Nichtbefolgen“ mit 1.000 Reichsmark Geldstrafe oder drei Monaten Gefängnis zu rechnen hätte – eine wahrhaft einladende Auswahl!
Ich hatte von dieser alten Brücke schon gehört und wußte, daß sie ein Stück talaufwärts Richtung Schwarzburg/Katzhütte lag. Da mir jedoch weder ein Fahrrad noch ein sonstiges Verkehrsmittel zur Verfügung standen, sah ich keine zumutbare Möglichkeit, diesem unerwünschten Befehl nachzukommen. Zu Fuß hätte ich täglich etwa drei Stunden für den Hin- beziehungsweise Rückweg gebraucht – und dies zusätzlich zum Neunstundentag und an sechs Tagen in der Woche – *das* kannte ich doch schon von den Partisanen her! Außerdem wollte ich mit dem Wintersemester das damals von mir angestrebte Medizinstudium in Jena beginnen.
Also befragte ich meine Freunde, was ich tun könne, um diesem bitteren Kelch zu entgehen. Ich erfuhr, daß der zuständige Sachbearbeiter kein Unmensch und durchaus bereit sei, gegen etwa zwei Schachteln Zigaretten und gute Worte den Befehl zur neuerlichen Zwangsarbeit wieder zurückzunehmen. Ich beriet mich mit meiner Mutter, besorgte mir auf dem gut funktionierenden Schwarzmarkt die Mitmenschlichkeit verheißenden Zigaretten und ging schon am nächsten Tag in einer ruhigen Zeit zu besagtem Menschenfreund. Nach einem kurzen Gespräch und der diskreten Übergabe der begehrten Glimmstengel, wurde der lästige Arbeitsbefehl aus „glaubhaft gemachten Gesundheitsgründen“ zurückgenommen. Gleichzeitig erhielt ich jedoch den deutlichen Hinweis, daß er mir ein zweites Mal nicht werde helfen können.
Auf diese Weise klüger geworden, wollte ich nicht auf neues Unheil warten und nahm die Dinge selbst in die Hand. Ich fuhr Anfang September zur Universität nach Jena, um mich für

Humanmedizin immatrikulieren zu lassen. Dies ging ohne jedes Problem, sollte doch mit dem Beginn des Wintersemesters 1946/47 der Universitätsbetrieb wieder verstärkt weitergehen. Zwar hatte ich früher einmal Physiker oder auch Chemiker werden wollen. Die Medizin schien mir jedoch angesichts des täglich sichtbaren Elends der vielen Kriegsversehrten, der durch Bomben fürs Leben Geschädigten oder aus Ernährungs- und anderen Gründen von Krankheit gezeichneten Menschen damals wichtiger. Also wartete ich auf das angekündigte Wintersemester und den Beginn meines Studiums.
Doch es sollte wieder alles ganz anders kommen.
Zuerst teilte mir die Uni mit, daß sich der vorgesehene Beginn des Wintersemesters verzögern werde, weil alle Erstsemester auf Befehl der Militärregierung zunächst sechs Monate körperliche Arbeit zu leisten hätten, bevor sie studieren dürften.
Dennoch hoffte ich, daß ich auch diesmal der verhaßten Zwangsarbeit entkommen könne. Schließlich hatte ich nicht nur als Gefangener der Partisanen drei Monate schwerste körperliche Arbeit leisten müssen; ich hatte auch vom August bis Ende November 1945 beim Bauern gearbeitet und im Juli und August 1946 mehr als vier Wochen die Schulkinder betreut.
Folglich ging ich zu dem mir schon bekannten Sachbearbeiter und versuchte, ihn für meine Sicht der Dinge zu gewinnen. Er versprach, die Angelegenheit mit seinen Vorgesetzten zu klären.
Etwa zwei Wochen vergingen, dann wurde ich brieflich zu ihm bestellt. Er eröffnete mir, daß er meine Meinung zwar bezüglich der Ferienbetreuung teilen dürfe, nicht jedoch bei den beiden anderen Tätigkeiten. Diese seien nicht in „gesellschaftlichem Interesse" gewesen – ein später häufiger Begriff, der mir erst nach und nach ins Bewußtsein trat.
So wurde der Monat meines „Spazierengehens" mit den Schulkindern als Arbeit anerkannt, nicht jedoch die weiteren Monate wirklich schwerer und schwerster körperlicher Arbeit! Begreife es, wer kann – ich konnte es nicht!

Doch auch der eine „gesellschaftlich“ anerkannte Monat half mir nichts – deren sechs hätte ich ja gebraucht!
Ich begann zu ahnen, daß ein neuer Einsatzbefehl bald kommen würde. In der vorletzten Oktoberwoche traf er auch tatsächlich ein. Diesmal hatte ich mich am Montag, dem 26. Oktober 1946, um sechs Uhr bei der von der sowjetischen Armee beschlagnahmten Firma Vollrath, jetzt „Resonitechnika“, in Bad Blankenburg zu melden. Die Strafandrohungen für das „Nichtbefolgen“ waren von der gleichen Solidität wie schon im August.
Da ein Verhandlungsversuch mit dem „menschlichen“ Sachbearbeiter lediglich den Hinweis brachte, daß mir meine Arbeitszeiten vor allem wegen meiner Jugend – ich war ja erst achtzehn – nicht anerkannt worden seien, kam ich dem Befehl pünktlich am 26. Oktober 1946 nach und wurde wieder einmal Zwangsarbeiter. Es handelte sich nach der damals üblichen Einstufung um „Schwerarbeit“, für die es auch die entsprechende nicht ganz so magere Lebensmittelkarte gab.

Mit einigen anderen, darunter auch einem gleichaltrigen Mädchen, wurde ich vom zuständigen Vorarbeiter in eine der düsteren Werkhallen geführt und kurz in unsere neue Aufgabe eingewiesen.
Jeweils mehrere etwa zehn Meter lange, gummibeschichtete Bahnen aus solidem Baumwollstoff mußten in Handarbeit übereinandergelegt werden, um dann zwischen drei Kalanderwalzen hindurchzulaufen, wo sie mit Druck und Hitze zu einer einzigen festen Bahn zusammengepreßt wurden. Anschließend waren sie mit zwei transportablen elektrischen Schneidemaschinchen, die ähnlich einer Brotschneidemaschine funktionierten, auf ein genau vorgegebenes Maß zurechtzuschneiden. Dann wurden sie einerseits zu Transportbändern oder nach einem ähnlichen Verfahren zu Druckschläuchen verarbeitet.

Beide Erzeugnisse gingen an die sowjetische Armee, wobei die Druckschläuche für die Hydraulik von Panzern und sonstigen gepanzerten Fahrzeugen bestimmt waren.
Nun wurde auch klar, warum die Firma beschlagnahmt worden war! Denn kaum war der eine Krieg beendet, wurde aus Gründen der damals noch angestrebten und utopisch erhofften Weltherrschaft des Kommunismus schon wieder für den nächsten gerüstet!
„Schwerarbeit" war unsere aufgezwungene Tätigkeit gleich aus mehreren Gründen.
Durch das Erhitzen der Gummibeschichtung entstand ein scheußlicher Gestank, von dem uns anfangs fast übel wurde. Die Arbeit selbst war auch tatsächlich körperliche Schwerarbeit, da die schweren Bahnen von Hand ohne jede technische Hilfe bewegt werden mußten. Die einzige leichtere Arbeit, das Zuschneiden mit den Maschinchen, wurde von zwei Frauen erledigt. Außerdem hatten wir in Neunstundenschichten und an vollen sechs und nicht nur an fünf Wochentagen zu arbeiten. Die eine Schicht ging von 6 bis 17 Uhr, die andere wegen der günstigeren Nachtstromsituation von 21 bis 6 Uhr.
Diese harte und ungewohnte Belastung ging ganze drei Tage gut. Am Mittwoch wurde mir kurz vor dem Ende der Frühschicht mitgeteilt, daß ich wegen der Erkrankung eines Arbeitskollegen ab sofort der Nachtschicht zugeteilt sei. Da meine Proteste nichts halfen, ging ich nach dieser Frühschicht müde nach Hause, hatte etwa zweieinhalb Stunden Zeit zum Ausruhen und mußte um neun Uhr abends schon wieder antreten. Am Ende dieser Nacht, am Donnerstag, dem 29. Oktober 1946, geschah etwa zwanzig Minuten vor dem ersehnten Schichtende dann das Unglück, das mein ganzes Leben nochmals gründlich verändern sollte.
Ich stand zu diesem Zeitpunkt hinter dem hohen Kalander, um das richtige Einziehen der Bahnen zu überprüfen. Plötzlich hatte ich einen Schwächeanfall, bei dem ich gegen die sich langsam drehenden Walzen fiel. Instinktiv versuchte ich,

irgendwo Halt zu finden, und geriet dabei mit beiden Händen zwischen eben diese Walzen.

Ein Arm für vier Liter Benzin

Die Fortsetzung erzählte mir viel später jener Kumpel, der auf mein lautes Schreien herbeirannte und die fühllose Maschine stoppte.
An der Wurzel des kleinen Fingers der linken Hand war beim Einziehen durch die stählerne Walze „Gott sei Dank“ die Haut gerissen, so daß die Walze auf dem austretenden Blut rutschte und die Hand nicht weiter hineinziehen konnte. Auf meinem rechten Handrücken dagegen hielt die strapazierte Haut. Leider – denn bis zum Stillstand der langsam weiterdrehenden Walzen war ich bereits bis zum Handgelenk eingezogen worden.
Das weitere ging sehr schnell. Aus der durch die „Not-Aus“-Stange gestoppten Maschine befreit, zwar unter schwerem Schock stehend, aber doch wieder hellwach, wurde ich auf der Krankentrage zu einem herbeigerufenen Sanka gebracht und zu meinem zusätzlichen Unglück nicht sofort ins Krankenhaus Rudolstadt, sondern zu dem von den sowjetischen Besatzern eingesetzten Vertrauensarzt in Bad Blankenburg geschafft. Man hielt die Angelegenheit offensichtlich für nicht allzu ernst.
Der Arzt röntgte mit seinem alten Apparat meine schmutzigen und mittlerweile stark schmerzenden Hände und ließ mich dann auf den Untersuchungstisch steigen.
„Leider habe ich keine Narkotika“, eröffnete er mir. „Das wird jetzt etwas weh tun – ich muß zunähen!“ – „Aber hier, rauch eine Zigarette! Das hilft gegen die Schmerzen!“

Also bekam ich eine bereits brennende Zigarette in den Mund gesteckt, von der der Fahrer des Sankas jeweils die Asche abstreifte.
Und der Mediziner bewies seine absolute Unfähigkeit und begann das, was man heute eine total mißglückte Operation nennen müßte.
Zuerst nähte er mir den etwa acht Zentimeter langen Riß an der linken Hand zu – jedoch ohne die Wunde zu säubern oder zu desinfizieren. Dann stopfte er den herausgequetschten und vom Gummi und sonstigem Dreck schmutzig-blutigen Handballen der rechten Hand zwischen die aufgeplatzte Haut und nähte ebenfalls zu. Dabei ließ er großzügig Lücken und verzichtete wiederum auf Säuberung und Desinfektion.
Inzwischen hatte ich vor Schmerzen – der Unfallschock war längst vorbei – die angeblich schmerzstillende Zigarette zerbissen und versuchte, nicht zu schreien. Tatsächlich hätte ich allein schon wegen der bornierten Ignoranz dieses verantwortungslosen „Auch-Mediziners" laut schreien müssen!
Der „Unfallspezialist" begann bereits mit dem Verbinden. Es wurden einfach Mullbinden um meine stümperisch zusammengeflickten Hände gewickelt, wobei sich das folgende kennzeichnende Gespräch zwischen dem „Arzt" und dem Fahrer ergab. Es kostete mich in der bitteren Konsequenz meinen rechten Arm!
Der „Arzt" zum Chauffeur: „Jetzt hab ich Ihnen die Fahrt nach Rudolstadt ins Krankenhaus erspart. Wieviel Benzin hätten Sie denn gebraucht?"
Der Fahrer: „Das weiß ich nicht genau, aber zirka vier Liter, denk ich. Warum wollen Sie das denn wissen?"
Darauf der „Arzt": „Ich brauche dringend Benzin! Sie könnten mir doch die vier Liter abzapfen und geben!"
Nach einigem Hin und Her, bei dem ich als unwichtiger Patient selbstverständlich keine Rolle spielte, und nach kaum diskreter Überreichung eines Geldscheins ging der Fahrer mit dem aus einem Abstellraum schnell besorgten Schlauch und einem von der großdeutschen Wehrmacht stammenden Blechkani-

ster zum Sanka, um dem Wunsch dieses nicht nur ökonomisch, sondern angeblich auch medizinisch geschulten Menschenfreundes nachzukommen.
Mir wurden inzwischen Armbinden angelegt, um meine schwer gewordenen Unterarme zu entlasten. Dann legte mir der „Arzt" die an den Ärmeln wegen der Behandlung aufgeschnittene Arbeitsjacke um die Schultern und schickte mich mit der Anweisung zu Fuß nach Hause, am übernächsten Tag, einem Samstag, wiederzukommen.
Stark schwankend und die Schmerzen unterdrückend kam ich im „Karl-Liebknecht-Haus" an. Mühsam und unter neuen, noch größeren Schmerzen öffnete ich mit dem linken Ellenbogen die Türen, erklomm die Treppe und gelangte in das Zimmer meiner Großeltern, unseren Aufenthaltsraum. Dort wurde ich, hineingeplatzt in die morgendliche Frühstücksrunde, mit einem Stimmengewirr von „Um Gottes willen!" und „Was ist denn passiert?" aufgeregt begrüßt. Meine Mutter und meine Tante brachen bei meinem Anblick in Tränen aus, und meine Großmutter haderte mit dem Schicksal, das doch endlich wieder gnädig sein möge; mein Großvater bekreuzigte sich und murmelte ein Gebet.
Wie schon der „Arzt" wiegelte auch ich beim folgenden Bericht ab. Mit: „Das wird schon wieder, hat der Doktor gesagt!" stellte ich alles als ziemlich harmlos hin und bat, ins Bett gebracht zu werden. Dies besorgte meine immer noch weinende Mutter. Sie zog mich aus, wobei das Hemd, eins von nur zweien, wegen der Verbände noch weiter aufgeschnitten werden mußte.
Trotz der starken Schmerzen schlief ich vor Erschöpfung sofort ein; schließlich hatte ich von den letzten 27 Stunden nur etwa zwei geschlafen und sowohl eine anstrengende Tag- als auch eine noch härtere Nachtschicht hinter mir und zusätzlich den schlimmen Unfall erlitten.
Als ich etwa um zwei Uhr erwachte, hatte ich nicht nur das Gefühl, daß meine Hände unter dem Verband noch mehr angeschwollen seien; auch empfand ich, daß ich Fieber haben müsse. Ich sagte dies auch meiner hereinschauenden Groß-

mutter – meine Mutter war zur Arbeit gegangen. Da es weder ein Thermometer gab noch eine Uhr mit einem Sekundenzeiger, um den Puls zu messen, konnte sie lediglich meine Stirn befühlen. Auch sie meinte danach, daß ich wohl Fieber hätte. Dann brachte sie mir etwas „Blümchentee“ gegen den Durst und eine Kleinigkeit zu essen; ich hatte aber gar keinen Appetit.

Den restlichen Nachmittag verbrachte ich halb schlafend im Bett. Wachte ich auf, so verfluchte ich die Schmerzen und registrierte nüchtern, daß mein Fieber weiter stieg.

Meine etwa um sechs Uhr heimkommende Mutter kam sofort in mein Zimmer, befühlte ebenfalls meinen Kopf und ließ sich meine Symptome schildern. Auch sie stellte fest, daß ich inzwischen ziemlich hohes Fieber haben müsse und ging sofort zum „Vertrauensarzt“.

Nach langem Klingeln kam er zwar zur Tür und hörte sich die Schilderungen meiner Mutter an. Er ließ sie jedoch nicht einmal ins Haus, sondern fertigte sie mit der Bemerkung ab, daß Fieber in meiner Situation völlig normal sei – womit er sicher Recht hatte – und Sorgen unberechtigt wären – was ein weiterer folgenschwerer Irrtum war.

So vom „Fachmann“ leichtsinnig vertröstet, kam sie zurück, berichtete mir und sagte: „Das mußt du durchstehen! Morgen oder spätestens übermorgen wird's besser!“

Die folgende lange Nacht fieberte ich in einem Dämmerzustand vor mich hin, wobei die Temperatur entgegen dem üblichen Trend zum Morgen hin immer mehr zunahm.

Meine Mutter hatte die Nacht über immer wieder nach mir geschaut und mich mit Tee versorgt. An den Aussagen des „Arztes“ – wie ich – nun auch zweifelnd, beschloß sie, nicht zur Arbeit zu gehen und sich durch die Tante bei den Russen entschuldigen zu lassen.

Während der Vormittagsstunden wurde ich immer seltener wach; auch schwoll mein ganzer rechter Arm stetig an, und das Kennzeichen für eine Blutvergiftung, der rote Streifen, entwickelte sich schon bis zum Ellenbogen.

Gegen Mittag ging meine Mutter nochmals zum „Vertrauensarzt", berichtete die Entwicklung und wurde wieder vertröstet: Das alles sei „für den Heilungsprozeß notwendig", und er werde am nächsten Morgen wie vereinbart vorbeikommen, um sich selbst ein Urteil zu bilden.
Daraufhin wurde es meiner Mutter zu dumm. Sie ging sofort zu dem etwa einen Kilometer entfernt wohnenden Arzt Dr. Sch., der schon meine kleine Schwester untersucht und behandelt hatte und der später unser Hausarzt werden sollte. Er ließ sich meine böse Geschichte erzählen und auch die Reaktion seines Kollegen schildern und versprach dann, dennoch zu kommen. Er müsse nur noch die restlichen im Wartezimmer sitzenden Patienten versorgen.
Etwa gegen ein Uhr erschien er bei mir, zu Fuß natürlich, denn ein Auto hatte damals kein „normaler" Arzt. In meinem fiebrigen Dahindämmern nahe der vollen Bewußtlosigkeit merkte ich nur, daß mein inzwischen rasender Puls gemessen und meine fast 42 Grad hohe Temperatur festgestellt wurde. Dann sah er sich den rechten Arm an, erblickte den zu dieser Zeit schon bis in die Achselhöhle reichenden roten Streifen und stellte fest: „Er muß sofort nach Rudolstadt ins Krankenhaus!"
Vom Büro der seit dem „Vereinigungsparteitag" im ersten Stock des Hauses untergebrachten SED aus bestellte er telefonisch den Sanka und informierte das Krankenhaus darüber, daß ein Patient sofort operiert werden müsse. Zwanzig Minuten später wurde ich auf die Trage gelegt, in den Sanka geschafft, nach Rudolstadt gebracht und nach einer nur kurzen Überprüfung sofort in den Operationssaal geschoben.
Das alles und die folgende schwere Operation bekam ich schon nicht mehr mit, denn ich war inzwischen endgültig bewußtlos geworden.
Mein gewaltig angeschwollener und in verschiedenen Farben glühender rechter Arm wurde längs bis zur Achselhöhle in der Hoffnung aufgeschnitten, daß man ihn durch Auseitern noch retten könne. Zum gleichen Zweck wurde vom rechten Schlüsselbein bis in die Achselhöhle ein Kanal geschnitten

und darin ein roter Drainageschlauch aus Kautschuk untergebracht. An meiner linken Hand wurden die ebenfalls entzündeten Wundränder weggeschnitten, um auch hier die Blutvergiftung auseitern zu lassen. Während der Operation wurde außerdem festgestellt, daß an der rechten Hand meine sämtlichen Mittelhandknochen zerquetscht waren, was dem Genie von „Vertrauensarzt“ trotz seiner umständlichen Röntgenuntersuchung natürlich entgangen war.
Meiner wartenden Mutter wurde nach dem Ende der Operation gesagt, daß man alles mit den vorhandenen Mitteln nur Mögliche getan habe, um den rechten Arm und damit auch mich selbst zu retten. Man könne zu diesem Zeitpunkt nur hoffen, daß mein Körper nicht schon zu stark geschwächt sei, um mit der schon sehr weit fortgeschrittenen Blutvergiftung fertig zu werden. Festgestellt wurde auch, daß eine Einlieferung nur um wenige Stunden später bereits meinen Tod bedeutet hätte.
Bezüglich des „Arztes“ hielt der operierende Chefarzt, ein durch die Grauen des Krieges sehr erfahrener ehemaliger Stabsarzt, mit seiner Meinung nicht hinter dem Berg. Der „Arzt“ sei unfähig und auch verantwortungslos und eine Schande für den gesamten Ärztestand.
Als ich ihn jedoch nach meiner Genesung drei Monate später bat, mir die meiner Mutter gegenüber gemachten Aussagen wegen eines von mir beabsichtigten Strafverfahrens und einer entsprechenden Schadensersatzklage schriftlich zu bestätigen, weigerte er sich. Dieser völlig unerwartete Rückzieher wurde von meiner Mutter mit dem bekannten Satz von der Krähe kommentiert, die der anderen kein Auge aushacke. Ansonsten sei jedoch ausdrücklich festgehalten, daß sich dieser Arzt meiner mit großer Hingabe und allem seinem an Erfahrung gereiften Können annahm, so daß ich ihm mein Überleben zu verdanken habe.
Ich erhielt ein Einzelzimmer mit einer Betreuung rund um die Uhr und dämmerte mehr ohne als mit Bewußtsein vor mich hin. Meine linke Handwunde eiterte, begann jedoch Ansätze

zu einer Heilung zu zeigen. Mein ganzer rechter Arm war grün und blau und stank ganz erbärmlich. Ich bedauere noch heute die Schwestern, die damals bei mir im Zimmer ausharren mußten.
Nach vier Tagen schwindender Hoffnung hielt der Chefarzt meinen rechten Arm für verloren. Er bestellte meine Mutter zu sich und machte ihr klar, daß er für diesen Arm keine Hoffnung mehr habe. Die Amputation sei unumgänglich und dringend, denn ohne sie sei auch mein nur noch schwaches Leben nicht mehr zu retten. Er betonte auch bei dieser Unterredung wieder, daß ich nicht einmal die rechte Hand, geschweige denn den Arm hätte verlieren müssen, wenn ich sofort nach dem Unfall zu ihm ins Krankenhaus eingeliefert worden wäre.
Auch zu diesen Aussagen stand er später nicht. Vielleicht hatte er – und dies ist meine Version – die sicher nicht unbegründete Befürchtung, daß er als ehemaliger Arzt der großdeutschen Wehrmacht, der durch seine Tätigkeit „dem Faschismus gedient hatte", sich nicht mit einem „Kollegen" anlegen könne, der ganz offensichtlich das besondere Vertrauen der damals allmächtigen sowjetischen Besatzungsmacht genoß.
Nach der erfolgten Einwilligung durch meine Mutter wurde ich auf den Operationstisch gelegt und erlangte dort nochmals aus mir noch heute unerfindlichen Gründen das Bewußtsein. Ich weiß noch, daß auch mir die Notwendigkeit der Amputation klargemacht und mein Einverständnis gefordert wurde. Die meine völlige Hoffnungslosigkeit widerspiegelnde Antwort lautete: „Mir ist schon alles wurscht! Ich kann nicht mehr!"
Dann zählte ich mich unter der Äthermaske selbst aus, schaffte trotz meines miesen Zustandes zur großen Verwunderung der Ärzte noch über achtzig und wurde operiert. Noch auf dem Operationstisch wachte ich wieder auf, gerade in dem Augenblick, als der durchlöcherte Drainageschlauch eingeschoben wurde.

Auf diese Weise hatte ich ohne die geringsten Konsequenzen für den schuldigen Arzt und letztlich wegen lächerlichen vier Litern Benzin meinen rechten Arm verloren!
Der „Arzt“ aber soll sich einige Jahre später nach weiteren Beweisen seiner Unfähigkeit „in den Westen“ abgesetzt haben.
Schon unterwegs zurück zum Zimmer verlor ich wieder das Bewußtsein – die Nachwirkungen der in meinem schlechten Allgemeinzustand gefährlichen Operation machten sich bemerkbar.
Von den nächsten zwei Wochen weiß ich nur folgendes: Ich wurde täglich morgens auf den OP-Tisch gelegt, wo die Wunden gereinigt und mit einem Puder bestreut wurden, von dem ich den Namen „Marfanilpuder“ noch im Gedächtnis habe. Außerdem wurde ebenfalls täglich der mit seitlichen Öffnungen versehene rote Drainschlauch ausgewechselt – und nur am ersten Tag nach der Amputation unter Narkose. Bereits am zweiten Tag erklärte mir der Chefarzt, daß man fast keine Äthervorräte mehr habe und daß er diese Prozedur leider ab sofort ohne irgendwelche Narkotika durchführen müsse.
Die Schmerzen waren jedesmal von neuem fürchterlich, schlimmer als beim Unfall und auch schlimmer als bei den verbrecherischen Nähkünsten des „Arztes“!
Das Herausziehen des „alten“ Schlauches war ja gerade noch auszuhalten, da es sehr schnell ging. Dann mußte jedoch der neue eingeschoben werden, wobei der zusammengefallene Kanal, nichts als aufgeschnittenes blankes Fleisch also, mit dem Rohr wieder auseinandergedrückt werden mußte. Selbstverständlich brüllte ich bei dieser Tortur auch mal los, wenn sie gar nicht mehr auszuhalten war.
Diese tägliche halbe Stunde auf dem OP-Tisch war die „dank“ der Schmerzen einzige Zeit des Tages, in der ich wirklich bei vollem Bewußtsein war. Ansonsten dämmerte ich dahin, wobei sich mir nur die folgenden angenehmen beziehungsweise bedrohlichen Empfindungen und Fieberphantasien auf Dauer einprägten.

Die fast einzige angenehme Erinnerung war das tägliche Einreiben meines ganzen Rückens mit einem aus dunkelgrünen Flaschen entnommenen, waldfrisch riechenden „Pine-Expeller“. Es diente erfolgreich der Verhinderung des Wundliegens und bedeutete dank des darin enthaltenen Alkohols nicht nur eine vom Fiebernden ersehnte Kühlung, sondern auch eine als Umsorgen empfundene Massage.
Zu den unangenehmen Erinnerungen zählen hauptsächlich zwei: Da waren einerseits die im schwachen Schein einer einzigen Kerze – Strom gab es auch im Krankenhaus spätestens ab 22 Uhr nicht mehr – an der grau-weißen Decke des Raumes geisterhaft flackernden Schattengestalten. Sie erschienen mir höchst bedrohlich und machten mir große Angst.
Die von mir in irgendeiner der folgenden Nächte mit matter Stimme darauf hingewiesene ältere Nachtschwester hatte dafür wenig Verständnis und versuchte, meine Angst rational wegzuargumentieren. Selbstverständlich konnte das bei meinem Zustand nicht gelingen.
Das andere war ein die angstmachende Bedrohung durch die Schatten verstärkendes rhythmisches, in Abständen wiederkehrendes Schwanken des Bettes. In meinem ständigen Fieberwahn konnte ich mir dieses wiederkehrende Gewackel nicht erklären.
Erst in der zweiten Woche nach der Operation fragte ich dann die Schwester nach der Ursache und bekam zur Antwort, daß ich mir das bloß einbilde. Einige Nächte später, als ich endlich wieder wenigstens den Kopf heben konnte, entdeckte ich dann den Grund des sich Nacht für Nacht wiederholenden Wakkelns.
Es war die frierende Nachtschwester selbst, die im fast ungeheizten Zimmer ihre Füße vom kalten Boden weg auf das untere Gestänge meines Bettes stützte und dann die klammen Finger zwischen ihren Knien rieb, um sie warm zu halten.
Auf meine dringende Bitte, das lästige Gewackel doch sein zu lassen, erhielt ich die unwirsche Antwort: „Mich friert’s, und dir tut das doch nischte!“

So mußte ich mich weiter schaukeln lassen, bis ich um die Nikolauszeit in ein „normales“ Zweibettzimmer verlegt wurde.
Ich war in diesen fünf Genesungswochen nach der Operation langsam wieder zum Leben zurückgekehrt und auch bereits imstande, mit anderen zu sprechen und die alltäglichen Geschehnisse um mich ohne Verzerrung wahrzunehmen. Zwar eiterten meine großen Wunden immer noch, aber die an der linken Hand begann schon, sich allmählich zu schließen.
Zu meiner tiefempfundenen Freude konnte ich auch selbst wieder feststellen, wie viele hilfsbereite und an meinem Schicksal anteilnehmende Freunde – Männer und Frauen – ich doch besaß. Ich erhielt nicht nur von meinen sich sorgenden Angehörigen fast täglich Besuch, sondern auch laufend von Freunden und Bekannten, was für meine angeschlagene Psyche sehr wichtig war. Ich wurde aber auch körperlich wieder aufgepäppelt.
Besonders in Erinnerung sind mir die bis dahin eher nur beiläufig bekannte, etwa sechzigjährige Witwe eines damals bereits verstorbenen zaristischen Generals und ihre reizende Tochter. Beide wohnten nach ihrer verzweifelten Flucht vor den siegenden Bolschewiki zum Ende des Ersten Weltkrieges sehr unauffällig in Bad Blankenburg. Sie hatten von meinem tragischen Unfall erfahren und besuchten mich jede Woche mindestens einmal, um mich aufzumuntern. Dabei brachten sie immer eine Art Vanillesoße in einer Thermosflasche mit, die mir ausgezeichnet schmeckte.
Später soll Stalins nicht verjährende Rachsucht auch sie erreicht haben. Sie standen auf irgendeiner Liste der GPU und wurden von den Schergen des Geheimdienstes auf Nimmerwiedersehen abgeholt.
Auch das Weihnachtsfest 1946 im Krankenhaus ist mir in bleibender Erinnerung.
Die fast ausschließlich noch sehr jungen Tagschwestern hatten sich für mich ein besonders reizendes und völlig immaterielles Geschenk ausgedacht. Am Heiligen Abend kam eine nach der anderen zu mir ans Bett, überbrachte mir die besten

Wünsche und ein Stückchen Kuchen oder Gebäck, und jede gab mir zur guten Nacht einen ganz lieben Kuß auf den Mund. Sie hatten ohne jegliches Psychologiestudium erkannt, daß ich auch in dieser Richtung psychisch wieder gestärkt werden mußte.
Ende Dezember begann ich dann zum zweiten Male in meinem Leben, zunächst das selbständige Stehen und dann das Laufen zu lernen.
Klapprig und dürr wie ich war und mit nur drei funktionierenden Fingern an der einen noch vorhandenen Hand, war das gar nicht so einfach. Beim ersten Aufstehen wurde mir prompt schwarz vor den Augen, und ich sank am Arm der mich stützenden Schwester gleich wieder aufs Bett.
Der Kreislauf mußte sich erst wieder daran gewöhnen, den Körper auch in senkrechter Haltung mit Blut zu versorgen. So ging es fast eine ganze Woche lang nur rund ums eiserne Bettgestell. Meinem neuen, ansonsten angenehmen Bettnachbarn war dies nach dem Motto: „Wer den Schaden hat, braucht für den Spott nicht zu sorgen!" willkommener Anlaß zu grinsend gegebenen Kommentaren und boshaften Ratschlägen.
Nach dieser ersten Woche machte mir der Chefarzt persönlich einen Spazierstock mit Gummikappe an der Spitze zum Geschenk. Damit, so meinte er, hätte ich ein drittes Bein, und mit drei Beinen könne ich doch gar nicht mehr umfallen, das beweise doch jeder dreibeinige Hocker!
Ich begann, anfangs stets von einer der Schwestern begleitet, mich auf den langen Gang hinauszuwagen. Zunächst schwankend, dann aber sicherer werdend, machte ich in verkürzter Zeit nochmals die vielen Phasen durch, in denen ein Kind laufen lernt.
Als erstes ging es immer die Wand lang, dann probierte ich es mutiger auch in der Mitte des Ganges und zuletzt stieg ich die steinerne Treppe zum nächsten Stockwerk empor – auf diese Weise übte ich meine untrainierte Beinmuskulatur und den ganzen Bewegungsapparat.

Einigermaßen sicher wurde ich erst nach etwa zwei Wochen, und kurz darauf kam dann auch schon die lang ersehnte Entlassung.
Vorher wurde ich jedoch noch mit einem neuen und wieder sehr traurigen Ereignis konfrontiert, das ich ebenfalls nie werde vergessen können.
Ich erfuhr, daß nach einem neuen Unfall bei „Resonitechnika“ im gleichen Krankenhaus jenes Mädchen liege, mit dem ich im vergangenen Oktober die verhaßte Zwangsarbeit begonnen hatte. Ihr war das gleiche passiert wie mir!
Kurz vor dem Ende einer anstrengenden Schicht war sie gegen die Kalanderwalzen gefallen und ebenfalls mit beiden Händen in diese mitleidlose Maschine gekommen. Da sie nicht gleich schrie, hatte es ihr nicht nur beide Hände sondern auch die Arme bis zum Ellenbogen hineingezogen, bevor jemand helfen konnte. Ihr war die Muskulatur regelrecht vom Knochen geschält worden. Auch unser ausgezeichneter Chefarzt hatte ihre Arme nicht mehr retten können; beide mußten am Oberarm amputiert werden!
Bei meinem ersten Besuch lag sie da und versuchte zu lächeln, wo es fast nichts mehr zu lächeln gab. – Und ich versuchte zu trösten, wo es fast nichts Tröstendes mehr gab.
Ich besuchte sie noch öfters und das nicht nur, bis ich endlich Ende Januar 1947 – also nach rund drei langen, größtenteils im Bett verbrachten Monaten – mit herzlichen Abschiedsbussis der immer noch liebevollen Schwestern aus dem Krankenhaus entlassen wurde.
Ich kehrte zurück ins „Karl-Liebknecht-Haus“ zu meiner lieben Familie und auch zu meinen treuen Freunden und Bekannten in der Stadt.
Wieder und noch härter als je zuvor stellte sich mir die Frage: „Wie wird und – vor allem – wie *kann* es nun weitergehen?“

Wir finden den Vater wieder

Bei der Entlassung aus dem Krankenhaus hatte mir der Chefarzt gesagt, daß ich zur vollen Genesung noch mindestens drei Monate brauchen würde.
Meine linke Hand konnte ich zwar wieder nutzen, aber der kleine und der Ringfinger waren steif. Täglich bog ich sie mit Gewalt krumm und wieder gerade, krumm und gerade, gestützt gegen eine Wand, eine Schranktür oder eine Tischplatte. Langsam, sehr langsam machte ich winzige Fortschritte.
Es sollte rund acht Monate dauern, bis beide Finger wieder voll beweglich und belastbar waren.
Der rechte Armstumpf sah dagegen noch böse aus. Die Wunde war nach wie vor offen und näßte ständig. Sie mußte wöchentlich dreimal neu verbunden werden, was durch Herrn Dr. Sch. geschah. Auch er verwendete das schon erwähnte Marfanilpuder, da es Antibiotika im heutigen Sinne in der damaligen Notzeit für uns Deutsche noch nicht gab.
Gegen Ende April, rund sechs Monate nach der Amputation, schloß sich auch diese Wunde endlich, und auch die Öffnungen des Drainagekanals heilten ab.
In der Firma Vollrath/Resonitechnika durfte ich kostenlos ein halbes Jahr am werktäglichen Mittagessen teilnehmen, was ich als den Versuch einer kleinen Wiedergutmachung wertete.
Eine Unfallrente oder eine sonstige finanzielle Absicherung gab es aber immer noch nicht.
Meine Familie und meine Freunde hatten mich sehr herzlich wieder aufgenommen. Obwohl ich noch einige Wochen lang nur am Stock gehen konnte, schleppten mich die Kumpel überall hin mit, um mich einerseits von meinen Problemen abzulenken und andererseits neu zu integrieren. Bei keinem Tanz und bei keiner sonstigen Festivität durfte ich fehlen, überall wurde mein von ihnen erhofftes Wiederauftauchen mit großem Hallo begrüßt.

Beim ersten Tanz in Watzdorf, zwei Kilometer talaufwärts, vertrug mein stark geschwächter Körper den reichlich genossenen Alkohol nicht. Ich war erstmalig in meinem Leben total blau und mußte auf einem Leiterwägelchen nach Hause geschafft werden.
Zum Spaß prüfte man mich noch im Wirtshaus und dann auch unterwegs mit mathematischen Problemen. Alle waren überrascht, daß ich die Aufgaben ohne Schwierigkeiten im Kopf lösen konnte.
Mein Gehirn funktionierte also noch sehr gut, was für meine weitere Zukunft besonders wichtig werden sollte.

Im Februar 1947 bekamen meine Großeltern, die Tante und ihr Sohn endlich eine Wohnung zugewiesen und konnten aus dem unruhigen Karl-Liebknecht-Haus ausziehen.
Etwa im März 1947 kam dann ein Brief von Verwandten aus Niederösterreich, mit dem uns die Anschrift meines Vaters mitgeteilt wurde.
Schon öfters hatten mein Großvater, meine Mutter und ich an die verschiedensten Adressen von Verwandten und Bekannten in Österreich geschrieben, wußten wir doch, daß mein Vater zuletzt in Wien stationiert gewesen war. Dieses Schreiben war die erste positive Reaktion; endlich konnten regelmäßig Briefe zwischen meinen Eltern gewechselt und die weitere Zukunft für die gesamte Familie geplant werden.
Mein Vater war gegen Kriegsende noch in Ungarn zum Einsatz gekommen und dort in russische Gefangenschaft geraten. Im November 1945 war ihm nach monatelangem Kampieren im Freien die Flucht gelungen. Mit Hilfe seiner guten Tschechischkenntnisse konnte er sich nach Österreich durchschlagen, wobei er sich als tschechischer Zwangsarbeiter ausgab, den man während des „Dritten Reichs“ verschleppt hatte. Diese Rolle gelang ihm so gut, daß er, der eben erst entflohene Gefangene, von der sowjetischen Armee sogar als Dolmetscher in einer ihrer Dienststellen eingesetzt wurde.

Dort wurde ihm jedoch bald der Boden zu heiß, schließlich war er Mitglied der SS gewesen, wenn auch nur als Sturmmann, also als kleiner Gefreiter. Er erzählte den Russen, daß er wieder in seine Heimat Böhmen wolle und wurde von ihnen mit den besten Wünschen für seine weitere Zukunft entlassen. Daraufhin wanderte er nach Langenlois, wo entfernte Verwandte ein Hotel und einen florierenden Weingroßhandel besaßen.
Dort hatte er bis zu diesem Zeitpunkt als Privatlehrer gearbeitet, und wir hatten ihn endlich wiedergefunden.
Da das besetzte Österreich Sudetendeutschen nur ausnahmsweise eine Aufenthaltserlaubnis auf Dauer erteilte, wurde mein Vater bald nach Bayern überstellt und von den bayerischen Behörden zunächst nach Kolbermoor zwischen Rosenheim und Bad Aibling zum Brückenbau verpflichtet.
Er betrieb sofort seine Wiedereingliederung in den Schuldienst, wurde entnazifiziert und konnte bald in seinem Beruf als Lehrer tätig werden. Auf seine Bemühungen hin erhielt er auch kurze Zeit später die Zuzugsgenehmigung für seine Familie.
So war es schon im Juni 1947 meiner Mutter und den Geschwistern möglich, ganz offiziell, also mit Genehmigung der amerikanischen Besatzungsmacht, nach Kirchdorf im damaligen Kreis Wasserburg umzuziehen. Mein Vater war der dortigen Volksschule als provisorischer Schulleiter zugeteilt worden, und auch eine kleine Dienstwohnung war vorhanden.
Ich selbst konnte jedoch nicht mit, da ich wieder einmal ausgesprochenes Pech hatte.

Erneut ins Krankenhaus!

Etwa zwei Wochen vor dem für den 13. Juni 1947 vorgesehenen Umzugstermin bekam ich Schmerzen im Bereich der rechten Schulter. Ich achtete zunächst nicht allzusehr darauf, und auch der von mir konsultierte Arzt meinte, daß dies lediglich Nachwirkungen der überstandenen schweren Operation seien.

Wenige Tage vor der Abreise meiner Familie begann jedoch meine Temperatur zu steigen, und ich mußte ins Bett. Dort lag ich auch noch am Abreisetag, der wegen der Befristung der Zuzugsgenehmigung nicht verschoben werden konnte.

Am Tag nach der Abreise meiner Angehörigen – die ganze rechte Schulter war inzwischen angeschwollen – schickte mich Dr. Sch. nach vorheriger Anmeldung nochmals ins Krankenhaus Rudolstadt, da alle seine bisherigen Therapieversuche fehlgeschlagen waren.

Dort angekommen, half man mir beim Entkleiden des Oberkörpers, setzte mich auf einen Untersuchungstisch, und der schon genannte Chefarzt begann seine Untersuchungen. Dabei drückte er auch den Armstumpf stark in die Höhe, um die Narbe des früheren Drainkanals zu überprüfen.

Plötzlich riß diese Narbe, und ein starker Strahl von Sekret spritzte den verdutzten Chef von oben bis unten voll.

Das Rätsel meiner neuerlichen Erkrankung war gelöst. Der Kanal war zwar von beiden Seiten zugewachsen, aber innen nicht ausgeheilt! Als Folge hatte sich dort Eiter angesammelt, der nun unter hohem Druck seinen Weg ins Freie fand.

Ich wurde therapeutisch versorgt und mußte zur weiteren Behandlung nochmals knapp zwei Wochen im Krankenhaus verbringen.

Auch nach dieser Entlassung mußte ich noch weiterbehandelt werden, so daß ich meine Umzugsmöglichkeit nach Bayern immer noch nicht wahrnehmen konnte.

Ich war mit meinen ganzen Problemen fast allein in Bad Blankenburg.
Zwar erhielt ich noch immer – wegen des neuerlichen unvermeidbaren Krankenhausaufenthaltes bis zum Oktober 1947 – mein Mittagessen im Werk, aber sonst sah es düster aus. Die mir zustehende Rente ließ weiter auf sich warten. Erst im Oktober 1948(!), also nach meinem Wegzug aus der Sowjetischen Besatzungszone, der SBZ, wurde sie rückwirkend an meine Großeltern ausbezahlt, denen ich sie brieflich schenkte. Sie betrug monatlich ganze 42,– Mark (!), und die zuständige Behörde hatte genau zwei Jahre gebraucht, um sie zu berechnen!
Das Ausstellen von vorgedruckten Befehlen zur Zwangsarbeit war ganz offensichtlich wesentlich einfacher als die Berechnung einer Unfallrente!
Mir blieb daher nichts weiter übrig, als mich vom Schwarzhandel zu ernähren – frei nach dem damals allgemeingültigen Motto: „Wer sein Leben liebt, der schiebt!“
Aus Saalfeld erhielt ich Zigaretten von einem ganz offiziellen „Tauschhändler“, wie es sie in jenen Jahren in den meisten Städten gab. Er stammte aus meiner Heimat und hatte einen guten Ruf als zuverlässiger Großhändler auf dem Schwarzmarkt.
Der Schnaps kam natürlich von einer Brennerei – fast echtes, da getreu nachempfundenes „Königsberger Goldwasser“.
Die begehrten Artikel wurden dann meist bei Tanzveranstaltungen verkauft. Das Geschäft ging ganz gut, und ich konnte davon leben.

Die zweite illegale Reise nach Bayern

Ab August 1947 besuchte ich etwa alle zwei Monate meine Verwandten im Raum Magdeburg. Dabei reifte auch der Entschluß, nochmals illegal nach „drüben“ und damit nach Bayern zu gehen, um die Situation meiner Eltern zu erkunden.

In Sandbeiendorf erfuhr ich, daß auch ein Bekannter meiner Verwandten die Absicht hatte, im September von Salzwedel aus „rüber in den Westen zu machen“. Wir vereinbarten den Termin und fuhren dann von Mahlwinkel aus über Tangerhütte nach Stendal und von dort nach Salzwedel.

Ich verließ mich ganz auf meinen neuen Bekannten, als wir von dort Richtung Zonengrenze aufbrachen. Wir gingen auf Feldwegen durch die Wälder etwa parallel zur heutigen Bundesstraße 248, wobei er mir von den Mooren und deren Gefährlichkeit erzählte, aber auch von den Menschen dieses Landes und ihrem schier unausrottbaren Aberglauben.

Unterwegs trafen wir einen anderen jungen Mann, der ein Pferd über die Grenze brachte, um es „drüben“ zu verkaufen. Zu meiner Freude erreichten wir ohne Probleme die von Lübbow nach Teplingen und von dort nach Wustrow führende Straße. Dort verabschiedeten sich der Pferdeschmuggler und auch der Bekannte und gingen ihrer Wege. Ich selbst kaufte mir die Fahrkarte für die Schmalspurbahn, die von da nach Lüchow und weiter nach Dannenberg führte. Dort hatte ich Anschluß nach Ülzen, von wo ich auf Normalspur nach Hannover weiterreiste.

In Hannover war erst einmal Schluß, und ich hatte die Nacht auf dem Bahnhof zu verbringen. Davon war ich allerdings ganz und gar nicht angetan, denn der Bahnhof Hannover hatte in dieser unmittelbaren Nachkriegszeit in ganz Deutschland einen sehr schlechten Ruf.

Bevor ich mir in der kalten dachlosen Wartehalle ein Plätzchen für die kommende Nacht suchte, sah ich mich daher erst einmal gründlich um.

Ich entdeckte sofort, daß der Schwarzmarkt auch dort bestens florierte. Männer und auch einzelne Frauen mit deutschen, englischen und amerikanischen Zigaretten, Tabak, amerikanischen Konserven, Lebensmitteln und gebrauchter Kleidung gingen durch die Reihen der gleich mir dort Gestrandeten und boten ihre Waren an. Gewarnt wurde ich vor dem Untergeschoß, dort sei die Gefahr groß, niedergeschlagen und ausgeraubt zu werden – und Polizei war nirgends zu sehen!

An den Wänden hingen viele Fahndungsplakate, auf denen unbekannte Tote mit Foto vorgestellt, aber auch zahlreiche Mörder gesucht wurden. Ich zählte über dreißig Morde, die fast alle an der am Morgen passierten Zonengrenze geschehen und nach dem gleichen Schema abgelaufen waren.

Irgendwelche Schlepper hatten im Osten angeboten, Menschen und ihre Habe über die Zonengrenze zu bringen. Auf diesem Weg wurden die Leute dann ermordet und ausgeraubt.

Die Opfer versuchte man nun zu identifizieren, um schließlich auch die Mörder zu finden.

Durch all die Risiken wurde es eine höchst ungemütliche Nacht mit nur wenig Schlaf in dieser kahlen Bahnhofswartehalle. Jeder mißtraute jedem und nur ständige gegenseitige Beobachtung schien Schutz vor gefährlichen Überraschungen zu bieten.

Ich war daher sehr froh, als der Morgen graute und ich die Weiterreise über Bebra, Würzburg und Nürnberg nach München antreten konnte.

In Bebra endete die britische und begann die amerikanische Zone. Zwar wurden Personenkontrollen durch die Amerikaner durchgeführt, aber sie waren so lasch, daß ich mit meinem Personalausweis aus der sowjetischen Besatzungszone durchschlüpfen konnte.

Am späten Abend gelangte ich nach München und mußte dort vom Haupt- zum Ostbahnhof wechseln, um Richtung Mühldorf weiterfahren zu können. Das war allerdings erst am nächsten Morgen möglich, so daß ich nochmals in einem Wartesaal übernachten mußte. Diese weitere Bahnhofsnacht war allerdings wesentlich weniger riskant als die von Hannover. Zwar gab es auch in München Schwarzhandel und Prostitution, aber mehr vor dem Gebäude als drinnen.

Am nächsten Morgen ging es weiter nach Thann-Matzbach und von dort mit der heute nicht mehr existierenden Nebenbahn nach Haag in Oberbayern. Vom dortigen Bahnhof pilgerte ich zu Fuß die restlichen zwei Kilometer bis Kirchdorf, wo mir ein herzlicher Empfang bereitet wurde.

Mein Vater, den ich seit seinem letzten Urlaub im Juni 1944 nicht mehr gesehen hatte, stellte mich allen für den Ort wichtigen Leuten vor, und einige sehr friedliche und erholsame Tage begannen.

Nach verschiedenen ernsthaften Gesprächen reifte in mir der Entschluß, in absehbarer Zeit zu meinen Eltern umzuziehen. Ich mußte jedoch auf jeden Fall die notwendige neue Zuzugsgenehmigung der amerikanischen Besatzungsmacht aus Wasserburg abwarten.

Nach etwa einer Woche trat ich auf der gleichen Strecke die sehr umständliche Rückfahrt an. In Bebra erwischten mich beinahe die im Gegensatz zu den Amerikanern ernsthaft kontrollierenden Briten. Ein nicht nur von mir betriebenes Versteckspiel auf dem Bahngleis und in verschiedenen Waggons rettete mich.

Nach einer neuerlichen ungemütlichen Übernachtung am Bahnhof Hannover fuhr ich am nächsten Tag ins Wendland und über Lüchow und Dannenberg nach Wustrow. Ich wollte den gleichen Weg wieder zurückgehen, den ich gekommen war.

Zwischen Dannenberg und Wustrow hatte ich jedoch einen etwa fünfzigjährigen Mann aus Sachsen kennengelernt, der dort fast jede Woche über die Grenze ging. Er lebte für die damaligen Verhältnisse sehr gut davon, daß er regelmäßig Damenstrümpfe aus Sachsen nach Bremen brachte, sie dort auf dem Schwarzmarkt verkaufte und auf der Rückreise immer etwa dreißig Kilo Salzheringe mitnahm.

Er und das Abteil rochen entsprechend, was jedoch damals niemanden weiter störte. Ich schloß mich ihm in der Hoffnung an, in diesem professionellen Grenzgänger einen streckenkundigen Führer zu haben.
In Wustrow am Nachmittag angekommen, liefen etwa dreißig Leute los, um noch vor der Nacht über die Grenze zu kommen. Mein Begleiter hielt jedoch schon nach etwa einem Kilometer an, nahm seinen schweren Rucksack ab und setzte sich auf ein paar Baumstämme neben der Straße. Er bedeutete mir, das gleiche zu tun, und wir ließen alle anderen vorbeiziehen. Bei einer Zigarette erläuterte er mir seine Gründe für den Stopp.
„Laß die anderen laufen!“ sagte er. „Die Russen wissen ganz genau, daß mit diesem Zug immer 'ne Menge Leute kommen, die über die grüne Grenze wollen. Die werden sie alle schnappen! Jetzt warten wir 'ne Weile, dann ist kein Iwan mehr da, denn die müssen die anderen ja erst einsperren und verhören!“
Und er nannte mir auch seinen ganz persönlichen Grund für die besondere Vorsicht.
„Die Russen wissen, daß hier die Heringe geschmuggelt werden! Wenn die einen von uns erwischen, sperren sie ihn so lange in den Keller der Kommandantur, bis der seine Salzheringe aufgefressen hat. Du kannst dir vorstellen, daß das kein Spaß ist – und zu saufen gibt es auch fast nix! Pfui Deibel!“
So warteten wir bis zum Anbruch der Nacht und gingen erst dann weiter. Und tatsächlich – wie vorausgesagt, war die Grenze völlig unbewacht!
Das Weitere war nun kein ernsthaftes Problem mehr. Wir zwei übernachteten wegen der stark duftenden Heringe nicht im Bahnhof Salzwedel, sondern in einer Feldscheune vor der Stadt und starteten am nächsten Morgen Richtung Magdeburg.
Ich stieg in Mahlwinkel aus, der andere fuhr weiter ins damals besonders heringsarme Sachsen.

Nach einem kurzen Aufenthalt bei meinen natürlich neugierigen Verwandten in Sandbeiendorf war ich drei Tage später wieder in Bad Blankenburg.
Dort mußte ich nicht nur der Tante und den Großeltern, sondern auch meinen vielen Freunden und Bekannten berichten, was ich alles gesehen und erlebt hatte.

Im Oktober 1947 erhielt ich mit meinen wenigen Habseligkeiten gegen zehn Reichsmark im Monat ein Zimmer direkt neben der mit einem Teil der Dienststelle dort ebenfalls eingezogenen Polizei. Für diese wurde auch ein Telefon installiert, und „dank" der dünnen Zwischenwand war ich über die neuesten Geschehnisse in und um Bad Blankenburg immer bestens informiert.

Und noch etwas letztlich Unerwartetes geschah ebenfalls im Oktober 1947.
Eines Tages brachte die Post sieben schwere Pakete mit dem aufgestempelten Absender der tschechischen Militärmission in Berlin; sie enthielten lang ersehnte, aber nicht mehr erwartete Bücher aus der umfangreichen Bücherei meines Großvaters. Wir alle freuten uns mit ihm, hatten wir doch mit dieser schönen Geste nicht mehr gerechnet.
Das „kleine Wunder" hatte sich wie folgt zugetragen:
Im Juni 1947 hatte mein Großvater an den damaligen Außenminister der ČSR Ján Masaryk, den Sohn des Staatsgründers, geschrieben und ihn an die frühere Bekanntschaft mit dem Vater erinnert.
Gleichzeitig hatte er gebeten, ihm nach Möglichkeit die auf einer dem Brief beigelegten Liste aufgeführten Bücher aus seiner Bücherei in Kukus heraussuchen und schicken zu lassen.
Und Ján Masaryk hatte sich an das frühere Geschehen erinnert und die Bücher mit einem freundlichen Begleitschreiben übermitteln lassen.

Mein Großvater bedankte sich in einem herzlichen Brief für die in den Haßgesängen der damaligen Zeit besonders anzuerkennende Tat.
Schon ein knappes Jahr später sollte Ján Masaryk beim dritten „Prager Fenstersturz“ im Rahmen der antidemokratischen kommunistischen Machtübernahme von den machtgierigen Anhängern Moskaus ermordet werden.
Sicher hatte die Geheimpolizei seine „Kollaboration“ mit dem vertriebenen Deutschen auch als ein Mosaiksteinchen in ihr erwünscht negatives Bild vom Außenminister eingefügt.

Ich soll Hausmeister werden!

Im November 1947 – also schon (!) ein Jahr nach meinem schweren Unfall – kam die Firma Vollrath/Resonitechnika auf die grundsätzlich gute Idee, sich über meine weitere Zukunft Gedanken zu machen. Da ihnen trotz meines Abiturs nichts Besseres einfiel, bot man mir die Stelle eines Fabrikhausmeisters an.
Ich erbat mir vier Wochen Bedenkzeit und wurde währenddessen von wem auch immer – Betrieb oder „Freie deutsche Jugend“ (FdJ) – zu einem Lehrgang für „Gesellschaftslehre“ geschickt, der in einem beschlagnahmten Hotel im südlich an der Zonengrenze gelegenen Probstzella stattfand.
In den zwei Wochen seiner Dauer stellte sich schnell heraus, daß es ein Indoktrinationskurs war, der fast ausschließlich von früheren KPD-Leuten der jetzigen SED bestritten wurde.
Wir lernten dabei vor allem deren Sicht der Funktionsweise einer kapitalistischen Wirtschaft kennen, wurden über machtgierige Konzerne und sonstige Unternehmenszusammenschlüsse informiert und selbstverständlich auch über die brutale Ausbeutung der darbenden Arbeiterklasse.

Das alles interessierte mich sehr und war später ein zusätzlicher Anlaß, Wirtschaftswissenschaften und insbesondere die wichtige Volkswirtschaftspolitik zu studieren.
Nach dem Lehrgang holten mich jedoch die harten Realitäten schnell wieder ein.
Ich lehnte das Hausmeisterangebot des Werkes ab, was zur sofortigen Streichung meines Mittagessens führte.
Die dadurch noch schwierigere Situation war Anlaß, mir wieder einmal ernsthaft Gedanken über meine Zukunft zu machen. Ich erkannte endgültig, daß nur noch meine gut funktionierenden geistigen Kräfte mir diese in angemessener Weise garantieren konnten.
Bei dem folgenden Prozeß der Selbstfindung half mir ein Mädchen, das ich schon einige Monate zuvor kennengelernt hatte. Sie war drei Jahre älter als ich und hieß R. Wie das im Alter zwischen 18 und 22 so ist, stand sie meiner schwierigen Situation von Anfang an wesentlich gereifter und nüchterner gegenüber als ich selbst. Unter ihrem guten und liebevollen Einfluß baute sich mein lädiertes Selbstbewußtsein wieder auf, und ich fand wieder zu mir und meiner Stellung im Leben zurück.
Ich begann, die Zukunft nach der Adoleszenz zu sehen und damit erstmals ganz realistisch einzuschätzen. Ich analysierte meine Probleme und fand allmählich den für mich richtigen Weg.
Aber wir redeten selbstverständlich nicht nur über ernsthafte Dinge. Wir gingen spazieren und auch zum Tanzen, sprachen offen über alles, schmusten herzlich und gingen dennoch nicht miteinander ins Bett.
Letzteres mag für junge Menschen von Heute nicht mehr ganz verständlich sein; aber die Achtung dieser Grenze gehörte eben trotz des Krieges und der Nachkriegswirren auch zu unserer Auffassung vom Leben.
Diese sehr herzliche und für mich psychisch so wichtige Beziehung hielt an, bis ich im Juli 1948 endgültig über die Zonengrenze nach Bayern ging.

Der restliche Herbst und ein für mich sehr kalter Winter – ich hatte meist kein Holz mehr zum Heizen – gingen vorbei. Ich lebte weiterhin vom Schwarzhandel mit Zigaretten aus Saalfeld und mit Schnaps von der Brennerei. Abends ging ich mit meinen Freunden und R. so oft es ging zum Tanzen und empfand dennoch gegenüber meiner Lebensweise eine immer stärker fühlbare innere Leere.
In Abständen fuhr ich weiterhin nach Sandbeiendorf und brachte im Frühjahr 1948 bei mehreren Fahrten aus dem Anbauzentrum in der Magdeburger Börde auch eine ganze Menge Spargel nach Bad Blankenburg mit. Er kostete mich im Einkauf ganze 50 Pfennig je Pfund und war in Bad Blankenburg sehr begehrt.
In diesen Frühjahrsmonaten 1948 entschied ich mich trotz R. endgültig gegen den weiteren Verbleib in Thüringen.
Am 5. Juni starb mein allseits verehrter Großvater, so daß eine weitere Bindung an Bad Blankenburg entfiel.

Die dritte illegale Reise nach Bayern

Anfang Juli zog ich dann die notwendigen Konsequenzen und beschloß, zunächst nochmals illegal zu meinen Eltern zu fahren, um meine bevorstehende Übersiedlung vorzubereiten.
Ich erschwindelte mir wieder einmal eine Fahrkarte nach Sonneberg und damit in das Sperrgebiet. Am Abend kam ich bei meinen dortigen Bekannten an und wurde gleich zum Abendessen eingeladen.
Der Vater der Familie arbeitete wie vor dem Kriege bei einer Firma in Kronach und hatte diesen Arbeitsplatz trotz aller Kontrollen an der Demarkationslinie beibehalten. Dazu gehörte natürlich, daß er jede Woche zweimal illegal über die Grenze mußte. Er war also zwangsläufig ein professioneller

Grenzgänger geworden, und auch seine Familie wußte über die besten Schleichwege ausgezeichnet Bescheid.
Am frühen Morgen des nächsten Tages überschritt ich, geführt von der etwa achtzehnjährigen hübschen Tochter und begleitet vom etwa vierzehnjährigen Sohn, die Grenze westwärts ohne Probleme.
Nach Dank und Verabschiedung marschierte ich zum Bahnhof Neustadt und kaufte mit den noch in allen Besatzungszonen geltenden Reichsmark die Fahrkarte nach Haag. Dann fuhr ich mit inzwischen wieder regelmäßig verkehrenden Zügen über Coburg, Lichtenfels, Bamberg, Nürnberg und München noch am gleichen Tage zur Zielstation und kam nach kurzem Fußmarsch in Kirchdorf bei meinen sich sehr freuenden Eltern und Geschwistern an.
Dort hörte ich in den nächsten Tagen von verschiedenen Leuten, daß in absehbarer Zeit eine Währungsreform zu erwarten sei. Da meine neue Zuzugsgenehmigung gerade eingetroffen war, gab es auch von dieser Seite keine Hindernisse mehr für einen endgültigen Umzug. Ich mußte allerdings noch einmal nach Bad Blankenburg zurück, um dort meine Zelte unwiderruflich abzubrechen.
Schon nach wenigen Tagen startete ich wieder und kam am Abend des 19. Juli 1948 wieder in Neustadt nördlich Coburg an. Nach einigem den Ratschlägen des Heringsschmugglers folgenden Abwarten überschritt ich dort allein morgens gegen zwei Uhr die Grenze. Dabei ging ich parallel zur Straße nach Sonneberg quer durch die Felder, auf denen das fast vollreife Getreide stand.
In Sonneberg kam ich zu meinem nicht geringen Schrecken direkt am Gebäude der russischen Grenztruppe aus einem Weizenfeld heraus. Gott sei Dank bemerkte mich zu dieser frühen Stunde niemand, so daß ich genau am Tage der westlichen Währungsreform etwa um vier Uhr früh bei meinen hilfsbereiten Bekannten auftauchte. Damit ich nicht auffiel, besorgten sie mir selbst die Bahnfahrkarte nach Bad Blankenburg.

Dorthin noch am Vormittag zurückgekehrt, teilte ich der Großmutter und der Tante meine weiteren Pläne mit.
Dann regelte ich alles, was erledigt werden mußte. Meine wenige Habe gab ich, soweit ich sie nicht mitnehmen konnte, den Verwandten.
Dann ging es ans Verabschieden. Nicht nur von meinen stets guten Freunden mußte ich mich trennen, sondern auch von meiner zuverlässigen und braven Freundin R. in Rottenbach.

Endgültig nach Bayern

Bei der mir wegen der räumlichen Nachbarschaft gut bekannten Polizei meldete ich mich ganz offiziell unter Vorlage der Zuzugsgenehmigung der amerikanischen Besatzungsmacht ab und fuhr am 30. Juli zwischen Abschiedsgefühlen und neuen Hoffnungen schwankend letztmalig Richtung Bayern.
Auf den Tag genau waren drei Jahre seit dem Beginn der Vertreibung aus der Heimat verstrichen.
Meinen gepackten Koffer hatte ich im Rucksack und eine Tasche in der Hand. Da seit dem Montag nach der Währungsreform Fahrkarten ins bis zu dreißig Kilometer tiefe Sperrgebiet nur noch mit Sondergenehmigung verkauft wurden, fuhr ich hinauf in die Thüringer Berge zur Endstation in Katzhütte. Von dort aus mußte ich dann rund dreißig anstrengende Kilometer bis Sonneberg zu Fuß gehen. Dabei durfte ich die Straße nicht benutzen, sondern ging jeweils durch die Wälder, über Wiesen und durch Felder in Sichtweite, aber auch in angemessenem Abstand zu ihr.
Schließlich wollte ich weder vor noch bei meinem letzten illegalen Grenzübergang erwischt werden!

Am Abend kam ich müde aber zufrieden bei meinen Bekannten an. Sie sagten mir zu, mich noch in der gleichen Nacht über die mittlerweile stärker überwachte Grenze zu bringen.
Ich bekam ein ungewohntes aber wohlschmeckendes Abendessen aus Sojamehlknödeln, und dann ruhten wir uns etwas aus.
Etwa um ein Uhr morgens hieß es aufstehen, und Sohn und Tochter des Hauses gingen mit mir wie schon kurz zuvor los, diesmal allerdings den Weg Richtung Stockheim.
Wir kamen durch Oberlind, Rottmar und Buch, wobei lediglich die aufmerksam bellenden Hunde der Bauern störten. Zuletzt ging es quer durch Wald und Felder – fast auf dem gleichen Weg wie damals im November 1945 bei meinem ersten Besuch in Bayern. Doch im Unterschied zu jenem Tage war heute weder ein russischer Soldat noch ein deutscher Grenzpolizist zu sehen.
Im fränkisch/bayerischen Stockheim kamen wir zu sehr früher Stunde an. Wir verabschiedeten uns herzlich. Die beiden wollten vor dem Rückmarsch bei Bekannten noch ein wenig schlafen.
Ich selbst ging zur Straße nach Kronach, um ein Auto anzuhalten – denn mit der Bahn konnte ich, bedingt durch die Währungsreform, nicht mehr fahren. Ich hatte kein „Westgeld“, sondern lediglich dreißig mühsam gesammelte Scheine zu je einer Reichsmark, die in den drei Westzonen anfangs noch je zehn Pfennig wert waren.
Somit besaß ich beim Grenzübertritt außer meinem Gepäck ganze drei Deutsche Mark!
Gegen sechs Uhr morgens kam ein Laster daher, der auf mein bittendes Winken anhielt und mich auf der Kiesladung bis Kronach mitnahm. Als ich dem Fahrer beim Abschied auf seine Frage sagte, wo ich letztlich hinwolle, wünschte er mir alles Gute – er zweifelte allerdings auch daran, daß ich es noch an diesem Tag schaffen könne.
In Kronach ging ich zur Ausfallstraße nach Kulmbach und hatte wieder Glück. Ein anderer Lasterfahrer nahm mich im

Führerhaus bis Bayreuth mit. Dort marschierte ich Richtung Autobahn und hoffte, an der Auffahrt ein Fahrzeug Richtung Nürnberg zu bekommen. An der Autobahnauffahrt standen allerdings schon mehrere Anhalter, die auch Richtung Süden wollten.

Nach etwa einer halben Stunde des Wartens hielt ein amerikanischer Kombi an – ein Station-Wagon. Der uniformierte Fahrer suchte sich vier Leute zur Mitfahrt im hinteren Teil des Fahrzeugs aus.

Unterwegs erzählte er, daß er nach München müsse, was für mich und zwei weitere von uns geradezu ideal war. Der vierte Mitfahrer wurde an der Autobahnausfahrt Nürnberg abgesetzt, und wir restlichen drei ließen uns zufrieden nach München kutschieren.

Dort am späten Nachmittag angekommen, wollte der Soldat allerdings von jedem von uns zwanzig der noch druckfrischen DM haben. Aber was mich betraf: wo nichts ist, hat auch ein Ami sein Recht verloren!

Er begriff dies und gab sich nach einigem Murren damit zufrieden.

An der nächsten Straßenbahnstation erkundigte ich mich nach meinen weiteren Möglichkeiten, denn meine dreißig Scheine reichten noch immer nicht für die restliche Bahnfahrt!

Also fuhr ich zunächst mit der Straßenbahn nach Steinhausen und machte mich von dort auf der heutigen B 12 tapfer und in der Hoffnung auf den Weg nach Osten, daß ich trotz der beginnenden Dämmerung noch einen Autofahrer finden würde, der mich mitnahm. Dies klappte jedoch nur für das erste Stück. Ein freundlich anhaltender deutscher Autofahrer mit einem Sperrholz-DKW 600 des Baujahres 1936 nahm mich ins nahe Feldkirchen mit.

Dort strandete ich für diesen Tag endgültig. Ich suchte den Bahnhof auf, und am Schalter stellte ich fest, daß mein Geld nach der Ausgabe für die Straßenbahn gerade noch für die Fahrkarte nach Haag reichte. Eine alte Reichsmark, 10 neue Pfennige also, blieb sogar noch übrig!

Da ich eine Fahrkarte erstanden hatte, erhielt ich auf meine Bitte hin auch noch die Erlaubnis, im Warteraum zu übernachten.
Daß die Welt in Feldkirchen offensichtlich noch oder schon wieder in Ordnung war, merkte ich vor allem daran, daß ich den Warteraum fast die ganze Nacht für mich allein hatte. Ich kramte mein Abendessen in Gestalt von zwei getrockneten Brotscheiben heraus und konnte dann auf der harten Bank sogar ganz gut schlafen.
Am nächsten Morgen nahm ich zuerst den Frühzug Richtung Mühldorf, stieg in Thann-Matzbach in die gemütliche, wegen ihres geringen Tempos zum Blumenpflücken einladende Nebenbahn nach Haag und ging von dort die restlichen zwei Kilometer zu Fuß nach Kirchdorf.
Gegen zehn Uhr vormittags kam ich bei meinen über die fast glückliche Heimkehr des ältesten Sohnes erfreuten Eltern an.
Der Kreis hatte sich geschlossen, die Familie war seit dem Frühjahr 1944 erstmalig wieder beieinander; wir schrieben den 31. Juli 1948.

Rückblick – wie es zur Vertreibung kam

„Heim ins Reich“ – erstmals 1938

Bis zu den Parlamentswahlen von 1935 in der Tschechoslowakischen Republik (ČSR), also auch noch nach Adolf Hitlers Machtübernahme im „Reich“, war die im alten Österreich wurzelnde und daher traditionsreiche Sozialdemokratische Partei die stärkste politische Kraft der mehr als 3,5 Millionen Deutschen Böhmens, Sudeten-Schlesiens und Mährens gewesen. Doch schon seit 1932 hatten die sich in den damals stark industrialisierten Gebieten des Sudetenlandes besonders verheerend auswirkende Weltwirtschaftskrise und die große Enttäuschung der Deutschen über die stets unnachgiebige chauvinistische Haltung der tschechischen Regierung immer mehr Wähler in die offenen Arme der deutschen Nationalisten getrieben. Diese wurden dank dem reichlich fließenden Geld der reichsdeutschen Nazis mit vielen schönen Versprechungen und simplifizierend-markigen Sprüchen die neuen Hoffnungsträger.
Folglich ging aus den Parlamentswahlen von 1935 die Sudetendeutsche Partei (SdP) unter ihrem Führer Konrad Henlein als die stärkste politische Kraft hervor.

Heute kaum noch bekannte, aber durchaus wirksame Tschechisierungsmaßnahmen waren damals an der Tagesordnung. Dazu ein paar Beispiele, die ich trotz meiner Jugend in unserem engeren Bereich mitbekam:
Die vom Staate ergriffenen Hilfsmaßnahmen zur Bewältigung der großen Wirtschaftskrise wurden von den an allen Schalthebeln sitzenden Tschechen im Normalfall so gesteuert, daß sie fast nur ihnen selbst zugute kamen. Einer meiner Onkel, ein Elektrotechniker, erhielt, arbeitslos geworden, folgendes ökonomisch durchaus verlockende Angebot:

Er müsse sich nur der tschechischen „Jednota", der „Einheit", anschließen und dieser außerdem 1.000 KČ – Tschechenkronen – spenden, dann erhalte er sofort einen gut bezahlten und sicheren Arbeitsplatz im nahen Königgrätz.
Er lehnte dieses Bekenntnis zu den Tschechen ab und blieb daher weiterhin arbeitslos. Mit seiner Frau überleben konnte er nur, weil ihn seine drei Geschwister immer wieder unterstützten, bis er endlich im deutschen Siedlungsgebiet eine Arbeitsstelle fand.
Oder – die „Jednota" hatte mitten in unserem deutschen Ort ein großes Haus aufgekauft und umgebaut. In ihm wurden die Post, die Polizei und die Familien der Bediensteten untergebracht. Die Gendarmen in diesem fast rein deutschen Gebiet waren natürlich ausschließlich politisch zuverlässige, also national gesinnte Tschechen, die darüberhinaus nur sehr wenig Deutsch konnten. Der Postbote war zwar Deutscher, hatte sich jedoch schon früher wegen seiner tschechischen Frau zu den Tschechen bekannt; er tat dies auch 1938 wieder und siedelte dann sogar in die Resttschechei um.
Es herrschten also Zustände ähnlich denen unter Italiens Diktator Benito Mussolini in Südtirol, nachdem sich Hitler dessen Wohlverhalten durch den Verrat an den dortigen Deutschen erkauft hatte.
Ein drittes Beispiel:
Da trotz der beschleunigten Ansiedlung der tschechischen Staatsdiener die Zahl der selbstverständlich mitgebrachten tschechischen Kinder noch immer nicht ausreichte, um eine rein tschechische Volksschule zu eröffnen, wurde ein Bahnwärter zu uns versetzt, der von seinen bis dahin zwei Frauen insgesamt 16 Kinder hatte. Daraufhin reichte die Anzahl aus, und es entstand eine tschechische Schule mit zwei Klassen. Beide hatten allerdings auch zusammengerechnet noch weit weniger Schüler, als eine deutsche Klasse mindestens hätte haben müssen, um genehmigt zu werden.
Die zunehmende internationale Isolierung der ČSR ob ihrer rigiden Unterdrückungspolitik, welche insbesondere seit dem

Rücktritt des Staatsgründers Tomaš Garrigue Masaryk im Jahre 1935 und der darauf folgenden Präsidentschaft Dr. Eduard Beneschs eingetreten war, führte zu den bekannten Ereignissen von 1938.

Auch unsere Familie wurde in den bald rotierenden politischen Strudel mit hineingezogen und beschloß, sich auf ihre Art zu wehren.

Mein in Königinhof wohnender Onkel, der in der tschechischen Armee Reserveoffizier gewesen war, folgte dem Gestellungsbefehl bei der Mobilisierung der tschechoslowakischen Streitkräfte nicht. Er wolle „als Deutscher nicht auf Deutsche schießen", sagte er, und verschwand wie viele andere in den großen Wäldern der hügeligen Vorberge des Riesengebirges. Dadurch und durch die ab Frühjahr 1938 immer ernster drohende Kriegsgefahr kam unsere Familie in schwere Bedrängnis. Es reifte der Plan, noch härteren tschechischen Repressalien dadurch zu entkommen, daß alle abkömmlichen Mitglieder der Familie ins „Reich" flüchten sollten.

Ein uns allen sehr gut bekannter jüdischer Kaufmann aus Königinhof bot uns an, die ganze Familie, bestehend aus den Großeltern, meiner Mutter und meiner kleinen, gerade erst zwei Monate alten Schwester, in seinem großen „Tatra"-Auto an die nahe schlesische Grenze zu bringen.

Eines frühen Morgens starteten wir im politisch heißen September 1938 in Oberkukus an der Wohnung meiner Großeltern. Den durchaus neugierigen Nachbarn hatten wir zu unserem notwendigen Schutz erzählt, daß wir wegen der erkrankten Schwester zu einem sehr bekannten Kinderarzt nach Gablonz müßten.

Wir fuhren über Staudenz nach Gablonz an der Iser und wollten weiter Richtung Grenze. Dort, etwa zehn Kilometer vor der schlesischen Grenze, gab es jedoch eine von tschechischem Militär bewachte Straßensperre, und wir mußten vor den Bewaffneten am Schlagbaum anhalten.

Dann wurde den Kontrolleuren von unserem jüdischen Bekannten und meinem Großvater in perfektem Tschechisch je-

nes wohldurchdachte Märchen aufgetischt, das selbstverständlich schon vorher vereinbart und entsprechend abgesichert worden war.
Meine kleine Schwester sei schwer erkrankt und müsse auf ausdrückliche Empfehlung unseres Hausarztes dringend zu diesem speziellen Kinderarzt nach Gablonz an der Neiße. Die Ausschilderung der Straßen sei jedoch so schlecht gewesen, daß wir in Gablonz an der Iser, in dem wir uns noch befanden, statt in Gablonz an der Neiße angekommen seien. Man möge uns doch gestatten, bis zur nächsten Kreuzung zu fahren, um von dort Richtung Westen über Tannwald zum richtigen Gablonz abzubiegen.
Die Verhandlungen dauerten mindestens zwanzig Minuten. Unser Fahrer und mein Großvater mußten mit zum zuständigen Offizier in das als Wachstation beschlagnahmte Wirtshaus gehen und die ganze mitleiderregende Geschichte nochmals erzählen. Dieser Verantwortliche rief dann auch tatsächlich beim von uns vorher informierten Kinderarzt in Gablonz an, der ihm den dringend notwendigen Untersuchungstermin bestätigte. Dann wurde noch meine Gott sei Dank laut schreiende Schwester begutachtet, und nach einem kurzen weiteren Palaver erhielten wir zu unserer großen Erleichterung tatsächlich den begehrten Passierschein für die Weiterfahrt ins militärische Sperrgebiet an der Grenze.
An der Staatsgrenze gut angekommen, fuhren wir jedoch nicht nach links Richtung Tannwald, sondern nach Osten in die Richtung des schlesischen Schreiberhau. Auch von dieser Straße bogen wir nochmals rechts ab in Richtung Harrachsdorf und dort in der Nähe in ein kleines unbewohntes Seitental. Dort fuhren wir noch kurz über holprige Feldwege so weit wie möglich an den Höhenzug heran, auf dem damals die tschechisch-deutsche Grenze verlief und auf dem sich heute die tschechisch-polnische Grenze befindet. Dann stiegen wir an einem Waldrand aus und verabschiedeten uns mit herzlichem Dank von unserem hilfsbereiten Bekannten.

Wir nahmen unser geringes Gepäck, und dann hieß es, durch den schattigen Wald und über grüne Wiesen hügelaufwärts zum Grenzkamm zu marschieren, ohne von der tschechischen Grenzpolizei oder dem Militär erwischt zu werden.
Doch wir hatten Glück! Ohne irgend jemanden sonst gesehen zu haben, überschritten wir nach etwa einer Stunde in der noch heißen Nachmittagssonne schwitzend, aber endlich aufatmend die dort völlig unbefestigte Grenze zum „Reich".
Über den in diesem letzten Teil ganz problemlosen illegalen Grenzübergang waren wir alle sehr froh.
Mein ansonsten eigentlich nicht abergläubischer Großvater entnahm der Westentasche einen goldgefaßten und selbst aus dem fernen Ägypten mitgebrachten Skarabäus und erklärte, daß diesem seit vielen Jahrtausenden bewährten Glücksbringer unsere erfolgreiche Flucht zu verdanken sei.
Dann zogen wir weiter, und nach nur zweihundert Metern östlich der Grenze kam uns eine bewaffnete Zweimannstreife der deutschen Wehrmacht entgegen. Sie begrüßten uns mit einem „Guten Tag!" und „Willkommen im Deutschen Reich!" aufs Freundlichste und fragten neugierig, ob wir irgendwelche Probleme mit dem bereits mobilisierten tschechischen Militär gehabt hätten. Wir erzählten daraufhin unsere gut ausgedachte und ebenso gut ausgeführte Story, was Anlaß zu Heiterkeit und auch zu anerkennenden Worten war.
Nur der hilfsbereite und so freundliche deutsche Jude paßte nicht ganz in ihr durch die erfolgreich indoktrinierende Goebbels-Propaganda vorgeprägtes Bild. Er sollte ein knappes Jahr später, nach der Errichtung des Protektorates im Jahre 1939, dank der fleißigen Mithilfe der tschechischen Sicherheitsorgane von Königinhof nach Theresienstadt verschwinden und nie mehr auftauchen.
Dann nahmen die beiden Soldaten einen Teil unseres auf dem ermüdenden Marsch schwer gewordenen Gepäcks, und wir pilgerten weiter zum nächstgelegenen Bauernhof. Dort befand sich auch ihr Feldtelefon, mit dem sie einen großen PKW für

uns anforderten. Dieser kam bereits nach etwa einer halben Stunde, um uns abzuholen.
Inzwischen wurden wir von der gastfreundlichen Bäuerin mit Speis und Trank versorgt, so daß wir gut erholt die kurze Weiterfahrt nach Schreiberhau antreten konnten. Dort war bereits alles für die Aufnahme von deutschen Flüchtlingen aus dem bedrängten Sudetenland vorbereitet.
Später sollten wir erfahren, daß insgesamt etwa 25.000 Deutsche während der Sudetenkrise gleich uns aus der Tschechei geflohen waren.
Auch einige weitere Flüchtlinge kamen in den nächsten Stunden an und wurden wie wir jenen Familien in Schreiberhau zugeteilt, die sich freiwillig zur vorübergehenden Aufnahme bereiterklärt hatten. Dabei mußte unsere zu große Familie getrennt werden; meine Großeltern fuhren noch einige Häuser weiter, um auch eine Unterkunft zu erhalten.
Die Schlesier waren zu uns sehr freundlich und hilfsbereit und versorgten uns mit allem, was wir in dieser Situation benötigten.
Überrascht reagierten wir allerdings anfangs auf die vielen „Heil Hitler!"-Grüße, die wir überall als Begrüßung zu hören bekamen. Doch auch daran sollten wir uns bald gewöhnen.
Schon am nächsten Tag ging es mit dem Zug weiter über Hirschberg, Görlitz und Bautzen nach Hoyerswerda, das damals noch durch sein Renaissanceschloß und nicht durch das Kombinat „Schwarze Pumpe" bekannt war. Dort wurden wir für drei Tage und Nächte wiederum bei einer sehr hilfsbereiten und ebenso gastfreundlichen Familie untergebracht, mit der wir später sogar noch bis 1945 korrespondierten.
Auch über unseren endgültigen Aufenthalt fern von möglichen Kriegsgefahren wurde dort entschieden. Das Los fiel auf ein von der „Nationalsozialistischen Volkswohlfahrt" (NSV) als Flüchtlingslager zur Verfügung gestelltes Schloß im Weserbergland. Dorthin war es allerdings für unsere Großfamilie und vor allem für den gerade zwei Monate alten Säugling nicht gerade der nächste Weg.

Am vierten Tag mußten wir frühmorgens den Zug Richtung Leipzig nehmen. Dort hieß es, in einen für uns bestimmten Waggon des nach Erfurt weiterfahrenden Zuges umzusteigen, in dem sich – aus einer Sammelstelle in Dresden kommend – schon andere sudetendeutsche Flüchtlinge mit dem gleichen Ziel befanden. Dann ging es über Kassel weiter nach Höxter an der Weser, wo wir am späten Nachmittag ankamen.
Am Bahnhofsvorplatz erwartete uns bereits eine ganze Flotte von Privat-PKW, die zum Teil von uniformierten SA-Männern gesteuert wurden. Sie brachten uns mit vielen neugierigen Fragen bezüglich unseres bisherigen Schicksals in das schloßartige NSV-Heim oberhalb von Boffzen, wo schon alles für unseren Empfang und unsere Betreuung vorbereitet war.
Unsere Gruppe umfaßte insgesamt 33 Personen und bestand mit Ausnahme meines Großvaters ausschließlich aus geflohenen Frauen und Kindern.
Das NSV-Heim blieb für die nächsten fünf Wochen und damit bis zu unserer Heimreise unsere ständige Unterkunft. Wir lernten in dieser Zeit das landschaftlich reizvolle Hügelland und die dort schon breite und daher schiffbare Weser kennen, und ich sah erstmals einen echten Flußdampfer, der mich mit meinen zehn Jahren tief beeindruckte.
Mit von der NSV organisierten Privatautos unternahmen wir mehrere Erkundungsfahrten durch das schöne Wesertal und auch nach der gepflegten Kreisstadt Holzminden, wo uns nicht nur das wuchtige Niedersachsendenkmal gezeigt wurde. Bei einem Heimatnachmittag hörten wir auch erstmals das trutzige Niedersachsenlied, dessen Text wir dann im Heim auswendig lernten – ich kann den einprägsamen Refrain heute noch!
Meine Mutter und die Großmutter sangen dazu mit ihren geschulten Stimmen „Riesengebirglers Heimatlied“. Sie erhielten für ihren ergreifenden Vortrag und im Hinblick auf unsere Lage großen Applaus.

Noch zwei weitere Geschehnisse blieben mir bis heute fest im Gedächtnis:

Das eine ist die angenehme Erinnerung an mehrere freundliche Einladungen, die wir von der einzigen sudetendeutschen Familie Boffzens erhielten. Sie hatten eine florierende Glasfabrik und fühlten sich bei den gar nicht so trutzig-unnahbaren Niedersachsen recht wohl.

Das zweite ist die Erinnerung an das erste selbstverdiente Geld meines Lebens. Und das kam so:
Kinder ab dem zehnten Lebensjahr wurden gesucht, um bei der beginnenden Kartoffelernte zu helfen. Da ich vom Hof meines Onkels in Hermanitz das Kartoffelklauben schon kannte, meldete ich mich auch. Und so ernteten wir auf dem sehr großen Feld eines nahegelegenen Gutes vor Fürstenberg eine ganze Woche lang die gelblichen Knollen.
Am letzten Tag gab es dann noch ein herrlich brennendes Kartoffelfeuer, wie ich es auch schon aus der Heimat kannte. Wir ließen uns die wie früher in der heißen Glut des Feuers gebackenen und daher ausgezeichnet schmeckenden Kartoffeln gut munden und sangen zum Abschluß etwas wehmütig Lieder aus der Heimat.
Am Montag darauf kam ein Vertreter der zuständigen Gutsverwaltung in unser Heim und teilte mit herzlichem Dank an uns das bereits abgezählte und in durchsichtigen Tütchen verwahrte Geld aus. Ich erinnere mich, daß wir Jungen alle sehr stolz auf unsere ersten selbstverdienten „Reichsmark" waren.
Am 30. September wurde unsere Morgentoilette durch die im und am Haus installierten Lautsprecher schon um sieben Uhr von einer mit freudig erregter Stimme gemachten Durchsage unterbrochen.
Der Sprecher verkündete hörbar triumphierend, daß am 29. September das Abkommen über die Abtretung der fast ausschließlich von den Sudetendeutschen besiedelten Gebiete an das Deutsche Reich in München unterzeichnet worden sei. Und – dies hätten wir alle der genialen Politik unseres ruhmreichen Führers Adolf Hitler zu verdanken. Zum Abschluß er-

tönte, gespielt mit viel Blech von einer lauten und zackigen Militärkapelle, das Deutschlandlied, nach damaliger Übung gefolgt vom „Horst-Wessel-Lied“ der „Sturmabteilung“, der „SA“.
Es zeigte sich dabei, daß viele von uns schon hinzugelernt hatten. Sie standen während der Hymne stramm – mit ausgestreckt erhobenem rechtem Arm!
Selbstverständlich war unser Jubel groß, denn die Nachricht hieß, daß wir nun, befreit von der tschechischen Bevormundung und langjährigen Unterdrückung spätestens am 10. Oktober, dem letzten der vereinbarten Räumungstage, wieder in die schon schmerzlich vermißte Heimat zurückkehren würden.
Das „gleichgeschaltete“ NSDAP-Blatt aus Holzminden brachte dazu am 3.10.1938 vier Bilder, davon eins mit meiner Mutter und dem Baby, und dazu einen langen Artikel. Der Reporter schrieb, daß bei der Nachricht von der Befreiung der geliebten Heimat „auf die verhärmten und von den schweren Entbehrungen und dem schweren Leid gezeichneten Gesichter ein heller Schein der Freude brach“.
Den Artikel besitze ich auch heute noch. Ich habe ihn 1968 während des „Prager Frühlings“ bei einem einwöchigen Besuch in Kukus erhalten. Der damals in unserem Haus wohnende Tscheche, der schon erwähnte und in der kurzen aber hoffnungsvollen „Dubček-Ära“ bereits pensionierte Postbote, hatte ihn zusammen mit meinem schön gestalteten Fotoalbum aus der glücklichen Kinderzeit gefunden und aufgehoben. Er hatte diese und noch andere Dinge die ganzen 23 Jahre lang für uns sorgsam aufbewahrt und unser Wiederkommen für selbstverständlich gehalten!
Irgendwann um den 10. Oktober veranstaltete dann die NSDAP für uns ein großes Abschiedsfest in einem schön dekorierten Saal in Holzminden. Ich kann mich allerdings nur noch an die vielen Uniformierten mit ihren Fahnen, ans gute Essen und an die viel zu langen kernigen Reden erinnern.
Dann hieß es, den Zug zur langen, aber auch ersehnten Heimfahrt zu besteigen. Wieder kamen wir nach Kassel, Erfurt und

Dresden; Endstation war diesmal Reichenberg, die bedeutendste Stadt des neuen „Reichsgaues Sudetenland".
Von dieser anstrengenden Fahrt mit viel Babygeschrei ist mir nur noch der letzte Teil in Erinnerung geblieben, die nächtliche Fahrt von Reichenberg nach Hause ins Elbetal.
Am späten Abend am Bahnhof angekommen, mieteten wir ein großes dunkelblaues Ford-Taxi und fuhren müde aber voll freudiger Erwartung Richtung Kukus. Wir hofften, in spätestens drei Stunden zu Hause zu sein, schließlich waren nur wenig über einhundert Kilometer zurückzulegen.
Aber wir brauchten letztlich mehr als sechs Stunden, denn weder der Taxifahrer noch sonst jemand auf der Strecke kannte über seinen unmittelbaren Bereich hinaus den genauen Verlauf der noch ganz neuen Grenze.
Wir wurden in dieser finsteren Nacht immer wieder von reichsdeutschen, in einem Fall sogar erst von tschechischen Soldaten gestoppt, weil wir wieder einmal bei der Suche nach dem auch unserem Fahrer von früher bekannten kürzesten Wege an oder sogar schon über die Grenzlinie geraten waren.
Jedesmal hieß es umdrehen, dann zur nächsten geeigneten Abzweigung zurückfahren und einen neuen Weg suchen. Das war des nachts und bei den damals noch weitgehend fehlenden Ortsschildern gar nicht so einfach.
Im Gegensatz zur Fahrt an die schlesische Grenze verfuhren wir uns diesmal also wirklich und nicht nur vorgetäuscht!
Endlich kamen wir morgens gegen zwei Uhr mit fast leerem Tank in unserer neuen Kreisstadt, meinem Geburtsort Trautenau an und wußten, daß wir bis zum Ziel nur noch etwa zwanzig Kilometer durch rein deutsches Gebiet fahren mußten.
Aber zuerst mußte Benzin her. Der Chauffeur brachte es mit vielem Klopfen an der Haustür und lautem Schreien fertig, einen Mechaniker und Tankwart aufzuwecken und zum Nachtanken zu bewegen. Dies geschah damals noch mit einer simplen Handpumpe. Mit dieser wurden immer abwechselnd zwei fünf Liter fassende Glaszylinder gefüllt, dann wurde der

unten am Zylinder angebrachte Hahn umgestellt, und das Benzin des vollen Behälters konnte in den Tank ablaufen. Anschließend ging es weiter durch die uns gut bekannten deutschen Dörfer heimwärts nach Kukus. Morgens gegen drei Uhr kamen wir dort zwar sehr froh, aber auch total übernächtigt an. Wir klopften an unser Schlafzimmerfenster, weckten damit den Gott sei Dank anwesenden Vater und wurden von ihm sehr herzlich begrüßt und in die Arme geschlossen. Dann sanken wir in unsere Betten, um uns endlich gründlich auszuschlafen.
Der übermüdete Fahrer blieb für den Rest der Nacht bei uns, um sich auf der Couch im Wohnzimmer ebenfalls auszuruhen.
Nach rund fünfwöchigem erlebnisreichem Aufenthalt im „Altreich“ waren wir alle glücklich wieder zu Hause im schönen Riesengebirge angekommen.

Wieder in der Heimat

– Oktober 1938 bis August 1939 –

Nachdem wir uns durch ausgiebigen Schlaf von den großen Strapazen der langen Reise erholt hatten, ging es beiderseits ans Erzählen. Schließlich hatte in der Zwischenzeit keiner vom anderen etwas Neues erfahren können.

So erzählte mein Vater, daß mein trotz des Einberufungsbefehls nicht zum tschechischen Militär eingerückter Onkel sich dem „Sudetendeutschen Korps", einer Selbstschutzorganisation, angeschlossen hatte. Mit anderen Gleichgesinnten hatte er die letzten zwei Monate, wie schon erwähnt, in den sicheren Wäldern verbracht.

Er sollte bereits 1940, gleich nach dem Frankreichfeldzug, zu Hitlers Wehrmacht eingezogen werden, machte dann den ganzen mörderischen Rußlandfeldzug ohne jede Verwundung mit und fiel, nach Italien versetzt, 1944 als Major in der Nähe von Florenz. Sein Grab ist eins von Millionen anderen Soldatengräbern des Zweiten Weltkrieges und auf dem schön gelegenen und gut gepflegten Soldatenfriedhof am „Futapaß" zu finden.

Meinem bis dahin nie Soldat gewesenen Vater war die Aufgabe eines Verbindungsmannes zwischen dem bewaffneten Freikorps und den Vertrauensleuten aus der deutschen Zivilbevölkerung übertragen worden. Er hatte trotz der Wirren die ganze Zeit auch weiterhin an der Bürgerschule in Kukus unterrichtet und durfte sich nicht verstecken, obwohl er stark gefährdet gewesen war. Allerdings hatte ihn die in diesen Wochen der „Heim-ins-Reich"-Sehnsucht schon stark verunsicherte tschechische Gendarmerie nur ein einziges Mal in ihr Wachlokal bestellt und kurz zu seinem Tun und Lassen verhört.

Erst Hitlers „Heldenklau" sollte ihn 1943 zum Soldaten machen. Er brachte es in diesem für ihn neuen und daher absolut

ungewohnten Metier aber nur bis zum „Sturmmann", also zum kleinen Gefreiten.
Auf tschechischer Seite hatte sich der amtierende Staatspräsident Benesch nach dem damals arg verspotteten geheimnisvollen Satz: „Já mám svůj plán!" – „Ich habe meinen eigenen Plan!" – mit einem *„Aeroplan"*, einem Flugzeug also, nach London ins Exil und damit in Sicherheit bringen lassen. Niemand von uns ahnte, daß er, wie schon Masaryk im Ersten Weltkrieg, weiter als der momentane Sieger Hitler und damit bereits bis in die Nachkriegszeit dachte. Seinem schon immer chauvinistischen Denken entsprang kurze Zeit später als Ausgeburt primitiver Rache jener Plan zur Vertreibung der Sudetendeutschen, der dann 1945 mit dem viel zu leichtfertig gegebenen „Segen" der endgültigen Siegermächte auch tatsächlich verwirklicht wurde.
Bis dahin taten die tschechischen Behörden gegenüber dem „tausendjährigen Reich" nicht nur alles, was es nach den geschlossenen Verträgen von ihnen erwarten konnte.
In einer Art von vorauseilendem Gehorsam wurde den meisten der vor dem vorläufigen Sieger Hitler geflohenen sudetendeutschen Sozialdemokraten in der Resttschechei die notwendige weitere Aufenthaltserlaubnis verweigert. Genau diese fehlende Genehmigung war dann für die gleichen Behörden der Grund, sie zwangsweise „ins Reich" zu deportieren und damit Hitlers Rache auszuliefern. Schließlich waren sie bis zuletzt gegen seinen Einmarsch gewesen und mußten dann bitter dafür büßen.
Vom Oktober bis Mitte Dezember 1938 wurden mehr als 22.000 sudetendeutsche Sozialdemokraten allein in das KZ Dachau eingeliefert. Nur wenige von ihnen hatten sich vor der tschechischen Polizei durch rechtzeitige erneute Flucht nach Schweden, Großbritannien und auch ins ferne Kanada retten können.
Eine große Hilfe in dieser schweren Zeit waren ihnen und anderen deutschen Hitlergegnern dabei die Prager Juden, die sich fast ausschließlich und schon seit Generationen zum

deutschen Kulturkreis bekannt hatten. Viele von ihnen halfen, wo immer sie konnten, mit Unterkunft, Kleidung, Nahrung, Geld und mit dem Auskundschaften von sicheren Fluchtwegen.
Nach der Besetzung der Resttschechei 1939 und der Bildung des „Protektorates Böhmen und Mähren“ sollte es Hitlers schnüffelnden Schergen unter kundiger und tatkräftiger Mithilfe der tschechischen Polizei eine besondere Genugtuung sein, gerade diese deutschen Juden zu einer „Wohnsitzverlegung nach Theresienstadt“ – so hieß das damals wirklich! – zu zwingen.
Viele von ihnen wurden dann in andere, noch schlimmere Vernichtungslager weiterverlegt und „gingen dort durch den Schornstein“, wie Vergasung und Verbrennung brutal-zutreffend, aber auch total resignierend und voller Bitterkeit von den KZ-Häftlingen selbst genannt wurden.

Das Verhalten der meist uniformierten Reichsdeutschen

Hitlers sehr kurzsichtige Politik bewirkte, daß viele von ihnen bei uns bald ziemlich unbeliebt waren. Nicht wenige trugen allerdings auch selbst zu dem damit verbundenen Distanznehmen der einheimischen deutschen Bevölkerung bei.
Sie kauften bei uns alles, was gut und teuer war und was es oft schon seit 1936 im „Reich“ nicht mehr gegeben hatte – Pelze und Lederwaren, Uhren und Schmuck und vieles andere mehr.
Und manche fraßen sich in unseren ausgezeichneten im anheimelnden altösterreichischen Stil anbietenden gemütlichen Konditoreien voll bis zum Erbrechen, und sie soffen sich voll mit dem unvermeidbar gleichen Ergebnis.

Nicht wenige benahmen sich wie Goldgräber angesichts eines überraschend ergiebig auszubeutenden Claims.
Aber für uns psychisch noch belastender war, daß wir stark österreichisch geprägten Sudetendeutschen an ihrem ganz speziellen naziforsch betonten „deutschen Wesen" genesen sollten.
Sie wußten alles besser und machten angeblich auch alles besser, und wir Sudetendeutschen waren in unserer angeborenen Heimat wieder einmal die weitgehend Entmachteten.
Ich erinnere mich an die von meiner Mutter zornig dem im österreichischen Sinne „großdeutschen" Vater in einer harten politischen Diskussion entgegengeschleuderten Sätze, die sie mir noch nach dem Ende des Krieges bestätigte: „Was willst du mit diesem Reich, diesem Hitler? Wo früher die Tschechen saßen, da sitzen jetzt die Reichsdeutschen und kommandieren uns! Sie betrachten uns als billig erworbene Kolonie und benehmen sich danach!"
Tatsächlich waren in unserem kleinen Dorf die drei tschechischen Gendarmen durch drei reichsdeutsche Polizisten ersetzt worden, deren einziger Vorteil gegenüber der früheren Situation ihre deutschen Sprachkenntnisse waren.
Ihr übriges autoritäres Gehabe hob sich praktisch nicht von dem der abgedankten tschechischen Gendarmerie ab.
Und auch an der neuen deutsch-tschechischen Grenze wurden nicht nur in der Anfangszeit und über die Zeit bis zu Hitlers Besetzung der Resttschechei hinaus fast ausschließlich reichsdeutsche Grenzpolizisten und Zöllner eingesetzt. Demgegenüber wurden viele Sudetendeutsche Männer sehr bald zur Wehrmacht in Standorte des damaligen „Altreiches" eingezogen – um sie besser „eindeutschen" zu können, wie wir bald wohl nicht zu Unrecht vermuteten.
Dies alles führte nach nur wenigen Monaten dazu, daß sich viele Sudetendeutsche enttäuscht und resigniert von diesem neuen politischen Umfeld zurückzuziehen begannen.
Später, als ich erwachsen war, habe ich meinen Eltern und auch mir einige Male die sich aufdrängende Frage gestellt, ob

die 1938 praktizierte Art der Verwirklichung des seit 1918 angestrebten Selbstbestimmungsrechtes der Sudetendeutschen die von diesen wirklich gewünschte und adäquate Form war. Während mein Vater die Frage auch nach dem Zweiten Weltkrieg immer noch bejahte, wurde sie von meiner gegenüber den Nazis schon seit deren Machtübernahme im Jahre 1933 sehr kritischen Mutter und auch von mir immer mit einem klaren „Nein" beantwortet.

Nur – in dieser von den Sudetendeutschen nicht zu verantwortenden politischen Situation gab es wohl keinen anderen Weg. Sie war von den politisch ebenfalls kurzsichtigen Siegern des Ersten Weltkrieges und dem größenwahnsinnigen Chauvinismus führender Tschechen verursacht worden und wurde dann von Hitler eiskalt ausgenutzt.

Und das immer noch geschätzte und oft auch überschätzte Österreich, die Hoffnung der Sudetendeutschen nach dem Ersten Weltkrieg, das gab es ja im September 1938 längst nicht mehr!

Alle an Hitlers Weisheit und an seinem politischen Weitblick bereits Zweifelnden bekamen schon 1939 Recht, als die deutschen Truppen völkerrechtswidrig in die Resttschechei einmarschierten und sie zum Protektorat „Böhmen und Mähren" umfunktionierten. Dies war nicht nur der Beweis dafür, daß Hitler ein Lügner war. Schließlich hatte er über die Verhandlungen mit Chamberlain in seiner Sportpalastrede vom 26.9.1938 unter anderem folgendes erklärt: „Ich habe ihm weiter versichert und wiederhole es hier, daß es – wenn dieses Problem gelöst ist – für Deutschland in Europa keine Territorialprobleme mehr gibt!"

Es war auch der Beweis dafür, daß er den berechtigten Ruf der unterdrückten Sudetendeutschen nach der ersehnten Verwirklichung des zweifellos auch ihnen zustehenden Selbstbestimmungsrechtes, nach einem Leben als gleichberechtigte Bürger in der angestammten deutschen Heimat, lediglich als willkommenen Vorwand für sein noch ungezügeltes Großmachtstreben benutzt hatte.

Um dann begann das große Umziehen!

Nach den geschlossenen Verträgen hatten jene rund 300.000 irgendwann zugezogenen oder dorthin versetzten Tschechen, die aus den sudetendeutschen Gebieten in die Resttschechei umsiedeln wollten, sechs Monate Zeit für diese Aktion bekommen. Die gleiche Regelung galt aber auch für jene etwa 400.000 Deutschen, die im Oktober 1938 im verbliebenen tschechoslowakischen Staatsgebiet wohnten.
Beide Seiten konnten ihr Grund- und Hauseigentum frei verkaufen und alle bewegliche Habe mitnehmen.
Mein Vater kaufte im Frühjahr 1939 vom uns gut bekannten und schon mehrfach erwähnten deutschsprachigen Postboten, der sich damals wegen seiner tschechischen Frau wiederum als Tscheche bekannte, das erst 1932 erbaute Einfamilienhaus. Er bezahlte es in den neuen Reichsmark, was wegen des die Mark überbewertenden Umtauschkurses auch für den Verkäufer ein gutes Geschäft war.
Umgekehrt ging es den Deutschen mit ihrem Eigentum in der Resttschechei viel schlechter. Sie verloren beim Umtausch einen erheblichen Teil ihres realen Vermögens.
Im Frühsommer 1939 zogen wir dann in unser „neues“ Haus um.
Von den weiteren Geschehnissen der folgenden Monate sind mir vor allem drei in Erinnerung.

Das erste betraf mich ganz persönlich. Ich trat aus der Volksschule in die „Bürgerschule“ über. Das war jener Schultyp österreichischer Prägung, der ein gehobenes Wissen zu vermitteln hatte, ohne jedoch Gymnasium sein zu wollen. Ich kam dabei auch unter die Fittiche meines Vaters, der dort für Deutsch, Geschichte und Geographie und später – nach weiteren Zusatzprüfungen – auch für Turnen und Kurzschrift zuständig war.

Als zweites gab es große Widerstände und von vielen Bürgern auch offen geäußerten Ärger, als alle bis dahin sudetendeutschen Organisationen „gleichgeschaltet“ und damit in die der Nazis übergeleitet wurden. Aus unserem immer noch von den vier „f“ frisch, fromm, fröhlich, frei – gekennzeichneten Sportverein wurde die Organisation des „Jungvolks“, auch „Pimpfe“ genannt, in die auch ich einkassiert wurde. Für die 14- bis 18jährigen gab es die „Hitler-Jugend“, die HJ, und für die Erwachsenen zusätzlich zur NSDAP die SA, die „Sturmabteilung“, und die SS, die sich den anderen gegenüber privilegiert fühlende „Schutzstaffel“.
Für die bei uns bis dahin im gemeinsamen Sportverein integrierten Mädchen waren plötzlich im Rahmen der „Hitler-Jugend“ eigene Organisationen da, wie der „Bund Deutscher Mädchen“, kurz BDM genannt, oder auch „Glaube und Schönheit“.
Von den Mitgliedern dieser Organisation hieß es allerdings bald, daß sie außer an Hitler weder an etwas glaubten noch im Normalfalle schön seien.
Der traditionsreiche und für die gediegene Abwehr der starken Assimilationsversuche der Tschechen über Jahrzehnte hinweg so notwendige „Deutsche Kulturverein“ wurde mit all seinen erfolgreichen Aktivitäten ebenfalls angepaßt und eingegliedert. Meine Mutter und noch mehr meine Großmutter hatten in ihm über lange Zeit hinweg intensiv mitgearbeitet.
Die damals forcierte unerwünschte Gleichschaltung führte bald zu einem Dahinschwinden eigenständiger kultureller Aktivitäten. Einerseits waren nicht wenige der bisher führenden Mitglieder unter der neuen Herrschaft nicht mehr zum gleich hohen Einsatz bereit, und andererseits wurde die Angebotsbreite im Interesse einseitiger Beeinflussung immer mehr eingeschränkt.
Selbstverständlich mußten auch alle weiteren Erwachsenen erfaßt und mit Uniformen versehen werden. Dies galt sowohl für die Frauen als auch für die gleich in verschiedenen Organisationen zusammengefaßten Männer.

Mein Vater trat auf der Basis seiner schon mehrfach erwähnten „großdeutschen" Gesinnung trotz des heftigen Widerstandes meiner Mutter der allgemeinen SS bei, die heutzutage oft fälschlich mit der Waffen-SS gleichgestellt wird.
Die Ärgernisse kamen aber auch daher, daß in zahlreichen Fällen nicht mehr die beste Fachfrau, der beste Fachmann und der einsatzbereiteste Bürger zählte.
Maßgebend für die immer völlig undemokratisch vorgenommene Besetzung wichtiger Positionen war die – wie es bald auch dort hieß – „völkische Gesinnung" und die im Sinne der Nazis angepaßteste Haltung.
Neue, sehr autoritäre Machtstrukturen wurden also aufgebaut, alte traditionell demokratische gleichzeitig beseitigt.
In einem kleinen Ort wie dem unseren war dies Anlaß zu so manchen Eifersüchteleien, zu Mißgunst und Auseinandersetzungen.
Bald hatte jedoch die neue Einheitspartei, wie später eine angeblich andere in der DDR, alles im Griff, und wenigstens nach außen schien der Friede wieder eingekehrt zu sein.

Das dritte war der schon erwähnte, Hitlers schrankenloses Machtstreben endgültig enttarnende Einmarsch der deutschen Wehrmacht in die Resttschechei.
Spätestens zu diesem Zeitpunkt wurde auch den letzten Gutgläubigen klar, daß es ihm 1938 nicht um die Sudetendeutschen und ihr Selbstbestimmungsrecht gegangen war, sondern um Ruhm und Größe des „tausendjährigen Reiches". Offensichtlich wollte er, der geborene Österreicher, mit dem wirklich tausend Jahre währenden „Heiligen Römischen Reich Deutscher Nation" gleichziehen, zu dem ja unter ganz anderen als den Voraussetzungen des Nationalstaates über Jahrhunderte hinweg auch ganz Böhmen gehört hatte.
Meine politisch sehr interessierte, die handelnden Menschen jedoch nie an ihren Worten, sondern immer an ihrem wirklichen Tun messende Mutter sprach damals den weit vorausblickenden Satz, daß die völkerrechtswidrige Besetzung der

Resttschechei „moralisch der Anfang vom Ende dieses Reiches“ sei.
Und mein Vater, in der gleichen „Großdeutschland-Stimmung“ wie viel zu viele andere Deutsche, wies diese Wertung voll allzu selbstgerechter Empörung zurück.
Sechs Jahre später erkannten wir in unserer Familie dann angesichts der nicht mehr verhinderbaren Niederlage Deutschlands schmerzlich, wer von den beiden den weiteren Verlauf der Ereignisse völlig richtig eingeschätzt hatte – aber zu ändern war spätestens nach dem Scheitern des Attentates auf Hitler vom 20. Juli 1944 nichts mehr!

Mein Leben im Protektorat 1939 – 1943

Während die europäische Politik durch Hitler verrückt zu spielen begann, versuchten die „reichsangeschlossenen sudetendeutschen Gebiete“ zu einem normalen Leben unter neuer, diesmal reichsdeutscher Vorherrschaft zurückzukehren.
Ich in meiner kleinen Welt besuchte weiterhin die bei Deutschen und Tschechen hoch angesehene Bürgerschule in Kukus und hatte – wie schon erwähnt – in einzelnen Fächern auch Unterricht bei meinem Vater. Dies war vor allem mit Nachteilen verbunden! Denn er wußte immer genau, ob ich auf die gerade aktuelle Thematik gut vorbereitet war oder nicht.
Dann, im Jahre 1939, begann vor und auch hinter der Bühne das politische Ränkespiel um die auf das tatsächlich von Tschechen besiedelte Restgebiet Inner-Böhmens und Mährens beschränkte Resttschechei:
Die Slowakei, der die Tschechen schon am 30.6.1918 (!) die Autonomie zugesagt hatten, sah ihre Chancen wachsen, diese von der geschwächten Resttschechei endlich zu erhalten. Die auch gegenüber den Slowaken bis dahin dominierenden Tschechen wollten dies allerdings verhindern und besetzten nach harten verbalen Auseinandersetzungen mit ihren noch immer gut bewaffneten Truppen große Teile der Slowakei.
Aber auch die Ungarn, über Jahrhunderte hinweg die Herren der Slowakei, witterten Morgenluft! Sie erhoben Anspruch auf den Ostzipfel der Slowakei, die Karpato-Ukraine, die später zur Sowjetunion gehörte.
Auch die damals wie heute auf der Basis ihrer leidvollen Geschichte nationalistischen Polen wollten nicht abseits stehen. Eingedenk ihrer fast schon traditionellen Feindschaft gegenüber den Tschechen beteiligten sie sich an Hitlers Beute ČSR und kassierten ebenfalls ihren Anteil. Bereits im Oktober 1938 besetzten sie nach entsprechenden Pressionen das Olsa-Gebiet.

Dann kam es Schlag auf Schlag!
Am 14. März 1939 erklärte der slowakische Landtag die staatliche Unabhängigkeit der Slowakei von der Tschechei, die dann allerdings erst am 19. November völkerrechtlich abgesichert werden konnte. Schon am nächsten Tag, am 15. März, besetzten Ungarns Truppen die eben genannte Karpato-Ukraine, und die Slowakei stellte sich – auf der einen Seite von den Tschechen und auf der anderen Seite von den Ungarn bedroht – unter „deutsche Schutzherrschaft".
Ministerpräsident wurde Josef Tiso, ein katholischer Prälat. Die im Geheimen mit Hitler kooperierenden Ungarn konnten dennoch ihre Beute behalten.
Am 16. März besetzten schließlich deutsche Truppen im Vollzug des „Führererlasses zur Gründung des Protektorates Böhmen und Mähren" die ganze Resttschechei. Erster „Reichsprotektor" wurde von Neurath, sein Stellvertreter und späterer Nachfolger Reinhard Heydrich.
Der englische Botschafter in Berlin bezeichnete die eindeutig völkerrechtswidrige Besetzung als „immensen politischen Fehler", was sie auch war, denn damit war endgültig Adolf Hitlers absolute Unglaubwürdigkeit und Unberechenbarkeit vor aller Welt offenbar geworden.
Dies alles störte den „großen" Georgier Jossif Wissarionowitsch Dschugaschwili, genannt Stalin, jedoch nicht in seinen ebenfalls imperialistischen Plänen. Was interessierte es ihn schon, daß es gegen „seine" slawischen Mitbrüder ging?
Im August wurde der „Deutsch-sowjetische Nichtangriffspakt" geschlossen, und Hitler hatte im Osten und im Westen die Hand frei für weitere machtgierige Überraschungen.
Außerdem wurde durch diesen bald wertlosen Vertrag aus dem „bolschewistischen Untermenschen" vorübergehend der Weizen liefernde und deutsche Kommunisten und sonstige Antifaschisten den Nazis ausliefernde neue Freund des „Großdeutschen Reiches".
Daraufhin konnte entsprechend Hitlers bekanntem, aber zu wenig gelesenen Buch „Mein Kampf" neuer „Lebensraum im

Osten des Reiches" und damit zunächst in Polen gesucht werden.
Die immer deutlicher vorgetragene Forderung nach einem „Korridor" durch polnisches Gebiet nach Ostpreußen und der Protest gegen polnische Greuel an in Polen lebenden Deutschen – beides durchaus verständliche Forderungen – gipfelten in dem „verbrecherischen Angriff auf den Sender Gleiwitz".
Deutsche KZ-Insassen in polnischer Uniform – und dies ist inzwischen unbezweifelbar erwiesen – führten diesen Überfall durch, und Hitler hatte endlich den willkommenen Anlaß, Polen erobern zu lassen.
Dieser 18-Tage-Krieg von Panzern und Sturzkampfflugzeugen (Stukas) gegen Kavallerie, wie man es etwas überzeichnet nennen könnte, ging als „Blitzkrieg" in die Geschichte ein. Der Begriff selbst fand sogar Eingang in viele Sprachen der Erde.
Doch noch etwas war geschehen, während ich mich harmlos anschickte, die zweite Klasse der Bürgerschule zu besuchen.
Frankreich hatte ohne Rückendeckung durch Großbritannien gegenüber dem überfallenen Polen wahr gemacht, was es den Tschechen trotz des Beistandpaktes verweigert hatte!
Es erklärte, leichtsinnig auf seine vor allem gleich westlich des Rheins gebaute Maginot-Linie vertrauend, am 3. September 1939 dem Deutschen Reich den Krieg. Hitler teilte mit Stalin jedoch zuerst brüderlich Polen und gründete dann mit seinem Beuteanteil das „Generalgouvernement".
Erst am 10. Mai 1940 ließ Hitler seine Truppen unter Umgehung der französischen Bunkerlinien gegen Frankreich marschieren. Daß er dabei erst die neutralen Beneluxstaaten besetzen mußte, störte ihn nicht. Schon nach sechs Wochen kapitulierte Frankreich.
Wieder ertönten in unseren Radios und in der zu Propagandazwecken produzierten „Deutschen Wochenschau" des Kinos die Siegesfanfaren, und die Sondermeldungen überschlugen sich. Die Begeisterung war groß, und die größenwahnsinnige Feststellung der Nazis: „Diesmal werden wir es der Welt zei-

gen, und nicht die Welt uns!“ wurde von fast allen nur zu gerne geglaubt.

Lediglich meine Mutter war in unserer Familie wieder einmal nicht bei den gläubig Jubelnden, sondern zeigte mir im „Hausatlas“ die Weltkarte und darauf das schon damals ernüchternd kleine „Groß“-Deutschland.

Nach Königgrätz in die deutsche Oberschule

Im Juli 1940, kurz vor der Geburt meines kleinen Brüderchens, entschieden die Eltern für mich, daß ich ab September die neu gegründete „Deutsche Oberschule für Jungen und Mädchen" in Königgrätz zu besuchen hätte. Bei einer Vorsprache im dortigen Direktorat gab es keine Probleme. Wegen meiner sehr guten Zeugnisse wurden mir die zwei Jahre des Bürgerschulbesuches sogar voll angerechnet, so daß ich trotz fehlender Fremdsprachen gleich in die dritte Klasse eintreten konnte.

So genoß ich die letzten fast unbeschwerten Ferien mit meinen Freunden und half auf dem Hof meines Onkels in Hermanitz fleißig bei der Ernte. Mein meist angenehmes Leben wurde ernsthaft nur dadurch getrübt, daß ich fast täglich nach dem Mittagessen für eine Stunde meinen noch winzigen Bruder im Kinderwagen auf dem großen Platz vor der Schule spazierenfahren „durfte".

Dafür hänselten mich meine Freunde, Grund genug, mich mit ihnen am späteren Nachmittag zu prügeln. Aber das tat unserer Freundschaft keinen Abbruch und hielt mich außerdem ganz gut in Übung.

Bezüglich der neuen Schule war mir klar, daß der Eintritt in die dritte Klasse nicht nur eine große Anerkennung bedeutete. Er war auch eine gewaltige Herausforderung, vor der mir manchmal leicht graute.

Aber am meisten tat mir weh, daß es nun mit meiner relativ großen persönlichen Freiheit vorbei sein würde, denn ich mußte wegen der damals großen Entfernung in ein ziemlich strenges Internat. Und auch alle meine Freunde würde ich nur noch im Abstand von vier Wochen und außerdem in den Ferien sehen können.

Dies führte später auch tatsächlich zu einer gewissen Entfremdung und zu neuen durchaus handgreiflichen Auseinandersetzungen mit dem „eingebildeten Oberschüler".

Im September wurde es dann tatsächlich ernst. Meine Mutter brachte mich in das Internat zu Königgrätz, und ich vergoß dort anfangs viele bittere Tränen des Heimwehs nach meinen Eltern, den Freunden und – trotz des lästigen Kinderwagenschiebens – auch nach den kleinen Geschwistern.
Wie schon befürchtet, bedeutete ein großes Problem die Tatsache, daß es in der Bürgerschule weder Englisch noch Latein gegeben hatte. In Englisch hatte ich zwei Jahre nachzuholen, so daß ich in dieser dritten Klasse insgesamt das Pensum von drei Jahren bewältigen mußte. Hinzu kam das bis dahin völlig unbekannte Latein und die gewaltige Umstellung meiner gesamten Lebenssituation.
Erschwert wurde mein Neubeginn auch noch durch die psychologische Null von einem Englischlehrer, der im ersten Jahr auch noch mein Klassenleiter war. Ihm paßte es nicht, daß da in der dritten Klasse noch dazu als jüngster seiner Schüler einer von der Bürgerschule auftauchte, der angeblich mit den anderen mithalten könne. Dem mußte er es doch zeigen!
Gleich am Morgen des ersten Schultages holte er mich zu sich aufs Podium, ließ mich meine selbstverständlich noch leeren, aber immerhin bereits vorhandenen Hefte vorzeigen und brüllte mich an, warum sie noch nicht ordnungsgemäß beschriftet seien. Dabei kannten wir Schüler zu diesem Zeitpunkt weder den Stundenplan noch ich als „Betriebsfremder“ die einzelnen Fächer. Schüchterne Hinweise auf diese Tatsache wurden ebenfalls niedergebrüllt.
Und die Streber in der Klasse grinsten dazu, während ich bei einigen anderen Mitschülern eine gewisse Zuneigung gewann, was später noch von Vorteil sein sollte.
Monate danach, als ich mich innerlich halbwegs von diesem „Lehrer“ gelöst hatte, verachtete ich ihn nicht nur wegen seiner primitiven Auffassung vom Lehrer-Schüler-Verhältnis, sondern auch wegen seiner stets und ständig feststellbaren methodischen Unfähigkeit.
Konkret konnte ich ihm allerdings nur zeigen, daß ich besser war, als er geglaubt hatte. Aus dem unvermeidbaren „mangel-

haft“ in Englisch zum Schulhalbjahr wurde ein „befriedigend“ für das Pensum von immerhin drei Jahren im Jahreszeugnis. Und im gefürchteten Latein konnte ich bald sogar ein „gut“ erzielen.

Als im Rahmen der „Leibeserziehung“ Boxen angeboten wurde, meldete ich mich für diese neue Herausforderung. Fast drei Jahre lang übte ich dieses interessante Metier.

Das für Mädchen und Jungen in der Pospischilstraße – „Pospišilová ulice“ – eingerichtete Internat hatte als Heimleiterin eine stramme Nationalsozialistin. Sie lief fast immer in irgendeiner Uniform der verschiedenen nationalsozialistischen Frauenorganisationen herum, bei denen sie offenbar überall Mitglied war.

Folglich hatten je drei von uns jeden Morgen in HJ-Uniform schon vor dem gemeinsamen Frühstück die Hakenkreuzfahne am Mast vor dem Gebäude zu hissen und sie am Abend wieder einzuholen. Dazu ertönten die entsprechenden Befehle, und ein am Haus angebrachter Lautsprecher ließ blasmusikblechern das Deutschlandlied gefolgt vom „Horst-Wessel-Lied“ ertönen.

Nach diesen Fahnenappellen mußten wir uns wieder umziehen und durften erst dann endlich zum Frühstück beziehungsweise Abendessen. Und vor jedem Frühstück mußten wir uns noch zusätzlich einen „völkisch bedeutsamen“ Morgenspruch oder auch ein Zitat aus einer Führerrede anhören, die dann zu allem Überdruß auch noch erläutert wurden. Seit damals hasse ich Morgensprüche aller Art, auch wenn sie noch so gut und inhaltlich wertvoll sind.

Erst dann also, nach Fahnenhissen, Morgenspruch und Frühstück konnten wir endlich zur etwa zwei Kilometer entfernten Schule gehen.

Außer beim Essen und in den stets gut überwachten Studierzimmern herrschte strenge Geschlechtertrennung. Die gefährdeten braven Mädchen waren daher im Erdgeschoß und wir potentiell bösen Buben im ersten Stock untergebracht.

Die großen kahlen Schlafsäle hatten 16 bis 20 Betten, und es dauerte an manchem Abend ein ganze Weile, bis halbwegs Ruhe eintrat. Wie in der Schule glaubten auch dort die älteren Burschen, sich uns jüngeren gegenüber fast alles leisten zu können.
Aber eines Nachts wurde es mir zu bunt. Der älteste von uns, drei Jahre älter als ich und noch dazu als Erschwernis entfernt verwandt, ging nach elf Uhr in den angrenzenden Waschraum und fing dort an, seine Socken und auch sich selbst zu waschen. Durch den Lärm der gußeisernen kippbaren Waschschüsseln weckte er uns alle auf. Aber keiner traute sich, etwas zu sagen oder gar zu tun.
Wutentbrannt stieg ich aus dem Bett und marschierte im Pyjama in den hell erleuchteten Waschraum. Ich forderte den höchst lästigen Störenfried auf, sofort mit dem Krach aufzuhören und ebenfalls ins Bett zu gehen. Aber er lachte mich Kleinen nur aus und wollte mich dann lässig wieder in den Schlafraum zurückschieben.
Doch ich wußte, daß ich auf diesem Gebiet durchaus etwas zu bieten hatte. Meine Trainingsbasis war als Folge der vielen Raufereien mit den Freunden von zu Hause ausgezeichnet. Außerdem hatte ich durch die auf dem Hof meines Onkels immer gern verrichtete Feldarbeit trotz meiner Jugend durchaus stabile Muskeln. Schließlich hatte ich mich schon öfters an größere und ältere Burschen mit Erfolg herangewagt und schreckte auch diesmal nicht davor zurück.
Ich sprang ihn hart an, nahm ihn in den „Schwitzkasten“ und warf ihn zu Boden. Dann setzte ich mich auf ihn und ohrfeigte ihn so lange, bis er versprach, künftig Ruhe zu geben.
Und er hielt sein Versprechen während der ganzen drei Jahre, die er bis zu seiner Einberufung mit mir im gleichen Schlafraum verbringen mußte.
Bei den Stubenkameraden aber war ich ab diesem Tage „der Größte“.
Gleich neben dem Internat war ein ausgedehntes Kasernengelände der Deutschen Wehrmacht, das früher das tschechi-

sche Militär beherbergt hatte. Es bot uns nur in den Monaten vor Rommels letztlich vergeblichem Afrikafeldzug Gesprächsstoff, weil dort Wehrmachtsfahrzeuge aller Art von ihrem matten dunklen Grün auf ebenfalls mattes Sandgelb umgespritzt wurden. Darauf konnten wir uns allerdings so lange absolut keinen Reim machen, bis die entsprechenden Meldungen im großdeutschen Rundfunk kamen.
Mit den in Königgrätz die ganz große Mehrheit bildenden Tschechen gab es keine für mich erkennbaren Probleme. Selbstverständlich konnten wir uns bei Tag und Nacht völlig frei bewegen und wurden weder einzeln noch in der Gruppe irgendwie angefeindet. Auch tschechische Veranstaltungen, vor allem die beliebten Sportveranstaltungen, konnten wir in unserer Freizeit am Sonntag wie die Tschechen selbst besuchen.
In den Geschäften wurden wir wie alle anderen Kunden behandelt, weder freundlicher noch unfreundlicher. Sogar ein neues Fahrrad konnte ich erstehen – zwar auf Bezugschein, aber dieser war leicht zu erhalten gewesen.
Gut eingekauft haben meine trotz des Krieges modebewußte Mutter und ich ziemlich regelmäßig, gab es doch im Protektorat noch bis etwa Sommer 1943 wesentlich mehr in den Läden als in unserem angeblich gegenüber dem Protektorat bevorzugten „Reichsgau Sudetenland“.
Einen tiefen Einschnitt in unser aller Leben und Grabesfrieden für manchen auch unschuldigen Tschechen bedeutete jedoch dann 1941 das tödliche Attentat auf Reinhard Heydrich in Prag.

Das Attentat auf Heydrich und seine Folgen aus meiner damaligen Sicht

Um die Zeit von Hitlers Überfall auf die Sowjetunion am 22. Juni 1941, die sich doch durch den Nichtangriffspakt ausreichend geschützt fühlte, hatten Dr. Eduard Beneschs Exilanten in London beschlossen, vermehrt Fallschirmagenten im Protektorat abzusetzen. Dadurch und durch eine brutale Botschaft an den tschechischen Widerstand in Prag begann sich die Zusammenarbeit innerhalb der Widerstandsbewegung zu bessern, und die Sabotagegefahr nahm zu.
Die Botschaft stammte vom 1. September 1941 und enthielt unter anderem folgende bezeichnenden Sätze dieses Mannes, der sich Demokrat nannte:
„Die sicher kommende Vergeltung wird furchtbar werden . . . Jeder Mord der nazistischen Häscher in der Tschechoslowakei . . . wird und muß tausendfach (!) gerächt werden!"
Zusätzlich gab es gegen die offizielle tschechische Presse einen Boykottaufruf, der sogar weitgehend befolgt wurde.
Als unmittelbare Konsequenz wurde der „Reichsprotektor" von Neurath im September 1941 vom Dienst beurlaubt und durch Reinhard Heydrich, den Chef des Sicherheitsdienstes (SD) und bisherigen Stellvertreter, ersetzt.
Dieser zerschlug durch die Verhaftung und Verurteilung von Ministerpräsident Eliaš, durch einige hundert öffentliche und geheime Todesurteile, durch Tausende von Einweisungen in die KZ und durch andere harte Maßnahmen bald weitgehend den tschechischen Widerstand.
Dann begann er, Delegationen von Arbeitern und Bauern zu empfangen und sich für ihre sozialen Belange einzusetzen. Er nahm damit Hitlers Politik voraus, wie sie später in einem Führerbefehl vom 20. Mai 1942 so formuliert wurde: „Erstens den Raum von allen gefährlichen Elementen zu säubern und dann die Tschechen mit freundlichem Wohlwollen zu behandeln."

Heydrichs Wirken führte auf allen Ebenen zu einer empfindlichen Schwächung des tschechischen Widerstandes und zum Beschluß der Exilregierung in London, ihn ohne Rücksicht auf die für die Tschechen bereits vorhersehbaren harten Konsequenzen durch Mord zu beseitigen.

Von zwei Ende Dezember 1941 in der Nähe von Pilsen abgesprungenen tschechischen Agenten wurde Heydrich, der ohne weiteren Schutz im offenen Wagen durch Prag fuhr, am 27. Mai 1942 durch Schüsse schwer verwundet; er starb am 4. Juni.

Auf der Basis der ausgeschriebenen Belohnung von einer Million Reichsmark liefen viele schriftliche Hinweise ein, darunter auch rund dreihundert von kooperationsbereiten Tschechen. Unter ihnen war auch der eines tschechischen Fabrikbesitzers, der den unmittelbaren Hinweis auf den kleinen Ort Liditz (Lidice) enthielt.

Nach entsprechenden Verhören kam aus Berlin der bekannte grausame Vernichtungsbefehl, der vom Sicherheitsdienst des Reichsführers SS Heinrich Himmler vollzogen wurde.

173 Männer wurden erschossen, die rund 200 Frauen in die Konzentrationslager gebracht und etwa 100 Kinder von der Waffen-SS verschleppt. Die Kinder wurden unter anderem 1945 in meinem Heimatort Kukus gesucht, in dem sie nach den ausgestreuten Gerüchten angeblich getötet und verbrannt worden waren.

Der Ort Lidice wurde gesprengt und dem Erdboden gleichgemacht.

Diese außerordentliche „Heldentat" verbreitete der Großdeutsche Rundfunk am 10. Juni in alle Welt – der Ort Lidice war zwar ausgelöscht, das Symbol Lidice aber für alle Zeit geschaffen worden.

Die Attentäter wurden am 18. Juni in einer Prager Kirche erschossen beziehungsweise begingen dort Selbstmord.

Die unmittelbaren Auswirkungen dieser Ereignisse auf unser Leben im etwa einhundert Kilometer östlich gelegenen Königgrätz waren:

Als erstes wurden wir in den großen Speisesaal des Internats zu einer Indoktrinationsstunde zusammengerufen.
Dort verlief alles nach dem Motto: „Der Feind ist überall! Der Feind hört mit! Er sabotiert, wo es ihm ermöglicht wird! Auch wir, die Heimatfront, müssen mithelfen, ihn zu stellen und zu vernichten!“
Unsere Heimleiterin hatte das in ihrem Sinne durchaus gut gemacht, und wir alle waren empört über die „ruchlosen Mordbanditen“ und auch davon überzeugt, daß dieser „feige Mord an einem unserer großen Führer“ den „Endsieg des Großdeutschen Reiches“ nicht aufhalten könne.
In der Schule gab es in der vollen Turnhalle eine sinngemäß gleiche Belehrung, nur mit etwas weniger starken Worten, dafür bereichert um die Verbindung der Slawen Rußlands mit den tschechischen Slawen.
Und mein immer noch besonders „geliebter“ Englischlehrer hatte bis zu den Sommerferien nicht Besseres zu tun, als einen erheblichen Teil seines Unterrichtes dafür zu verwenden, uns seine kleinen Horrorgeschichten von auf ihn ganz persönlich verübten schweren Sabotageakten zu erzählen.
Er war nämlich dazu bestimmt worden, den Englischunterricht einer tschechischen Oberschule zu überwachen. Und so war das eine Mal ein Zimmer zu wenig und das andere Mal zu stark beheizt, oder der eine Lehrer war ihm gegenüber zu wenig ehrerbietig gewesen, und der andere hatte ideologisch falsche Texte verwendet. Zur „Sabotage“ gehörte natürlich auch, wenn ein tschechischer Kollege ihn nicht mit „Heil Hitler“, sondern mit „Dobrý den“ – einem „Guten Tag“ – grüßte.
Bald nutzten wir Schüler seinen Sabotagewahn aus und legten schon vor der Stunde fest, wer ihm wann welche Fragen stellen solle, um möglichst wenig Unterricht zu haben und statt dessen seine ach so wichtigen Schauergeschichten zu hören.

Doch dann kam schnellstens auch die harte, ja brutale Reaktion der deutschen Sicherheitsorgane auf das Attentat.
Sie verhafteten in Königgrätz wie anderswo Verdächtige und nahmen dazu auch viele völlig unschuldige Geiseln. Todesurteile wurden gefällt, und das alles geschah nicht etwa heimlich, sondern zur Abschreckung potentieller Nachahmer ganz offen.
Plakate mit den Namen der Verhafteten wurden gedruckt und überall in der Stadt gut sichtbar ausgehängt. Die zusätzlich betriebene unterschwellige Mundpropaganda führte dazu, daß viele Tschechen über mehrere Wochen hinweg ernsthaft glaubten, jeder zehnte von ihnen werde in Kürze tatsächlich erschossen.
Der Beitrag der Wehrmacht in dieser psychologischen Kriegsführung bestand darin, daß sie in der Öffentlichkeit stärker als bisher sichtbar wurde. Immer wieder marschierten Infanterie-Kolonnen mit aufgesetztem Stahlhelm und anfangs sogar mit aufgepflanztem Bajonett durch die Stadt, und ein paar der auf dem Flughafen stationierten Stuka-Piloten machten sich eine Zeitlang einen sonst verbotenen Spaß daraus, mit scheußlich heulenden Sirenen Sturzflüge über der Stadt zu üben.
Natürlich mußte auch der HJ ein Beitrag zur Einschüchterung der Tschechen einfallen.
Während wir bisher unsere Sonntagvormittage bei einer Art Infanteriedienst oder auf dem Schießstand verbracht hatten, galt es plötzlich, die starke Präsenz der Deutschen zu zeigen.
Sonntag für Sonntag mußten wir etwa zwei Monate lang jeweils um zehn Uhr vor dem HJ-Heim in Uniform antreten.
Voran die Fahnen, so marschierten unsere Kolonnen während der Zeit der Hauptgottesdienste mit mehr gebrüllten als gesungenen Liedern durch die Stadt.
Der Clou dabei war, daß parallel zu den Fahnenträgern auf jedem der Gehsteige je zwei ebenfalls Uniformierte mitgingen.
Sie hatten den strikten Befehl, jedem Tschechen den Hut vom

Kopf zu schlagen, der „die Fahnen zu grüßen vergaß“. – Wer denkt dabei nicht an den Geßlerhut in Schillers „Wilhelm Tell“? Selbstverständlich ließ sich spätestens beim dritten unserer Demonstrationsmärsche kein Tscheche mehr mit aufgesetztem Hut in unserer Nähe sehen!
Aber wir schafften es auf diese mittelalterliche Weise, auch noch die letzten Gutwilligen zu verärgern.
Als Folge all dieser subtilen und wirksamen Einschüchterungs- und Unterdrückungsmaßnahmen „funktionierte“ im Sinne der darüber erfreuten Reichsführung das Protektorat auch weiterhin bestens als kriegswichtiger Produzent von Waffen, Munition und anderen Dingen.
Die früher oft vorhandene Offenheit der meisten tschechischen Bürger war jedoch tiefem beiderseitigem Mißtrauen und bei den Behörden ängstlicher Korrektheit gewichen. Daran sollte sich bis kurz vor dem Kriegsende auch nicht mehr viel ändern.
Aber vor diesem elenden Kriegsende mußte ich noch großdeutscher „Luftwaffenhelfer“ (LH) werden, den „Reichsarbeitsdienst“ (RAD) hinter mich bringen und als Reserveoffiziersbewerber (ROB) der „Reichs-Kriegsmarine“ den „Endsieg“ zu erringen versuchen.

Schüler – bis „der Führer mich rief“!

Ab August 1942 bis Ende Januar 1943 erschütterte die „Schlacht um Stalingrad“ nicht nur die Welt, sondern auch unser bis dahin durchaus erfolgreich indoktriniertes nazistisches Weltbild. Sie bedeutete daher nicht nur militärisch – der bis dahin gültige Glaube an die Unbesiegbarkeit der deutschen Armee hatte sich als Phantom erwiesen – sondern auch in den politischen Überzeugungen den Anfang vom Ende des Großdeutschen Reiches.

Ende August 1942 war die wohlgerüstete 6. deutsche Armee unter Generalfeldmarschall Friedrich Paulus bis nach Stalingrad an der Wolga, dem heutigen Wolgograd, vorgestoßen und hatte den Großteil der Stadt in erbitterten und verlustreichen Straßenkämpfen erobert.
Ich kann mich noch an die Bilder der „Deutschen Wochenschau“ erinnern, in denen gezeigt wurde, wie nicht selten durch Maschinengewehrfeuer Schicht um Schicht der Ziegel eines Gebäudes abgetragen werden mußte, um die tapferen sowjetischen Verteidiger zur Aufgabe dieses einen Gebäudes zu zwingen.
Im kalten November 1942 traten neu aufgestellte und gut gerüstete Truppen Stalins, denen inzwischen die These vom „Großen Vaterländischen Krieg“ mit bestens motivierender Wirkung eingehämmert worden war, zur sorgfältig vorbereiteten Gegenoffensive an. Und es gelang ihnen, die Stadt Stalingrad und die 6. Armee zuerst großräumig und dann immer enger werdend einzuschließen.
Auf Hitlers Befehl verzichtete Paulus entgegen eigener besserer Einsicht auf einen rettenden Ausbruch nach Westen. Da die von dort gestarteten zu schwachen Entsatzversuche scheiterten und die von Luftmarschall Hermann Göring zugesagte Versorgung durch die Luft völlig unzureichend war, mußte das bittere Ende kommen.

Während das Sterben der hingeopferten Soldaten in der deutschen Kriegsberichterstattung bis zuletzt mit überschwenglichem, aber hohl tönendem Wortschwall heroisiert wurde, hatte in Wirklichkeit der „größte Feldherr aller Zeiten“, von uns inzwischen hinter vorgehaltener Hand auch „Gröfaz“ genannt, mit seinen Generälen und Feldmarschällen militärisch wie menschlich total versagt.
Am 31. Januar und 2. Februar 1943 kapitulierten die halb erfrorenen und halb verhungerten Reste der einst stolzen Armee. Von rund 280.000 Mann, deren Vaterlandsliebe und Tapferkeit im harten Kampf vom „großen Gefreiten“ mißbraucht worden war, blieben etwa 146.000 tot auf dem Schlachtfeld. Weitere 34.000 vor allem Verwundete wurden ausgeflogen. Mindestens 90.000 kamen psychisch und körperlich geschwächt und daher fast ohne die notwendige Widerstandskraft mitten im russischen Winter in stalinistische Gefangenschaft. Nur 6.000 von ihnen konnten später in die zerschlagene Heimat zurückkehren, darunter der vom Nationalsozialismus gründlich kurierte Generalfeldmarschall.
Paulus stellte sich nach dem Kriege als „Zeuge der Anklage“ in den „Nürnberger Kriegsverbrecherprozessen“ zur Verfügung und lebte bis zu seinem Tode in der ehemaligen DDR.
An der „Heimatfront“ registrierten wir die entsetzlichen Ereignisse nicht nur an den erwähnten hallenden Phrasen. Es nahmen auch die Todesanzeigen mit dem Abbild des „Eisernen Kreuzes“ plötzlich zu, in denen „in stolzer Trauer“ – so lautete diese sinnentleerte Floskel – eines gefallenen Mannes, Bruders, Sohnes oder Vaters gedacht wurde.
In Königgrätz besuchten wir weiter unsere Oberschule und merkten in Gestik, Mimik und Sprache bald den Hoffnungsschimmer, den die deutsche Niederlage bei den meisten Tschechen erzeugt hatte. Und jene, die sich auf der Basis einer „deutschen Großmutter“ seit 1938 oder 1939 erstmals zum Deutschtum bekannt hatten, wurden verunsichert und begannen, von Zweifeln an ihrer voreiligen Entscheidung geplagt, nach geeigneten Rückversicherungen zu suchen.

Auch wir zogen die unvermeidbaren Konsequenzen, indem sich viele von uns innerlich immer mehr von diesem auch gegenüber dem eigenen Volk gewissenlosen Unrechtsregime distanzierten. Zu offener Opposition reichte es jedoch meist nicht, da die kalte Rache der Nazis bekannt war.
Eine der wenigen mutigen Ausnahmen bildeten die Geschwister Scholl in München und ihre „Weiße Rose".
Ich selbst suchte in dieser Zeit auch nach tragfähigen Auswegen aus zwei mich in meinem kleinen Lebenskreis bedrängenden Situationen.
Die eine war die HJ, die von mir wegen des die älteren Mitglieder gehörig dezimierenden „Heldenklaus" zusätzlichen Einsatz und die Übernahme einer meinem Alter angemessenen Führungsposition einforderte.
Als immer mehr an Krieg und Sieg zweifelnder Individualist suchte ich eine akzeptable Aufgabe, die einerseits Sicherheit in der Hierarchie zu geben vermochte, aber gleichzeitig keine unmittelbare Einbindung bedeutete. Ich fand sie auf der Basis meiner ausgezeichneten Schießergebnisse im „Schießwart" und meldete mich für einen entsprechenden Lehrgang an.
So wurde ich im Juni 1943 für vier Wochen an die damalige „Reichsschießschule Suhl" in Thüringen beordert, dem „Grünen Herzen Deutschlands".
Über Prag und das zu jener Zeit noch unzerstörte Dresden erreichte ich mit der Bahn diese Stadt der im Kriege besonders wichtigen Waffenproduktion. Dort lernte ich nicht nur noch besser zu schießen, sondern auch die ganze Theorie bis hin zur Ballistik, was mir später auch bei der Flak zugutekommen sollte.
Unsere Notizen machten wir aus Papiermangel auf die Rückseite bereits beschossener Scheiben, jener mit zwölf Ringen, wie sie damals noch Vorschrift waren. Und auch für die zu absolvierende Abschlußprüfung stand kein anderes Papier als diese Scheiben zur Verfügung. Das änderte jedoch am insgesamt guten Ergebnis nichts.

Nach Königgrätz zurückgekehrt, wurde mir feierlich und mit vielen markigen Worten die Prüfungsurkunde ausgehändigt, und schon nach kurzer Zeit wurde ich zum „Bannschießwart" ernannt. Das war genau die Position, die mich zwar in die Führungsgruppe einband, mir aber andererseits die erwünschte Freiheit für eigene und zum Teil auch unabhängige Entscheidungen ließ.

Doch dann mußte die zweite, die weitaus schwierigere Frage geklärt werden.

Es lief das Gerücht, daß Angehörige der Waffen-SS die Oberschulen abzugrasen begannen, um nach „freiwilligem" Nachwuchs für ihre Fronttruppen zu suchen. Auch die SS mußte ihre inzwischen immer größer werdenden Menschenverluste ausgleichen, die sie vor allem bei den seit der vernichtenden Niederlage von Stalingrad beginnenden Rückzugskämpfen erlitt.

Ihre Methode der Rekrutierung neuer Soldaten war dabei ebenso einfach wie unverschämt:

Sorgfältig ausgesuchte SS-Offiziere gingen in die einzelnen Klassen der Oberschulen und hielten dort einen kurzen, aber „völkisch wertvollen" Vortrag, der von Führer, Volk und Vaterland troff und dann die besondere Bedeutung der SS und auch deren außerordentliche Vorzüge herausstellte.

So eingestimmt und oft auch durch die bewaffneten Uniformierten mit ihren Totenköpfen eingeschüchtert, wurde allen Schülern eine Verpflichtungserklärung vorgelegt, die sofort auszufüllen und zu unterschreiben war. Ausreden gab es dabei nicht!

Verweigerte ein ganz Mutiger die Unterschrift, so wurde recht unverhohlen mit Repressalien gedroht. Jemand, der sich der SS und damit dem in ihr besonders ehrenvollen Dienst am kämpfenden Vaterland verweigere, sei völkisch nicht würdig, das Reifezeugnis zu erhalten, später zu studieren und dergleichen.

Als Folge unterschrieben am Schluß fast alle!

Auch die gutwilligen und die Interessen ihrer Schüler ansonsten durchaus wahrenden Lehrer waren machtlos.
Sie standen dabei und konnten es in ihrem ganz persönlichen Interesse nicht wagen, uns einen anderen Rat als den zur Unterschrift zu geben.
Allerdings wollte ich selbst keinesfalls zur Waffen-SS. Es galt daher, einen geeigneten Weg zu suchen und zu finden, auf dem ich ihr entgehen konnte.
Noch vor und dann während der Sommerferien 1943 sprach ich darüber mit meinen Eltern. Während mein Vater als Mitglied der allgemeinen SS vor seiner Einberufung im Juni 1943 nichts gegen die Waffen-SS einzuwenden hatte, teilte meine Mutter meine mehr gefühlsmäßige Abneigung.
Sie versuchte, mir mit Rat und Tat zu helfen, und zog für mich überall heimlich Erkundigungen ein.
In den Sommerferien folgten dann vorsichtige Gespräche mit Freunden und Bekannten. Aber erst bei einem Beratungsbesuch im Wehrbezirkskommando (WBK) in Trautenau fand ich die Lösung. Ich mußte mich schnellstens freiwillig als Reserveoffiziersbewerber zur Luftwaffe oder zur Marine melden, um von der Waffen-SS verschont zu bleiben. Eine Meldung zum Heer brachte dagegen nichts, denn sie wurde von den Werbern der SS nicht respektiert.
So fuhr ich Ende August nochmals zum WBK in die Kreisstadt und meldete mich ganz freiwillig zur deutschen Kriegsmarine. Ich wurde angenommen und erhielt noch vor dem neuen Schuljahresbeginn im September dafür die verbindliche schriftliche Bestätigung.
Anfang Oktober wurde es dann für uns Schüler tatsächlich ernst. Die SS-Werber erschienen auch in unserer Klasse und verfuhren exakt wie oben beschrieben. Bis auf einen Schüler und mich unterschrieben alle. – So bewahrte mich die deutsche Kriegsmarine vor der Waffen-SS!
Viel später verfolgte ich äußerst kritisch, wie sich deutsche und ausländische Politiker und auch viele Medien darüber aufregten, weil Tote auf einem deutschen Soldatenfriedhof, auf

dem auch einige siebzehnjährige SS-Leute ihre letzte Ruhe gefunden hatten, durch einen Besuch der Gräber geehrt wurden. Ich selbst hatte für diese besondere und auf absoluter Unkenntnis beruhende Art der Aufregung nie Verständnis, weil ich davon überzeugt bin, daß über 90 % von diesen noch jugendlichen Toten auf die von mir beschriebene Weise „ganz und gar freiwillig“ zur Waffen-SS gestoßen sind.
Und noch etwas widerfuhr mir in diesem Herbst 1943:
Ich verliebte mich, meinem Alter gemäß natürlich überschwenglich und unsterblich, in eine neue Mitschülerin, die erst seit September unsere Klasse zierte. Ihr Vater war aus Schlesien nach Königgrätz versetzt worden, und die Familie war mit umgezogen.
In diesen Herbstmonaten des Jahres 1943 wurde auch unsere Klasse immer kleiner. Einer nach dem anderen meiner Mitschüler mußte entsprechend seinem Einberufungsbefehl „zur Fahne eilen“, und nur ich blieb als jüngster und ab Dezember einziger mit fünf Mädchen zurück. Nun hätte ich vielleicht „Hahn im Korbe“ sein können; aber es sollte nach dem damals einzig gültigen „Willen des Führers“ ganz anders kommen.
Die ersehnten Weihnachtsferien nahten diesmal besonders schnell, aber eben erstmals fast ungelegen für meine mir bis dahin unbekannten und folglich kaum beherrschbaren Gefühle. Hin- und hergerissen zwischen der Sehnsucht nach der Geborgenheit in der Familie und meiner schier unendlichen Verliebtheit, fuhr ich kurz vor Weihnachten nach Hause.
Die Lösung meines sehr neuen, ganz persönlichen Problems sollte aber sehr schnell kommen – natürlich ganz und gar nicht in meinem Sinne!
Dieses Weihnachten 1943 sollte bis Dezember 1948 das letzte in politisch noch halbwegs überschaubarer Zeit sein – und es sollte gleich mit einem unerwarteten Tiefschlag beginnen!

Luftwaffenhelfer (LH) – die „Letzte Hoffnung“!

Kaum zu den trotz allem ersehnten Weihnachtsferien nach Hause gekommen, widmete ich mich insbesondere wegen meiner kleinen Geschwister den Vorbereitungen für das Weihnachtsfest. Es sollte doch für sie trotz und gerade wegen der miesen Zeit wieder möglichst viel Freude bringen und eine große Überraschung werden.

Zuerst galt es, einige knappe Dinge zu besorgen, die es auf Lebensmittelmarken nicht mehr genügend gab. Also mußte ich zu Verwandten nach Grabschütz, die dort einen großen Bauernhof mit einem für meine damaligen Begriffe riesigen Windrad hatten. Damit wurde Wasser gepumpt und auch etwas Strom erzeugt.

Die Verwandten hatten meiner Mutter schon einige Male mit Mehl, Butter und Speck ausgeholfen, auch wenn das eigentlich streng verboten war.

Da Weihnachten bevorstand, hofften wir auf ähnliche Hilfe.

Um nicht erwischt zu werden, lief ich an einem ziemlich kalten Spätnachmittag mit den Skiern los. Ich mied die überwachten Straßen und wollte quer übers Land – über Felder, Wiesen und durch Wälder – den Hof erreichen.

Erst beim Dunkelwerden kam ich dort an und wurde wie immer herzlich begrüßt und gut bewirtet. Dabei mußte ich erzählen, wie es mir seit dem letzten Sommer in Königgrätz ergangen war. Dann füllte mir die schon über siebzigjährige Großtante mit den besten Wünschen für uns meinen kleinen Rucksack, und ich machte mich nach herzlichem Dank und entsprechenden Weihnachtswünschen auf den beschwerlichen und in der völligen Dunkelheit gar nicht so leicht zu findenden Heimweg.

Zügig erklomm ich den ersten Hügel und versuchte dabei, meine Spur vom Nachmittag im knirschenden Schnee wiederzufinden. Dies gelang jedoch nicht, so daß ich mir beim spärlichen, immer wieder hinter Wolken verschwindenden Mondlicht einen neuen Weg suchen mußte. Ich orientierte mich nach

den dunklen Wäldern und den hellen Schneeflächen und erschrak einige Male zutiefst, wenn wieder irgendwo ein aufgescheuchtes Tier vor mir eilig die Flucht ergriff.
Einmal stürzte ich einen steilen Hang hinunter, den ich überhaupt nicht als solchen erkannt hatte. Aber mir und meiner wertvollen Fracht geschah nichts. Der Sturz hatte außerdem den großen Vorteil, daß ich den Hang richtig zuordnend wieder genau wußte, wo ich mich überhaupt befand. Nach etwa eineinhalb Stunden quer durch Wald und Flur hatte ich es geschafft; ich erblickte im fahlen Mondschein freudig die als Folge der seit Kriegsanfang angeordneten Verdunkelung nur schwachen Umrisse der ersten Häuser meines Heimatortes.
Meine Mutter, die sich wegen meines langen Ausbleibens schon Sorgen gemacht hatte, empfing mich mit einem „Gott sei Dank!“ und war sehr froh über die Kostbarkeiten aus meinem Rucksack.
Zwei Tage später hatte ich auch einen gut gewachsenen Christbaum besorgt, und bald war alles für ein wenigstens in unserem kleinen Familienkreise friedvolles Weihnachtsfest vorbereitet.
Doch gegen Mittag des Weihnachtstages kam die neue Postbotin mit einem Einschreibebrief des Wehrbezirkskommandos. Schon beim Öffnen ahnte ich nichts Gutes und mußte beim Lesen feststellen, daß man dort die famose Idee gehabt hatte, mir genau am Weihnachtstage meine Einberufung für den 2. Januar 1944 zu den Flugabwehrkanonen, zur Flak also, nach Pilsen zu senden.
Die zuvor noch spürbar gewesene Weihnachts-Vorfreude war sofort wie weggeblasen, und insbesondere meine Mutter schimpfte auf die Rücksichtslosigkeit der anordnenden Behörde.
Nachträglich betrachtet war unser verdorbenes Weihnachten im Verhältnis zu dem auch in dieser Zeit weitergehenden Morden in weiten Teilen der Welt ein Nichts – aber dieses objektive Nichts hatte unsere kleine Welt hart getroffen!

Trotz allem klingelte ich nach dem Dunkelwerden als eben vom Himmel angekommenes Christkind wie gewohnt vor dem geöffneten Schlafzimmerfenster, in dem bis zum Abend für die Kleinen unzugänglich der geschmückte Baum aufgebaut worden war.
Die aus strahlenden Augen leuchtende helle Begeisterung meiner Geschwister überflutete zwar zeitweilig unsere Sorgen, aber ganz verdrängen konnten wir sie natürlich nicht.
Es hatte sich jedenfalls gelohnt, den Baum zu schmücken! Und wenn ich geahnt hätte, daß dies für uns alle das letzte gemeinsame Weihnachten in unserem Hause sein sollte, so hätte ich mich noch viel mehr angestrengt.
Die restlichen Tage verbrachte ich vor allem im Kreise der Familie, und ich fuhr auch ein bißchen Ski. Dabei brach ich gleich an drei Paar unserer Skier je eine Spitze ab – meine Gedanken waren ganz offensichtlich nicht mehr bei diesem früher so geschätzten Sport.
Der 2. Januar 1944 brachte dann den schweren Abschied von meiner Mutter und den Geschwistern.
Meine Mutter weinte zornig, denn sie konnte es immer noch nicht fassen, daß dieses angeblich „Großdeutsche" Reich auch ihren noch nicht einmal vierzehneinhalbjährigen Sohn brauchen sollte, um den leichtfertig angezettelten furchtbaren Krieg doch noch zu gewinnen.
Aber ich war halt der jüngste und am Schluß auch einzige Schüler unserer Klasse gewesen!

In Bori bei Pilsen angekommen, ging alles den „bei den Soldaten" üblichen Gang.
Wir wurden nach dem Motto „paßt schon!" in unsere fliegerblauen Uniformen eingekleidet und erhielten dazu die breite Armbinde, die uns als Luftwaffenhelfer auswies.
Schlafen durften wir in den im Januar eiskalten Baracken in dreistöckigen Betten, wobei ich mir das oberste Stockwerk ausgesucht hatte. Der Vorteil dieser Wahl war, daß ich etwas mehr Kopffreiheit hatte als die unteren. Den Nachteil merkte

ich bald, wenn morgens so manches Mal Flugschnee auf meinen zwei dünnen grauen Wehrmachtsdecken lag.
Dann wurden wir in unsere neuen Aufgaben eingewiesen, wobei ich der Meß- und nicht der Geschützstaffel zugeteilt wurde. Daneben hatten wir im Rahmen der „Deutschen Oberschule für Jungen, Betreuungsschule für Luftwaffenhelfer in Pilsen“ auch täglich Unterricht.
Als Lehrer fungierten mehrere Zivilisten und auch unser Oberleutnant, der im Zivilleben einmal Gymnasiallehrer gewesen war. Die an diese seltsame Schule abgeordneten Zivilisten wohnten in Pilsen und mußten von dort nach einem Plan mit dem Fahrrad die verschiedenen Stellungen besuchen.
Als Unterrichtsraum diente die zum erfolgreichen Lernen nicht gerade motivierende große Kantine, in der wir mehr als achtzig Luftwaffenhelfer alle auf einmal betreut wurden. Und auch wenn nachts „Voralarm“ oder gar „Alarm“ gewesen war und wir über Stunden hinweg einsatzbereit an unseren Geräten gesessen hatten, begann, von seltenen Ausnahmen abgesehen, morgens um acht Uhr der Unterricht.
Die drei Faktoren, über achtzig Schüler auf einmal, die ziemlich ungeeignete Kantine und der oft zu kurze Schlaf waren nicht dazu angetan, gute Unterrichtsergebnisse zu erzielen.
Selbstverständlich litten darunter auch die Lehrer, über die wir uns so manches Mal auch erhaben fühlten, weil wir ja bereits echte uniformierte Vaterlandsverteidiger waren und sie in ihrem nur in Friedenszeiten wirklich geschätzten Zivilberuf nicht.
Die Mär vom besseren Menschen in Uniform war eben auch uns gut und lange genug eingebleut worden.
Vor allem der Lateinlehrer hatte schwer unter unseren Streichen zu leiden, da er zusätzlich zu seinem ungeliebten Fach nicht nur klein und Zivilist war, sondern auch noch nach einem Fliegeralarm einen gewaltigen psychologischen Fehler beging.
Er war bei Beginn des Alarms gerade mit dem Fahrrad von seiner Wohnung in Pilsen auf dem Weg zu uns gewesen und erzählte uns zu Anfang des dann folgenden Unterrichtes, auf

welche Weise er vor möglichen Bombeneinschlägen Schutz gesucht habe.
Er hatte sein Fahrrad in den Straßengraben gelegt und war selbst in ein schmutziges Betonrohr unter der Zufahrt eines Feldweges gekrochen. Dort hatte er mehr als eine Stunde ausgeharrt, bis endlich das Entwarnungssignal der Sirenen ertönte.
Währenddessen mußten wir knapp Fünfzehnjährigen praktisch ohne Deckung an den Geschützen oder am Kommandogerät stehen!
Zusätzlich mußten wir auch wieder einmal zusehen, wie die Bomben in die Wohngebäude rund um das Škodawerk einschlugen, tschechische Familien töteten, und das Werk selbst fein säuberlich aussparten. Die Werkshallen durften ja, so sagte man uns jedenfalls, nicht getroffen werden, obwohl sie unter anderem auch neue Geschütze herstellten und beschädigte reparierten!
Denn an den einstmals österreichischen Škoda-Werken waren damals zwar nur theoretisch, von 1945 bis 1948 aber wieder aktiv Amerikaner mit einem großen Kapitalanteil beteiligt!
Auf uns machte nicht nur diese Zielauswahl der Bomber einen miesen Eindruck.
Auch das Handeln des Lateinlehrers war uns in der damaligen Situation unverständlich und wurde als Feigheit ausgelegt. Und wir taten über Monate hinweg alles, um ihm das Leben schwer zu machen. Erst später als Erwachsener konnte ich ihn verstehen und sein Verhalten sogar billigen.
Etwa um die gleiche Zeit kamen in unsere Stellung der „Letzten Hoffnung“ auch noch russische „Hilfswillige“, die wir kurz „Hiwis“ nannten. Sie sollten an die Front befohlene Soldaten ersetzen, indem sie schwere Arbeiten, wie das Munitionsschleppen, Be- und Entladetätigkeiten sowie Reinigungsarbeiten übernahmen.
Untergebracht wurden sie in einer großen Baracke, um deren Areal ein mehr als zwei Meter hoher Drahtzaun gespannt

wurde, der zusätzlich von zwei Reihen Stacheldraht gekrönt war.

Eigentlich durften wir mit ihnen nicht einmal sprechen! Da sie aber immer Hunger hatten, entwickelte sich bald ein reger Tauschhandel.

Wir gaben ihnen Brot und die damals wie heute aus Messing bestehenden Zehnpfennigstücke. Wir erhielten dafür nach ein paar Tagen tadellose aus dem Messing der Münzen fast künstlerisch gefertigte Fingerringe.

Einige von diesen Russen mußten großes handwerkliches Geschick haben, um mit simplen selbstgefertigten Werkzeugen und etwas Ofenhitze die Ringe zu formen, die ganz nach Wunsch mit einem Herzen oder Kleeblattmustern verziert waren.

Unsere Offiziere duldeten den regen Tauschhandel, war er doch für beide Seiten von Nutzen! Die Hiwis hatten dadurch mehr zu essen und mußten nicht mehr so hungern, und wir hatten die stets begehrten Ringe.

Diese russischen Hiwis verhalfen uns ohne ihr Zutun auch zu einer erstaunlichen Erkenntnis:

Eines Tages hatten wir im Biologieunterricht wieder einmal die nazistische Rassenlehre durchgekaut. Zur vom Lehrer keineswegs angeregten praktischen Anwendung zogen wir danach „rassische Vergleiche“ zwischen den Hiwis und uns. Wir mußten zu unserer großen Überraschung entdecken, daß diese Hiwis im Durchschnitt viel mehr dem idealisierten Bild der nordischen Rasse entsprachen als wir. Sie stammten aus Weißrußland, und viele von ihnen waren groß, blond und blauäugig, ganz ohne Zweifel „germanisch“ also!

Sie hatten sich, in deutsche Gefangenschaft geraten, „freiwillig“ als Hilfswillige gemeldet, um den Hungerrationen der Gefangenenlager zu entgehen. Dafür sollte sich 1945 der wie Hitler im Morden unersättliche Stalin an ihnen rächen.

Obwohl sie kaum etwas anderes getan hatten als sein eigener ältester Sohn Josiff, wurden sie nach der Auslieferung durch die Amerikaner an die Sowjets, nach ihrer „Befreiung“ also, entweder gleich erschossen oder nach Sibirien deportiert, was für die meisten von ihnen ebenfalls den sicheren Tod bedeutete.

Im April 1944 wurde ich krank. Ich hatte im Internat in Königgrätz wie einige andere auch Gelbsucht gehabt, und einer der nächtlichen Einsätze bei feuchtkaltem Aprilwetter führte dazu, daß ich Probleme mit den Nieren bekam. Folglich wurde ich ins Lazarett nach Pilsen eingewiesen und mußte dort etwa drei Wochen verbringen. Dann bekam ich einen vierzehntägigen Genesungsurlaub, um wieder voll einsatzfähig zu werden. Mit großer Freude und beneidet von meinen Kameraden fuhr ich befehlsgemäß in Uniform quer durch die Resttschechei nach Hause, zur Mutter und zu den Geschwistern. Zufällig hatte mein Vater für eine der beiden Wochen auch Urlaub erhalten, so daß für vier Jahre letztmalig die ganze Familie beisammen war.
In diesem Urlaub erfuhren meine Mutter und ich aber auch erstmalig von meinem Vater, daß es riesige Lager, Konzentrationslager, in Deutschland gäbe, in denen politische und auch kriminelle Häftlinge unter elenden Bedingungen untergebracht seien. Von den furchtbaren Vernichtungslagern im Osten hörten wir damals allerdings noch nichts. Auch weiß ich nicht, ob mein Vater bereits darüber informiert war.
Vom Urlaub nach Pilsen zurückgekehrt, wurde ich im Rahmen einer Umstrukturierung mit etwa zehn Kameraden zu einer „Großbatterie" nach dem ebenfalls bei Pilsen gelegenen Elhotten, tschechisch Lhotta, versetzt.
In der neuen Flak-Stellung erhielten wir eines schönen Tages im Verlaufe eines Luftangriffes als besonderen Segen von oben zahlreiche Bombentreffer mit den gefürchteten Langzeitzündern. Wo sie eingeschlagen waren, konnte man lediglich ein Loch im Boden sehen. In diesem Schlund lauerte die tödliche Ladung und konnte sofort oder auch erst in einem Zeitraum von bis zu zweiundsiebzig Stunden losgehen.

Uns alle beschlich bald ein unheimliches Gefühl. Die Stellung mußte schnellstens geräumt werden, und wir mußten für die nächsten zwei Nächte unsere Armee-Zelte im nahegelegenen Wald aufschlagen.
Dann wurden aus dem Zuchthaus Pilsen Häftlinge geholt, welche gemeinsam mit gut geschulten deutschen Sprengmeistern die bedrohlichen amerikanischen Geschenke unschädlich machen mußten. Dies geschah, indem in jedes Bombenloch zuerst eine Sprengladung mit Zündschnur versenkt wurde. Dann waren Ballen aus gepreßtem Stroh darüber zu schichten, um die Wirkung der Explosion aufzufangen. Anschließend wurde die Sprengladung und damit die Bombe gezündet.
Aus sicherer Entfernung beobachtend fanden wir das Geschehen höchst interessant.
Natürlich mußte alles sehr schnell und unter der steten Drohung geschehen, daß die Bombe während der Arbeiten explodierte. Es wußte ja niemand, auf welche Zeit sie eingestellt war. Aber sowohl die deutschen Soldaten als auch die Gefangenen hatten Glück; keine der Bomben richtete bei ihrer Explosion über den breiten Krater hinaus Schaden an!
Einige Wochen später wurde ich gemeinsam mit zwei anderen völlig überraschend unter den über achtzig dort stationierten Luftwaffenhelfern zum stolzen „Luftwaffenoberhelfer“ befördert. Dieser zumindest lange Titel hatte den außerordentlichen Vorteil, daß ich statt der täglichen fünfundzwanzig Pfennig Sold deren dreißig bekam. Auf diese Weise durfte ich dann auch beim nächsten Aufruf statt nur 7,50 Reichsmark 9,00 – einen Monatssold, wie üblich – für das geldbedürftige Winterhilfswerk (WHW) spenden.

Der Grund für meine Beförderung

An jedem Samstag wurden wir mit offenen Lastkraftwagen bis zur Stadtgrenze von Pilsen gefahren, von wo aus wir dann, um die starke deutsche Präsenz zu zeigen – laut singend quer durch die Stadt zum Schwimmbad marschieren mußten.

Der Hauptzweck lag darin, den mangels Duschen während der Woche angesammelten Dreck abzuwaschen und danach auch noch ein bißchen zu schwimmen. Dann ging es mit den wartenden LKW vom Schwimmbad aus zurück in die Flak-Stellung.
Doch diesmal gab es gleich zwei Probleme.
Erstens kam während der Heimfahrt wie immer schauderhaft heulend ein völlig unerwarteter Fliegeralarm, und wir mußten schnellstens in die Stellung, um die Batterie einsatzfähig zu machen. Und zweitens begann es bei dieser Rückfahrt an der rechten Seite der Hinterachse des LKW zu qualmen.
Wir mußten anhalten, um diese gefährliche Sache zu überprüfen.
Danach wurde uns vom Fahrer bedauernd erklärt, daß er mit dieser Belastung, also mit uns, nicht mehr weiterfahren könne.
Also mußten wir schnellstens „im Halbkreis" antreten und erhielten vom begleitenden Unteroffizier den Befehl, so schnell wie möglich zur Stellung zu laufen, deren Geschütze ohne uns nicht eingesetzt werden konnten.
Bei diesem etwa drei Kilometer langen Lauf querfeldein wurde ich mit großem Abstand und auch noch weit vor dem Unteroffizier erster.
Die Belohnung für diese mehr sportliche Leistung war dann die letztlich unwichtige Beförderung.

Im Juni 1944, kurz nach der erfolgreichen Landung der Alliierten in der Normandie, hieß es dann, daß wir für drei Wochen auf den bei Rust am Neusiedler See gelegenen Scharfschießplatz kommandiert würden. Der Zweck war, uns von den Geschützen mit Kaliber 8,8 cm auf die neueren und wirksameren mit Kaliber 10,5 cm umzuschulen.
Im Personenzug mit Wagen der Holzklasse fuhren wir über Wien und Wiener Neustadt nach dem uns damals unbekannten Rust. Unterwegs wurden wir einmal bei langsamer Fahrt auf freier Strecke von amerikanischen Lightnings im Tiefflug angegriffen. Sie machten wieder einmal „Hasenjagd", wie wir

es nannten, wobei sie sich trotz ihrer weitestgehenden Luftüberlegenheit nicht scheuten, auch einzelne Fahrzeuge oder sogar auf dem Felde arbeitende Personen zu beschießen.
Wir hielten an, legten uns neben den Bahndamm und bekamen Befehl, bei einem zweiten Angriff zu schießen und dabei gut „vorzuhalten“, um die Geschwindigkeit der Flugzeuge auszugleichen. Zwar waren wir alle fest davon überzeugt, daß wir mit unseren alten, extrem kurzläufigen französischen Kavalleriegewehren sowieso nichts treffen wurden; ihre Zielgenauigkeit war erbärmlich! Aber vom psychologischen Standpunkt her war der Befehl sicher richtig. Es war besser, sich zumindest scheinbar wehren zu können, als hilflos dem Näherkommen der Einschläge zuzuschauen.
Nahe Rust war unweit des breiten Schilfgürtels der Übungsplatz mit den Geschützen angelegt, und etwas näher an Rust standen an einem Hügel zwischen den Weinbergen unsere Baracken. Dort in dieser in Friedenszeiten nicht nur wegen des Weines einladenden Gegend übten wir also mit den „halbautomatischen 10,5-Geschützen“, indem wir jeweils spiegelbildlich, also versetzt um 180 Grad, auf vorbeifliegende Flugzeuge schossen.
Die Übungsmunition ergab im Gegensatz zur Normalmunition eine besser sichtbare rote Sprengwolke, was später noch zu einer Meldung der BBC Anlaß geben sollte.
Von amerikanischen und britischen Bomberverbänden wurden nämlich in dieser Zeit die Industrieanlagen der Wiener-Neustadt angegriffen.
Die Maschinen flogen über die ungarische Ebene vom größtenteils schon eroberten Italien kommend über uns hinweg, jeweils etwa fünfhundert an der Zahl. Dabei wurden sie trotz der zur Täuschung abgeworfenen Silberpapierstreifen – Düppel genannt – nicht nur von unseren Funkmeßgeräten erfaßt, sondern erfüllten mit dem Lärm ihrer zweitausend dröhnenden Motoren auch das weite Land.
Unsere als Abwehr gedachten Messerschmidt 109 und Focke-Wulf 190 stiegen zwar auf, aber bis hinauf zu den gefährlichen

Bombern traute sich kein Jagdflieger mehr. Vielmehr drehten die Jäger in etwa fünfhundert Meter Höhe ihre Runden, bis der Sprit verbraucht war, und dann landeten sie wieder.
Der Kampf mit den großen Bomberpulks war zu riskant geworden, seit die Amerikaner dazu übergangen waren, die Maschinen von „Fliegenden Festungen“ begleiten zu lassen. Diese waren „Super-Fortress“, also vom Bauprinzip her ebenfalls Bomber, die jedoch keine Bomben trugen, sondern großzügigst mit Maschinengewehren und Maschinenkanonen ausgestattet waren.
Gegen sie hatte kein Jagdflugzeug eine reelle Chance, und das wußten natürlich auch unsere Piloten.
Anders war es mit uns, der Flak. Aus unserem Übungsschießen wurde plötzlich ernst, und wir schossen mit unserer Übungsmunition, was die Rohre hergaben. Tatsächlich stürzte eine gut getroffene Maschine qualmend über dem weiten, aber auch sehr flachen Neusiedler See ab. Dabei lösten sich von ihr drei Fallschirme, und die Besatzung schwebte an ihnen ins Schilf hinunter. Doch wir hatten für den Moment keine Zeit, uns um die drei zu kümmern. Denn nach wie vor herrschte Fliegeralarm, und wir durften die Stellung nicht verlassen.
Aber gleich nach dem Ende des Alarms ging es an die Suche, und bald hatten wir zwei von ihnen unverwundet im Schilf gefunden und holten sie heraus. Doch der dritte war verschwunden.
Die beiden wußten nichts oder wollten nichts sagen; jedenfalls fanden wir den dritten Mann an diesem Tage nicht mehr.
Am nächsten Morgen wurden drei von uns mit guten Ferngläsern auf unseren Beobachtungsturm geschickt. Sie hatten Befehl, Zentimeter um Zentimeter das Schilfgelände abzusuchen.
Und tatsächlich, nach etwa einer halben Stunde fanden sie ihn. Sie hatten etwas Helles im Sonnenlicht schimmern sehen und dann den Mann ausgemacht.
Eine bewaffnete Streife wurde mit einem flachen Kahn in das Schilf vorgeschickt, und der Flieger, ein Hauptmann und damit

der Flugzeugführer, konnte nur ganz leicht verletzt gefangengenommen werden.
Man fand bei ihm eine geladene und entsicherte Pistole und später in den Verwaltungsräumen bei einer genaueren Durchsuchung auch ein präpariertes Taschentuch. Auf ihm hatte er bereits die Lage unserer Stellung eingezeichnet, offensichtlich in der Hoffnung, uns doch noch entwischen zu können.
Verraten hatte ihn der weiße Notverband, den er um die leicht verletzte linke Hand gelegt hatte.
Alle drei wurden nochmals von unserem gut Englisch sprechenden Hauptmann vernommen, erhielten dann eine ansehnliche Marschverpflegung und wurden mit einem PKW nach Wiener Neustadt gebracht.
Die BBC reagierte prompt:
Sie meldete am gleichen Morgen den Abschuß der Maschine und daß von deutscher Seite eine besondere Munition eingesetzt worden sei, die rötliche Sprengwolken erzeuge.
Zum Abschluß unseres Aufenthaltes in Rust gab es trotz oder vielleicht auch wegen der ja schon prekären Kriegslage ein großes Weinfest, bei dem auch wir noch jugendlichen Soldaten mittrinken durften. Und auch für die Rückfahrt wurden noch zwei Fäßchen Wein mitgenommen; unser Küchenbulle hatte sie organisiert.

Mit lauter „planmäßigen Frontbegradigungen“ ging es an den wankenden Fronten des immer kleiner werdenden Großdeutschen Reiches den Rest des Jahres weiter. Wir Luftwaffenhelfer besuchten, mittlerweile in der siebten Klasse der Betreuungsoberschule, weiterhin unseren Unterricht, um trotz unserer zusammenbrechenden und daher immer hoffnungsloseren Welt etwas für eine friedlichere Zukunft zu tun.
Sogar mit unserem Lateinlehrer söhnten wir uns allmählich aus, war doch unsere Widerborstigkeit inzwischen langweilig geworden, da wir seine verschiedenen Reaktionen schon kannten.

In den langen Abendstunden wurde ich ab und zu von unserem Feldwebel als „Liebesbote" mißbraucht. Er hatte im nahegelegenen Ort eine Freundin gefunden, durfte aber für seine Gefühle viel zu selten zu ihr. So nahm er mich eines Abends unter einem Vorwand beiseite und bat mich, künftig seine und ihre Brieflein zu befördern. Ich sagte zu, denn ich erhoffte mir davon eine unterhaltsame Abwechslung.
Wenn seine Sehnsucht wieder zu groß war, bestellte er mich zu sich. Ich erhielt einen Brief und schlich mich dann im Dunkeln an den Wachposten vorbei ins Dorf. Dort gab ich die Botschaft im Haus der Freundin ab und wartete, inzwischen von den Eltern gut bewirtet und auch unterhalten, auf die Antwort. Mit dieser schlich ich mich wieder zurück in die nahegelegene Stellung.
Gott sei Dank wurde ich bei meiner Briefträgertätigkeit nie erwischt – aber notfalls hätte ich ja die täglich neu ausgegebene „Parole" gewußt.
Bald hatten meine neugierigen Kameraden meine nächtlichen Ausflüge und auch ihren Zweck herausgefunden. Also mußte das kleine, zwischen dem verliebten Feldwebel und mir bestehende Geheimnis möglichst genutzt werden.
War nämlich am Abend um 22 Uhr die Stube nicht ganz so aufgeräumt und sauber, wie das von unseren gestrengen Vorgesetzten für notwendig erachtet wurde, so mußte ich „die Meldung machen". Wir gingen mit Recht davon aus, daß mich der Feldwebel nicht rügen würde, auch wenn etwas nicht ganz stimmte.
Aber über die Belegschaft unserer Stube hinaus wurde die ganze Geschichte nicht bekannt – sonst wären wir beide geliefert gewesen!
Und dann kam das unvergeßliche Weihnachtsfest 1944, das fragwürdigste und zynischste Weihnachten, das ich je erlebt habe!
Einerseits versuchten unsere Offiziere, trotz der trostlosen militärischen Situation, doch noch so etwas wie Weihnachtsstimmung zu schaffen, und auch die Küchenbullen gaben trotz

geringer Vorräte ihr bestes. Andererseits hatten unsere Oberen einen Einfall, der zumindest uns Fünfzehnjährigen als blanker, wenn auch aufregender Zynismus erschien.
Sie engagierten für den ersten Weihnachtsfeiertag acht tschechische Huren aus einem Pilsner Bordell und ließen sie zu den sexhungrigen Soldaten in unsere Stellung kommen. Dort standen sie in einer der Baracken allen über einhundertzwanzig Soldaten für den Rest des Tages zur Verfügung.
Je eine legte sich, ab den Hüften unbekleidet, in das mittlere der dreistöckigen Betten, von oben wurde als Sichtschutz eine Decke vorgehängt, und dann stieg einer nach dem anderen hinein, um sich nach dem Motto zu befriedigen: „Der nächste Herr, dieselbe Dame!“ Wir hatten dafür allerdings die Bezeichnung „Schlammreiten“, da die „Damen“ ja zwischen den einzelnen Akten keine Möglichkeit hatten, sich zu waschen.
Selbstverständlich durften wir von der noch zu jugendlichen „Letzten Hoffnung“ an diesem ganz besonderen Vergnügen nicht teilhaben, da wir ja sittlich verdorben worden wären!
Im Januar 1945 hieß es dann, daß einige von uns entlassen würden, um zur nächsten Stufe der militärischen Hierarchie des „Dritten Reiches“, nämlich dem „Reichsarbeitsdienst“, weitergereicht zu werden.
Auch ich gehörte zu diesen „Glücklichen“ und durfte Ende Januar 1945 in Uniform und mit dem strikten Befehl nach Hause fahren, mich sofort nach meiner Heimkehr beim für mich zuständigen Wehrbezirkskommando (WBK) zu melden.
Volle dreizehn Monate hatte mein ach so kriegsentscheidender Einsatz bei der Flak gedauert.

Vormilitärische Ausbildung beim „Reichsarbeitsdienst“ – dem RAD

Nur wenige erholsame Tage konnte ich zu Hause bei meiner sich um Mann und Sohn sorgenden Mutter und den kleinen Geschwistern bleiben. Ich meldete mich wie befohlen sofort beim Wehrbezirkskommando (WBK) in Trautenau und genoß die übrige Zeit, so gut es eben ging. Sogar meine beiden Geschwister machten mir Freude, während ich auf den früher so begehrten Skipisten ziemlich allein war. Meine Freunde waren wie ich inzwischen zur Flak, zum RAD oder auch schon zur Wehrmacht eingezogen worden, und nur die in Anbetracht meiner Königgrätzer Schwärmerei nicht allzu interessanten Mädchen waren da.
Außerdem besuchte ich unsere Verwandten auf dem Bauernhof in Hermanitz.
Als Ersatz für den zur Wehrmacht eingezogenen Hausherren und die zwei deutschen Knechte hatten sie seit 1942 drei Ausländer erhalten. So gab es nicht nur einen sehr fleißigen und zuverlässigen französischen Kriegsgefangenen mit dem Vornamen André und 1943 einen russischen „Fremdarbeiter“ namens Todosch als landwirtschaftliche Hilfskräfte, sondern auch eine meist lustige Ukrainerin mit dem Vornamen Kascha. Alle drei aßen selbstverständlich auch am Tisch der Tante und der Großeltern mit, obwohl dies nach den damaligen strikt trennenden Vorschriften verboten war.
Sowohl von meiner Mutter, die bezüglich der Kriegsaussichten schon lange schwarz sah, als auch von meinen Verwandten wurde ich immer wieder gefragt, wie es denn weitergehen solle. Aber trotz der täglichen Propaganda-Beeinflussung und der Meldungen über die sensationellen „Wuwa“, die angeblichen Wunderwaffen, hatte auch ich keine Antwort. Wie viele Tschechen auch, konnten wir nur auf eine Besetzung durch die Amerikaner hoffen, um den von allen gefürchteten Russen zu entgehen.

Wir wußten ja nicht, daß längst alles entschieden und bezüglich der Aufteilung der Besatzungsgebiete zwischen den Alliierten verbindlich vereinbart worden war.
Der bereits erwartete Einberufungsbefehl kam, und ich mußte zum RAD nach Hohenelbe, fast an der Quelle unserer Elbe gelegen. Dort war ich allerdings wie die Kameraden auch nur für wenige Tage, da unsere gesamte in dieser Stadt aufgestellte Einheit bald nach Bilin am Fuße des Erzgebirges verlegt wurde. Einen halben Tag und eine volle Winternacht lang waren wir mit der Bahn in zwar bedachten, aber nur mit einem qualmenden Kanonenöfchen beheizten Güterwagen unterwegs. Auf jedem größeren Bahnhof gab es einen längeren Aufenthalt, weil die kriegswichtigeren Transporte Richtung Front überall den unbedingten Vorrang hatten. In Aussig schließlich standen wir über zwei Stunden auf dem Güterbahnhof, auf dem Nebengleis hielt ein Zug mit offenen Waggons, beladen mit Tierknochen. Es stank fürchterlich, und vielen von uns wurde schlecht.
Angekommen in Bilin, erwarteten uns am Vormittag die bereits gewohnten, aber diesmal eiskalten Baracken. Wir wurden eingeteilt und eingewiesen, und nach unter dünnen Decken durchfrorener Nacht hieß es gleich am nächsten Morgen, die dringend benötigte Kohle direkt aus der nächstgelegenen Grube zu besorgen. Da wir uns mitten im Braunkohlegebiet befanden, war das kein ernsthaftes Problem. Wir zogen unser Drillichzeug, eine Art Arbeitskleidung, an und marschierten dann Richtung Tagebau.
Nach knapp zwei Kilometern erblickten wir ein riesiges Loch, in das sich eine Straße für LKW hinabwand. Da es Laster für uns aber nicht gab, mußten wir hinuntermarschieren, je einen großen Brocken auf eine Schulter laden und dann bepackt mit dieser schweren Last wieder zu unseren Unterkünften zurückkehren. Dort wurde zunächst ein erheblicher Teil der Kohle bei der Küche und ein weiterer Teil vor den Baracken unserer Chargen abgeladen. Den durchaus noch ansehnlichen Rest

durften wir in unsere eigenen Baracken mitnehmen, um auch diese endlich heizen zu können.

Jede weitere Woche unseres Aufenthaltes unternahmen wir künftig zweimal den gleichen, etwa zweistündigen Marsch zum Braunkohleabbau und waren auf diese Weise immer ganz gut mit Brennmaterial versorgt.

Das einzige, aber dafür große Problem war, nach der Prozedur wieder sauber zu werden. Mit dem üblichen kalten Wasser und nur sehr wenig Seife war dies kaum zu schaffen.

„Arbeitsdienst" im Sinne von Arbeiten für den Frieden, im Sinne des RAD-Zeichens, des harmlosen Spatens, gab es dort im Winter 1945 allerdings nicht mehr. Was mit uns geschah, war reine Infanterieausbildung mit Handgranatenwerfen, Geländeübungen und Übungsschießen auf dem Schießstand, diesmal mit zielgenauen deutschen Karabinern.

Die meisten unserer Ausbilder stammten ebenfalls aus dem Riesengebirge, einige von ihnen waren sogar bei meinem Großvater oder dem Vater in die Schule gegangen. Aber die Zeit war nicht danach, um sich über irgend etwas zu freuen.

Nur wenige Tage nach unserer Ankunft hörten wir vom furchtbaren Bombardement auf das nur neunzig Kilometer entfernte Dresden in der Nacht vom 13. auf den 14. Februar 1945. Und wir glaubten nicht mehr an einen Sieg, aus dem ja die Lage persiflierend nun ein „End-Sieg" geworden war.

Für uns junge Leute war das in diesem Augenblick schlimmste allerdings der ständige Hunger. Zwar hatten wir einen ausgezeichneten Koch, einen ehemaligen Hotelkoch aus Prag, der kaum Deutsch konnte. Aber das machte den nagenden Hunger nur noch unerträglicher, denn sein Essen schmeckte vorzüglich, aber es war einfach viel zu wenig!

Bald sannen wir der Not gehorchend auf Abhilfe und entdeckten, daß die Kartoffelvorräte im gemauerten Keller unter der Küchenbaracke gelagert wurden. Also stieg in der nächsten Nacht einer unserer kleinsten und dünnsten Kameraden durch das schnell geöffnete Kellerfenster hinunter und reichte uns, die wir oben aufmerksam Schmiere standen, ein paar Kilo der heiß begehrten Kartoffeln in einer unten zugeknoteten Drillichhose wieder herauf. Dann schlichen wir uns zurück zu unserer Baracke und kochten gegen Mitternacht in einer der damals üblichen großen Wasserkannen die Kartoffeln. Und dann gab es jeweils einen Festschmaus – heiße Pellkartoffeln, gewürzt mit Hunger – und sonst nichts!

Eine „volle Hose“ reichte für uns jeweils etwa vier Tage, und wir mußten nun nicht mehr so viel hungern.

Unser Risiko war natürlich, erwischt zu werden. Die Folgen wären „Bau“, also Gefängnis, und für die Offiziersbewerber wie mich der Verlust der Anwartschaft gewesen. Aber – Not kennt kein Gebot! – und viele von unserer gebeutelten Generation mußten später noch öfter danach handeln.

Diese Art der Kartoffelversorgung lief etwa drei Wochen lang ohne Probleme, dann wurden die Diebstähle entdeckt. Es gab eine Riesenuntersuchung mit all den Methoden und dem Vokabular, das sich das „Dritte Reich“ für solche Fälle zurechtgebogen hatte, um von eigenem Versagen abzulenken.

Aber es kam nichts heraus, denn wir hielten eisern dicht. Allerdings mußte von diesem Zeitpunkt an Nacht für Nacht ein bewaffneter Posten um die Küchen- und Kantinenbaracke patrouillieren, um weiteres „Organisieren“, wie das damals hieß, zu unterbinden.

Schließlich begann auch für uns eine echte Hungerzeit, und wir waren sehr froh, als wir nach rund sechs Wochen RAD Ende März wieder nach Hause entlassen wurden. Wir ahnten allerdings auch, daß es bei unserem unvermeidbaren nächsten Einsatz nur noch schlimmer werden konnte.

Zur Kriegsmarine nach Stralsund

Über Prag und Königgrätz, mitten durch das zeitweilige Protektorat also, fuhr ich wieder einmal nach Hause. Das einzige Besondere an dieser ansonsten reibungslosen Reise war, daß ich am Hauptbahnhof Prag des „Dritten Reiches" berüchtigten „Kettenhunden", der mit „Amtskette" und Brustschild behängten Feldgendarmerie, in die Hände fiel. Sie brachten mich zur Bahnhofskommandantur, ließen mich und meine Papiere überprüfen und mußten mich dann wieder laufen lassen, da ja alles in Ordnung war.

Zu viele waren in dieser unsicheren Endzeit des „tausendjährigen Reiches" bereits fahnenflüchtig geworden und hielten sich irgendwo versteckt. Als Folge wurde laufend überprüft, ob sich nicht jemand frevlerisch der Rettung des durch die skrupellose Führungsclique in Not geratenen Vaterlandes entzog. Jemand, der sich vielleicht durch eben diese Clique als Mensch mißbraucht und verraten fühlte und sein eigenes unwichtiges Leben retten wollte, während die hehren „Führer" auf der Flucht vor der Verantwortung an Selbstmord zu denken begannen.

Zu Hause angekommen, meldete ich mich bereits am nächsten Tag beim Wehrbezirkskommando in Trautenau und erhielt den Bescheid, daß man mich binnen Kürze als „Reserveoffiziersbewerber", als ROB, zur Kriegsmarine einberufen werde. Wieder genoß ich die paar Tage des Zuhauseseins, besuchte meine Verwandten in Hermanitz und spürte dabei bereits überall, daß die Angst „vor den Russen" das ganze noch vorhandene Leben immer mehr überschattete.

Im Rundfunk war es wiederholt dramatisch und drastisch geschildert worden, und im Rahmen der „Deutschen Wochenschau" hatte man es im Kino hören und sehen können:

Deutsche Truppen hatten an der Ostfront bei den vereinzelten noch erfolgreichen Gegenstößen rückeroberte Städte und Dörfer betreten, in denen die sowjetische Armee gehaust

hatte. Folterungen und Schändungen waren ebenso selbstverständlich gewesen wie die feigen Morde an den Wehrlosen. Die frosterstarrten Leichen der nicht rechtzeitig geflohenen deutschen Frauen und Kinder lagen auf Straßen und Plätzen, in abgebrannten Höfen und zerstörten Wohnungen. Auch hatte das Reichspropagandaministerium unter der Leitung des „Schrumpfgermanen“ Joseph Goebbels nach dem Überfall auf die Sowjetunion alles getan, um den slawischen Russen und insbesondere die mongolischen Soldaten als primitive Untermenschen darzustellen.
Kein Wunder also, daß alle Angst „vor den Russen“ und damit auch vor dem bevorstehenden Kriegsende hatten.
So wurde ich auch zu dieser Zeit immer wieder gefragt, was ich denn von den täglich gepriesenen „Wunderwaffen“ V1 und V2 halte und was es wohl noch für WuWa geben könne. Aber außer den neuen und schnellen Messerschmidt-Düsenjägern Me 163 und Me 262 kannte ich auch nichts Neues. Also mußten meine Antworten für die Hoffnung heischenden Verwandten und Bekannten stets unbefriedigend ausfallen.
Nach rund einer Woche kam Anfang April 1945 der Gestellungsbefehl zur Kriegsmarine – nach Stralsund sollte ich! Dies bedeutete eine sehr lange Anfahrt aus dem heimatlichen Riesengebirge.
An einem winterkalten Montag fuhr ich mit meinem Wehrmachts-Fahrschein los, nachdem ich mich genau nach den noch möglichen Zugverbindungen erkundigt hatte. Mir war gesagt worden, ich solle über Königinhof, Turnau, Reichenberg und Zittau nach Bautzen fahren und dann von dort über Berlin nach Stralsund.
Aber schon der erste Tag endete nach siebzig Kilometern in Turnau. Alle Strecken waren durch Züge mit zurückflutenden, vor allem schlesischen Flüchtlingen verstopft, und Lokomotiven und Eisenbahnwaggons gab es wohl auch nicht mehr genügend. Ich rechnete daher nach den Erfahrungen dieses ersten Tages mit etwa zehn Tagen für meine Reise.

In Turnau herrschte ein heilloses Durcheinander von Flüchtlingen und Verwundeten, die von jenseits des Riesengebirges kamen, und auch von Angehörigen der verschiedensten Truppenteile, die zur Front und damit in die entgegengesetzte Richtung befohlen worden waren. Dazwischen gab es neben verzweifelnden „Blitzmädchen“, den im Fernmeldedienst eingesetzten Frauen und Mädchen, auch die dort wie überall wachen „Kettenhunde“, die alle männlichen Wesen kassierten, die noch halbwegs einsatzfähig waren.
Einberufungsbefehle der Wehrmacht zu Standorten im Hinterland wurden dabei nicht mehr respektiert.
Mich rettete wiederum die Tatsache, daß für die immer härter durchgreifende Feldgendarmerie die Marine ebenso tabu war wie Luftwaffe und Waffen-SS.
In der Bahnhofskommandantur ließ ich mir den vorzeitigen Stopp auf meinen Papieren schriftlich bestätigen, denn eine Fahnenflucht war damals schnell konstruiert. Und das durch Standgerichte oft binnen einer halben Stunde gefällte Todesurteil wurde ebenso schnell durch Erhängen am nächsten Baum oder auch an den stabilen Stahlträgern einer Bahnhofshalle vollzogen.
Willfährige Richter und auch mordgewohnte Henkerkreaturen gab es damals, kurz vor dem Ende dieses unseligen Krieges, noch überall! Auch war das letzte Hauptquartier des wegen seiner besonderen Skrupellosigkeit und Brutalität bei Soldaten und Zivilisten gefürchteten Generals Schörner nur etwa sechzig Kilometer entfernt im schon tschechischen Bad Welchow untergebracht.
Bei der Auskunft sagte man mir, daß ich erst gegen fünf Uhr am nächsten Morgen Richtung Reichenberg weiterfahren könne.
Von mir befragte Landser waren allerdings skeptisch und stellten nüchtern fest, daß der Russe doch schon direkt vor Stralsund stehe und ich wahrscheinlich gar keine Chance mehr hätte, dort hinzukommen. Und einer sagte leichtsinnig:

„Willste wirklich noch zum Absaufen fahrn? Des hat doch keen Sinn mehr!"
In der nur durch eine Notbeleuchtung erhellten Halle wartend, sprach mich ein hübsches und sichtlich noch sehr junges, aber auch ziemlich verzweifeltes Blitzmädchen an. Sie sagte einfach: „Du gefällst mir! Komm mit mir zu einem Spaziergang in die Stadt, ich muß dir was Wichtiges erzählen!"
Wir gaben beide unser Gepäck in der noch funktionierenden, wenn auch überfüllten Gepäckaufbewahrung des Bahnhofs ab, und dann schloß ich mich ihr auf weiteres Drängen gutmütig an, obwohl ich bei den herrschenden Nachttemperaturen um null Grad eigentlich wenig Lust dazu hatte.
Kaum waren wir an einem Haus mit zurückgesetztem Eingang angekommen, schob sie mich Richtung Tür und drängte sich an mich – „zum Aufwärmen", wie sie sagte. Doch dann erzählte sie mir unter gelegentlichen Küssen schluchzend ihre von großer Angst diktierte Geschichte.
„Ich bin aus Schlesien und war zuletzt als Blitzmädchen in einer Dienststelle bei Oppeln eingesetzt. Die haben sie aufgelöst. Ich kann nicht mehr nach Haus zurück und hab solche Angst vor den Russen. Diese Viecher werden mich wie alle Frauen vergewaltigen, und ich hatte noch keinen Mann. Bevor mich ein Russe erwischen soll, möcht ich mich lieber von einem Deutschen umarmen lassen, der mir gefällt."
Und mit einem trotz der fast finsteren Nacht erkennbaren lieben, aber sicher auch verlegenen Lächeln: „Der, den ich mir ausgesucht habe, der bist du!"
Dann drängte sie sich wieder an mich, küßte mich, um zur Erfüllung ihres aus Verzweiflung und Sehnsucht nach Geborgenheit geborenen Wunsches zu kommen.
Aber bevor es dazu kommen konnte, wurden wir gestört. Im Haus ging das Licht an, und Geräusche sich nähernder Schritte waren auf der Treppe zu hören. Wir mußten voneinander lassen, auf den Gehsteig hinaustreten und die winterlich leere Straße weitergehen. Dabei erzählte sie mir etwas ruhiger werdend weitere Einzelheiten, und daß sie auf ihrer Flucht

eine Frau kennengelernt habe, die zigfach von russischen Soldaten vergewaltigt worden sei, aber sich dann doch noch habe retten können.
Ab und zu gab sie mir bei unserem Spaziergang noch einen scheuen Kuß, den ich ebenso erwiderte. Aber die traurig-verzweifelte Stimmung, der ihr Wunsch nach einer innigen Umarmung entsprungen war, die war vorbei. Und ich selbst bedrängte sie nicht. Einerseits war ich mit meinen sechzehneinhalb Jahren noch zu schüchtern, und andererseits wollte ich ihre beginnenden ruhigeren Überlegungen und Gefühle ehrlich respektieren.
Bald kehrten wir zum etwas äußere Wärme verheißenden Bahnhof zurück, holten unser Gepäck und setzten uns an ein noch freies Stückchen Wand, um aneinandergelehnt noch ein bißchen zu schlafen. Immer wieder durch den Bahnhofslärm unterbrochen, gelang dies auch ein wenig, aber gegen halb fünf hieß es dann, sich für die lange Weiterfahrt bereitzumachen.
Sie bat mich noch um meine Anschrift, und dann trennten wir uns mit einigen braven Abschiedsküßchen und einer letzten Umarmung. Sie wollte über Jungbunzlau, Prag und Pilsen ins sichere Bayern, während ich über Reichenberg weiter nach Zittau in Sachsen mußte.
Etwa eine Woche später erhielt ich zum nicht geringen Erstaunen meiner Mutter von ihr einen Brief, meinen ersten Brief von einem Mädchen. Er war am Bahnhof Pilsen aufgegeben worden, und sie schrieb darin mit lieben Grüßen, daß sie nun nach Weiden weiterfahre. Ich habe danach nie mehr etwas von ihr gehört.
An diesem zweiten Tag meiner Reise nach Stralsund schaffte ich es dann doch tatsächlich bis Zittau, damals mitten im „Reich“ und heute an der neuen polnischen Grenze gelegen. Immerhin waren es von Turnau bis dorthin rund sechzig Kilometer, eine satte Tagesleistung!
Ich meldete mich eingedenk meiner Erfahrungen von Turnau sofort beim Bahnhofskommandanten und erhielt den Be-

scheid, daß ich „von hier Richtung Bautzen“ nicht weiterkönne. Die Strecke sei mit Flüchtlingszügen überfüllt, ich solle doch die Weiterfahrt zunächst zurück (!) und dann über Tetschen nach Dresden versuchen. Ich ließ mir die neuen Fakten wieder auf meinem Gestellungsbefehl bestätigen und verbrachte die halbe Nacht auf meinem stabilen Koffer sitzend und diesmal ohne besondere Vorkommnisse an einer kalten Wartesaalwand.

Gegen vier Uhr stieg ich dann in den bereits gut gefüllten Zug. Dort stand ich mit dem Koffer zwischen den Beinen, eingezwängt zwischen den anderen Mitreisenden, und harrte der Dinge.

Nach mehr als einstündigem Warten dampften wir, immer wieder unterbrochen durch lange Aufenthalte, endlich Richtung Westen über Böhmisch Kamnitz nach Tetschen. Wiederum erst am Abend kamen wir auch tatsächlich am Zielort an. An diesem dritten Tage meiner Reise hatte ich immerhin rund 150 Kilometer geschafft, gegenüber den Vortagen ein gewaltiger Sprung nach vorn!

Bei der gut gerüsteten Bahnhofsmission in Tetschen holte ich mir erst einmal etwas zu essen, denn mein von zu Hause mitgenommener Reiseproviant war zu Ende. Dadurch und durch den Informationsbesuch beim Bahnhofskommandanten versäumte ich den nächsten Zug.

Dies stellte sich später als mein Glück heraus, denn dieser erste Zug wurde auf dem Hauptbahnhof Dresden bombardiert; viele der Insassen wurden getötet oder zumindest verwundet.

Ich mußte also nochmals warten, bis gegen zehn Uhr abends ein weiterer Zug angekündigt wurde. Er kam vom nahen Aussig und war schon beim Eintreffen heillos überfüllt. Ich fand nur noch ein Plätzchen auf den Eingangsstufen eines Waggons, den Koffer mit den Knien gegen die nächste Stufe gedrückt. Mit den Händen hielt ich mich an der seitlichen Haltestange fest, und mein Rücken war bald dem eisigen Fahrtwind ausgesetzt – schließlich hatten wir ja immer noch April! Dann ging es endlich langsam und durch die von der schwefelhalti-

gen Braunkohle geschwängerte Luft das in Friedenszeiten sehr anziehende Elbetal abwärts Richtung Sachsen.
Schon nach wenigen Kilometern war mein Rücken eiskalt, und meine in zu dünnen Handschuhen steckenden Finger waren es ebenfalls. Aber das Loslassen hätte den sicheren Tod bedeutet, so daß es zum auch nicht ungefährlichen Weiterfrieren keine Alternative gab.
Nach mehr als einer Stunde hatten wir gerade die Strecke bis Bad Schandau geschafft. Dort wurden wir angehalten und über den krächzenden Lautsprecher darüber informiert, daß es bis zur Weiterfahrt länger dauern würde. Ich nutzte mit vielen anderen die Gelegenheit, bei der überforderten Bahnhofsmission ein heißes Getränk und eine Scheibe Brot mit „Kunsthonig" zu schnorren und mich dann in der Halle etwas aufzuwärmen.
Währenddessen hörten wir aus Richtung Dresden das Wummern der Bombenexplosionen und die harten Erwiderungen der Flak. Wir wußten daraufhin, warum wir angehalten worden waren und daß die in der Nacht vom 13. zum 14. Februar 1945 schon fast total zerbombte Stadt mit ihren vielen Flüchtlingen mitleidlos wieder einmal Opfer bringen mußte.
Nach mehr als eineinhalb Stunden des Wartens, in denen ich wieder halbwegs warm geworden war, krächzte der Lautsprecher erneut. Wir wurden darüber informiert, daß wegen einer „Unterbrechung der Strecke" unser Zug nicht weiterfahren könne. Die neue Anweisung lautete, wieder bis Aussig zurückzufahren.
Die Folge der Durchsage war, daß etwa zweihundert Soldaten und Zivilisten den Zug verließen und in Bad Schandau blieben. Sie wollten aus dem nun erreichten „Altreich" nicht mehr in den „Reichsgau Sudetenland" oder gar ins Protektorat zurück!
Ich nahm meinen Koffer, stieg in den Zug, fand diesmal sogar einen Stehplatz an der Wand und harrte zusammengepreßt wie die anderen auch dort wieder einmal der kommenden Dinge.

Als der vierte Tag meiner langen Reise anbrach, begann der Zug noch langsamer als bisher das Elbtal aufwärts loszudampfen, wobei die Wagen von der Lok geschoben werden mußten. Ich konnte dann sogar, völlig übermüdet, zwischen meinen Nachbarn ab und zu ein paar Minuten schlafen. Ich stand so eingepfercht, daß ein Umfallen gar nicht möglich war!
Im Bahnhof Aussig kamen wir morgens gegen vier Uhr an. Sofort stürzte alles zur Bahnhofskommandantur, denn die Bestätigung der abgebrochenen Fahrt konnte in Anbetracht hemmungsloser Kriegsgerichte schlicht und einfach das Weiterleben bedeuten!
Nach fast drei wartend in der Schlange verbrachten Stunden, war dann endlich auch ich an der Reihe.
Ich erhielt meine Bestätigung und den Befehl, ganz umzukehren, also nach Hause zurückzufahren und mich dort sofort erneut dem Wehrbezirkskommando zur Verfügung zu stellen. Stralsund sei „vorübergehend nicht erreichbar", lautete die kurze Begründung.
Dann mußte ich mich noch bei der Bahnhofsauskunft nach der geeignetsten Fahrtstrecke erkundigen. Ich erfuhr, daß es am besten sei, wenn ich quer durchs Protektorat, also über Prag und Königgrätz, nach Hause führe.
„Diese Strecken funktionieren noch ganz gut!" lautete die Aussage.
Es galt also auch im April 1945 ganz offensichtlich noch der Spruch, daß „Böhmen der Luftschutzkeller des Reiches" sei.
Nach einem dürftigen Frühstück in der Tag und Nacht geöffneten Bahnhofsmission bestieg ich gegen zehn Uhr vormittags den Zug, der mich über Leitmeritz nach Prag brachte.
Dort kam ich am Nachmittag an und wurde zunächst einmal wieder von den „Kettenhunden" einkassiert und genauestens überprüft. Trotz einiger ziemlich barscher zusätzlicher Fragen gab es jedoch letztlich nichts zu beanstanden, so daß ich am Spätnachmittag in einem kaum gefüllten Zug nach Königgrätz weiterfahren konnte. Wer wollte in diesen Wochen schon frei-

willig Richtung Osten, in die Nähe der vordringenden sowjetischen Truppen?
Aber auch insgesamt waren die Züge durch das Protektorat in jener Zeit keineswegs überfüllt, da sie wegen vereinzelter geflüsterter Sabotagegerüchte immer mehr von deutschen Zivilisten, darunter vor allem von den Flüchtlingen, gemieden wurden.
Ich merkte jedoch nichts von irgendeiner Gefahr, nicht einmal etwas von Beschimpfungen oder gar Bedrohungen durch die mitfahrenden oder auf den Bahnsteigen stehenden Tschechen. Vielmehr war ich nach den Erfahrungen der ersten drei Reisetage angenehm überrascht, wie gut dort alles noch klappte.
Kurz vor Mitternacht strandete ich dann wieder einmal, diesmal auf dem mir gut bekannten Hauptbahnhof von Königgrätz. Mir wurde gesagt, daß der nächste Zug erst morgens gegen halb sechs Uhr Richtung Königinhof, also auch in meinen Heimatort, fahren werde.
Folglich ging ich auch dort zur Bahnhofsmission, ließ mir etwas zu essen – diesmal zwei Margarinebrote – und zu trinken – einen mit Süßstoff angereicherten „Blümchentee“ – geben und suchte mir dann ein Plätzchen für den Rest der Nacht. In Königgrätz gab es sogar noch mehrere freie Sitzplätze auf einer Bank, so daß ich seitwärts über meinen Koffer gelehnt auch etwas schlafen konnte.
Mein auf dieser Reise letzter Zug brachte mich dann tatsächlich fast pünktlich wieder in die vor vier Tagen zur Fahrt nach Stralsund verlassene Heimat in den Vorbergen des Riesengebirges.
Noch am frühen Morgen dieses Freitags kam ich wieder am Bahnhof Kukus an, ging froher als bei der Abfahrt zum Elternhaus und klopfte dort meine völlig überraschte Mutter aus dem warmen Bett.
Ich war zwar todmüde, sehr hungrig und auch ziemlich schmutzig, aber doch irgendwie zufrieden.

Begrüßt wurde ich mit einem erstaunten „Ja, wo kommst du denn her?“ meiner nicht nur überraschten, sondern auch erfreuten Mutter und mit einer herzlichen Umarmung. Dann gingen wir in die Küche, wo sie uns allen gleich ein trotz des durch Lebensmittelmarken verwalteten Mangels gutes Frühstück machte.
Schon dabei begann ich, ihr und den sich im Nachthemd mit weit offenen Augen an mich schmiegenden Geschwistern die Geschichte meiner fast fünftägigen Irrfahrt zu erzählen.
Dann frühstückten wir gemeinsam, ab und zu unterbrochen durch ergänzende Fragen der Mutter. Anschließend wusch ich mich gründlichst und sank dann ins Bett, um nur unterbrochen durch das Abendessen bis Samstag früh durchzuschlafen.
Ich erwachte mit großen und in Art und Heftigkeit bisher unbekannten Schmerzen, die von den Nieren ausstrahlten. Ich hoffte jedoch, daß dies nur ein vorübergehendes Problem sei. Am Montag sollte ich ja nach Trautenau zum WBK fahren, und dazu mußte ich wieder gesund sein!
Doch zu dieser persönlichen Rückmeldung zur kämpfenden Truppe sollte es nicht mehr kommen.
Bereits am Sonntag waren meine Schmerzen so stark, daß ich es kaum noch aushielt. Stark ansteigendes Fieber zeigte an, daß da mehr als bisher vermutet nicht stimmen konnte.
Meine Mutter rief von der am Vormittag geöffneten Post aus unseren in Jaroměř wohnenden tschechischen Arzt an, erzählte ihm meine Geschichte und bat ihn, mich doch möglichst am gleichen Tag noch zu untersuchen. Und er kam trotz des Sonntags und der Tatsache, daß er die mehr als fünf Kilometer mit seinem alten Fahrrad bewältigen mußte.
Bei der folgenden Untersuchung stellte er eine beiderseitige Nierenentzündung fest, die ich mir ganz offensichtlich bei der eiskalten nächtlichen Fahrt von Teplitz nach Bad Schandau zugezogen hatte.
Dann verordnete er mir strikte Bettruhe und schrieb ein Rezept mit verschiedenen Medikamenten aus.

Ich bat ihn um ein zusätzliches Attest für das WBK in Trautenau, denn deren berufsbedingtes Mißtrauen würde befriedigt werden müssen. Dann verabschiedete er sich und versprach, am Dienstag der folgenden Woche wiederzukommen.
Meine Mutter holte in der historischen, da aus der Barockzeit stammenden Stiftsapotheke die verordneten Arzneien. Sie hatte dabei keine Probleme, da die Patres zu jeder Tages- und Nachtzeit und auch das ganze Jahr über auf ein Klingeln öffneten.
Am Montag rief meine Mutter das WBK an, schilderte meine Situation und erhielt die strikte Anweisung, sofort das ärztliche Attest einzusenden – dann werde man weitersehen.
So kam es, daß ich als einer von nur ganz wenigen meines Alters die letzten zwei Aprilwochen des Jahres 1945 und damit während des unaufhaltsam nahenden Kriegsendes zu Hause im Bett war und meine in Anbetracht des Geschehens in und um Deutschland lächerliche Nierenentzündung auskurierte.

Verloren in der Endzeit des Naziregimes

„Wir werden die Tore der Geschichte so laut hinter uns zuschlagen, daß es durch die Jahrhunderte hallt!"
Joseph Goebbels im April 1945

Auflösungserscheinungen überall!

Wie schon den ganzen Winter strömten auch noch im April 1945 immer hoffnungslosere „Landser" und Zivilisten über die verstopften Straßen Ostböhmens. Sie strömten über die Randgebirge in den böhmischen Kessel wie in einem Sog der längst unabwendbaren deutschen Niederlage zu. In sonst stillen Nächten konnte man bereits den bedrohlichen Kanonendonner jenseits der Berge hören.
Alles war voll von Truppenteilen, deren „Frontbegradigungen" trotz der fast täglich neu angekündigten siegbringenden „Wunderwaffen" schon längst ein planloser Rückzug waren. Schier endlose Kolonnen von tarnfarbenen Autos und Geschützen, von Krädern (Krafträdern) und gar nicht mehr stolzen Berittenen und von Angehörigen fast aller Waffengattungen, rückten nach dem Motto: „Rette sich, wer kann!" zur nahen Protektoratsgrenze. Dazwischen befanden sich wie seit Monaten die der Verzweiflung nahen Trecks der mittlerweile nur noch umherirrenden schlesischen Flüchtlinge mit ihren von grauen Planen überdachten Kasten- und Leiterwagen. Sie suchten, anfangs oft noch begleitet von ihren großen Rinderherden, einen Weg nach Westböhmen und damit in die erhoffte Sicherheit zu den Amerikanern. Doch viele von ihnen trafen bei uns auf die Protektoratsgrenze und waren damit ab etwa Mitte April 1945 in einer fast ausweglosen Sackgasse.
Bisher hatten die große Furcht vor dem berüchtigten General Schörner, dessen letztes Hautquartier nur etwa fünf Kilometer von uns entfernt in Bad Welchow lag, und insbesondere vor

seiner skrupellosen Feldgendarmerie zusammen mit der gefürchteten SS für „Ruhe und Ordnung“ auch im uns nahegelegenen Teil des Protektorates gesorgt. Aber um den zwanzigsten April begannen die ersten ernsthaften Sabotageakte.
Hatten die Tschechen seit der Schaffung des „Protektorates Böhmen und Mähren“ und erst recht seit den Repressalien nach Heydrichs Ermordung mit nur wenigen Ausnahmen brav und fleißig, aber auch gut bezahlt für die reichsdeutsche Rüstung gearbeitet, so begannen plötzlich im Protektorat zuerst einzelne Personen und bald auch kleine Gruppen sich aufzulehnen.
Irgendwo wurde eine freihängende Telefonleitung der Wehrmacht durchschnitten, dann ein Waggon mit Waffen und Munition „fehlgeleitet“ und wieder anderswo ein Schrankenwärter in seinem einsam gelegenen Haus verprügelt. Auch mußte zum Beispiel ein überraschter tschechischer Lastwagenfahrer eines Nachts in der Nähe von Náchod acht bewaffnete Zivilisten zur Grenze mitnehmen. Er meldete das prompt der tschechischen Polizei, die es wieder an die deutschen Dienststellen weitergab – die Zusammenarbeit funktionierte also trotz allem noch!
Letztlich waren alle diese Vorgänge aber nur Kleinigkeiten geblieben, die absolut nichts Kriegsentscheidendes an sich hatten.
Am 10. April 1945 starb zu seinem Glück mein Hermanitzer Großvater, ein fleißiger, aber etwas starrköpfiger Bauersmann. Er wäre sicher einer der wenigen gewesen, die sich mit Gewalt einer Vertreibung widersetzt hätten – und schließlich erschlagen oder erschossen worden wären.
Gegen Ende April wurde der sich besser organisierende Widerstand jedoch stärker, und das Protektorat mußte in den letzten zwei Kriegswochen als unsicher für durchziehende Truppen und vor allem für die unbewaffneten Flüchtlinge angesehen werden.
Einzelne Truppenteile begannen, sich aus der Resttschechei in die sudetendeutschen Gebiete zurückzuziehen, was zu ei-

ner Gegenströmung der aus Richtung Schlesien kommenden Soldaten und Flüchtlinge führte. Man traf sich zur beiderseitigen Verwunderung an der Protektoratsgrenze, und die erbarmungslosen Mühlen des Chaos begannen, sich zu drehen.

Der Todesmarsch der Häftlinge

Unter den aus Schlesien über die Pässe des Riesengebirges strömenden Menschen war aber auch ein Elendszug, den keiner vergessen wird, der ihn sehen mußte oder der auch nur durch unmittelbare Augenzeugen von ihm hörte.
Im Rahmen der eiligen Räumung der „im Osten des Reiches" gelegenen großen Konzentrationslager hatten auf Befehl des „Reichsführers SS" jene furchtbaren Todesmärsche der wehrlosen Häftlinge begonnen, die eindeutig der schnellen Dezimierung ihrer Zahl dienten. In dieser Endzeit des Zweiten Weltkrieges wollte die SS über das Gebirge getriebene Häftlinge mit dem Davidstern, ausschließlich Juden also, in derartigen Märschen in das mittlerweile nicht mehr ganz so sichere Protektorat bringen.
Über die gewundene Staatsstraße kam aus Richtung Trautenau der Zug von nur noch etwa zweihundert völlig ausgemergelten Gestalten in der gestreiften Kleidung und zog oberhalb unseres Dorfes vorbei.
Nach dem langen Marsch von Polen her waren es fast nur noch vor Schwäche und Hoffnungslosigkeit Schwankende, die von SS-Aufsehern vorwärts getrieben wurden. Ein berittener SS-Offizier führte sie an, von einigen ebenfalls berittenen SS-Männern wurden sie umkreist, und SS ging auch am Rande des traurigen Haufens und hinter ihm.
Alle diese Aufseher besorgten auch ohne Ausnahme wie ganz selbstverständlich das Morden, das sie allerdings „Gnaden-

schuß" nannten. Fiel eine der kraftlosen Gestalten vor Erschöpfung hin, so wurde sie erst einmal mit einem Kolbenstoß oder einem Fußtritt dazu „aufgemuntert", wieder aufzustehen und sich weiterzuschleppen. Half das nichts, so wurde der nach nazistischer Ansicht „volksfremde, rassisch minderwertige" und daher „lebensunwerte" Mensch auf der Stelle erschossen.

Dann ließen seine Schergen ihn von anderen Häftlingen in den Straßengraben schleifen, wo er einfach liegenblieb.

Nur wenige Wochen später sollten tschechische „Partisanen" bei Todesmärschen deutscher Vertriebener allerdings gleich brutal und gefühllos handeln, was selbstverständlich für keine der beiden Seiten eine Entschuldigung sein kann.

Als der Elendszug bei uns durch war, lagen an der ganzen Straße über die etwa zwanzig quälenden Kilometer dieses Tages hinweg in den Straßengräben weggeworfene Kleidungsstücke und Decken, aber auch die Leichen der ermordeten Häftlinge. Sie wurden dann von mitleidigen Bewohnern der anliegenden Dörfer in eilig ausgehobenen Gräbern notdürftig eingescharrt.

Aber es sollte noch schlimmer kommen.

Der Zug der Todgeweihten wurde an der Protektoratsgrenze wegen der beginnenden Unsicherheit von Offizieren der Wehrmacht, die sich ausnahmsweise einmal gegen die SS durchsetzen konnten, nicht durchgelassen und mußte die letzten fünf Kilometer wieder zurück bis Gradlitz.

Da es Abend geworden war, rief der entsetzte und ob der Größe des Elends völlig überforderte Ortsleiter der NSDAP den in der Kreisstadt Trautenau residierenden „Kreisleiter" an und bat ihn um seine Befehle. Diese lauteten, daß die Häftlinge für die kommende Nacht im leeren Brauereikeller unterzubringen seien. Am nächsten Morgen werde er entscheiden, wie weiter zu verfahren sei.

Die dem Zusammenbruch nahen KZ-Häftlinge wurden also in diesen Keller getrieben, wo es jedoch außer Wasser und dem blanken Boden nichts gab. Und die SS ließ auch niemanden

an die dürstenden und hungernden Häftlinge heran, nicht einmal den Ortsleiter.
Am anderen Morgen lagen im Keller 102 Tote; einzelne hatten sich mit herumliegenden Stricken erhängt, die meisten aber waren vor Erschöpfung gestorben.
Die telefonisch durchgegebenen neuen Befehle des Kreisleiters waren unter Umgehung des Ortsleiters direkt an den SS-Offizier ergangen. Und die Waffen-SS machte daraufhin mit den nur noch wenigen Überlebenden kurzen Prozeß.
Zuerst wurden mit bei den Bauern requirierten Pferdewagen die Leichen in den nahegelegenen Wald gekarrt, dann mußten die überlebenden Häftlinge ihre toten Kameraden begraben. Als dies geschafft war, wurden auch sie von den SS-Leuten erschossen, und die ihre Gespanne begleitenden Bauern und Knechte, alles alte Männer des Ortes, wurden gezwungen, sie einzugraben.
Nur etwa drei Wochen später, also noch im Mai 1945, mußten deutsche Einwohner von Gradlitz die Leichen wieder ausgraben und mit den an der Straße eingescharrten Toten bei der Kapelle „Maria-Seelbdritt“ an der Abzweigung des Weges nach Wölsdorf ordnungsgemäß beerdigen.
Der mit einem trotz des grausigen Krieges noch funktionierenden Gewissen ausgestattete Ortsleiter von Gradlitz erschoß seine Frau, seine beiden Kinder und dann sich selbst, nachdem er einen zwar harten, aber letztlich nutzlosen Protestbrief an den vom sauberen Schreibtisch aus mordenden Kreisleiter geschrieben hatte. Den für diesen Teil der „Endlösung“ verantwortlichen SS-Offizier, der meinen Eltern und mir dem Namen nach und auch vom Aussehen her bekannt war, sah ich dagegen bereits in den fünfziger Jahren als wohlbestallten Zahnarzt mit Frau und Kindern in einer mittelgroßen bayerischen Stadt.
Wie hieß doch der berühmteste Film der Nachkriegszeit?
„Die Mörder sind unter uns!“
Und diese Aussage ist nach dem Zerfall des Ostblocks auch heute wieder höchst aktuell!

Das Gefecht in Königinhof

Ein paar Tage später, etwa am zweiten Mai, kam es dann zum ersten und letzten ernsthaften Kampf zwischen aufständischen Tschechen und deutschen Soldaten.
In der etwa fünf Kilometer elbaufwärts gelegenen Textilstadt Königinhof, unserer früheren Kreisstadt, war am Bahnhof ein Zug mit deutschen Verwundeten eingelaufen. Ein paar tschechische Partisanen und einige bewaffnete Textilarbeiter kamen auf die Idee, diese von einer nur kleinen Begleitmannschaft beschützte leichte Beute zu überfallen. Den bedrängten Landsern gelang es aber nach den ersten Schüssen gerade noch, über das Bahntelefon die nahegelegene und voll besetzte Garnison in Josefstadt zu alarmieren.
Dann wurde es ernst – der Zug mußte nach allen Seiten gegen die unerwarteten Angreifer verteidigt werden.
In Josefstadt hatte man sofort auch die SS alarmiert, und diese fuhr mit ihren Lastwagen zum dringenden Entsatz schnellstens los.
Fast gleichzeitig begann der „Heldenklau" in Gestalt von hart durchgreifender Feldgendarmerie in den nördlich von Königinhof liegenden deutschen Dörfern alles als „Volkssturm" einzusammeln, was über vierzehn Jahre alt, gehfähig und männlich war. Die noch ganz jungen Burschen und die alten eigentlich nicht mehr wehrfähigen Männer wurden mit Pistolen, Gewehren, zugehöriger Munition und ein paar Handgranaten bewaffnet. Sie bekamen eine Hakenkreuzbinde um den Oberarm und wurden ebenfalls Richtung Königinhof in Marsch gesetzt.
Ich selbst entging diesem letzten Aufgebot nur deswegen, weil ich noch immer an meiner hartnäckigen Nierenentzündung laborierte.
Zwischen der binnen einer halben Stunde mit den LKW angekommenen SS und den bewaffneten Tschechen gab es dann etwa zwei Stunden lang ein erbittertes Gefecht. Es tobte zunächst um den Verwundetenzug am Bahnhof und dann, als

sich die Tschechen durch die Allee der Bahnhofstraße in die Innenstadt zurückzuziehen versuchten, auch in dieser Straße. Auf einer Seite der Bahnhofstraße waren jedoch bereits ein paar der Volkssturmleute und auch die Soldaten der Feldgendarmerie angekommen und hatten Stellung bezogen. Die nun auch von ihrer eigenen Bevölkerung im Stich gelassenen Tschechen gerieten so zwischen die beiden Fronten und wurden „vollständig aufgerieben".

Nach diesem letzten Sieg der SS mußte der Volkssturm die Stadt eine Zeitlang bei Tag und Nacht durch Patrouillen sichern. Dabei wurden viele der dazu eingeteilten Deutschen erkannt und für den Tag der blutigen Rache vorgemerkt.

Diese brutale Revanche geschah schon wenige Tage nach dem triumphierenden Einmarsch der sowjetischen Truppen.

Vor allem aus Silvarleuth und Leuthen wurden ehemalige Mitglieder des Volkssturms in Ketten nach Königinhof geprügelt und dort auf dem Marktplatz, andere auch im Hof des Rathauses, vor grölenden und geifernden Zuschauern mit den ihnen dazu abgenommenen Ketten erschlagen.

Wo sie begraben wurden, weiß ich nicht!

Verzweifelnd in der Sackgasse

Hermanitz war für jeden erkennbar am Übergang zum totalen Chaos. Während einige Kommandeure bereits ans bevorstehende Kriegsende dachten, bereiteten andere noch eine vielleicht notwendig werdende Verteidigung vor. Diese funktionsfähigen Einheiten hoben unter Mithilfe der Zivilbevölkerung, also von Volkssturm, Frauen und halben Kindern, an vielen Stellen verwinkelte Schützengräben aus, bauten auf den Hügeln um den Ort gut getarnte, aber nutzlose Maschinengewehrnester und brachten auch einzelne Geschütze in Stellung.

Die in den Pfeilern der verschiedenen Elbbrücken bereits vorhandenen Sprengkammern wurden gefüllt und an geeigneten Stellen der Staatsstraße simple Panzersperren gebaut. Diese bestanden entweder aus mit Sand und Erde gefüllten Fässern oder aus einem tiefen Graben und einem mit dem angefallenen Aushub errichteten großen Wall dahinter. Die nicht immer in gleicher Richtung beantwortete Frage, auf welcher Seite des Grabens denn nun der Wall sein müsse, zeigte die Unsicherheit der Verantwortlichen in der Beurteilung der schwierigen Lage. Die zunehmend hilfloser agierenden Offiziere waren sich nicht einmal darüber einig, von wo sie den potentiellen Feind zu erwarten hatten.
Die Sperren waren jedenfalls von der Art, daß sie später, und dies ließ sich mit durchaus spöttischem Unterton feststellen, von Panzern „binnen einer Stunde" überwunden wurden. Achtundfünfzig der sechzig Minuten mußten die Panzersoldaten über sie lachen, und in weiteren zwei Minuten wurden die Sperren dann problemlos durchfahren.
Ich habe wenige Tage später dabei helfen müssen, solche Gräben wieder zuzuschaufeln. In der Zeit, als sie errichtet wurden, waren sie lediglich überflüssiger Aktionismus und nur ein lästiges Hindernis für die fliehenden deutschen Truppen und die bedauernswerten schlesischen Flüchtlinge.
Doch dann herrschte in Hermanitz endgültig das Chaos. Es begann das planlose Vernichten von Kriegsmaterial. Geschütze und Munition wurden gesprengt, Fahrzeuge in die Elbe oder auch in die Felder gefahren und angezündet. Waren sie beladen, so warfen die Soldaten vor dem Verbrennen des LKW Lebensmittel, Textilien, Schuhe und andere brauchbare Sachen unter die Bevölkerung. Die Zivilisten bekamen plötzlich Lebensmittel, Schuhe und Stoffe „geschenkt" – und waren über den unverhofften Segen zunächst froh.
Kleinere Waffen und auch Munition aller Art wurden in die Straßengräben, auf die Felder oder auch in die Elbe geschmissen.

Und in Kukus starteten und landeten die letzten Maschinen auf dem erst seit kurzer Zeit bestehenden Feldflugplatz. Dann wurden die Baracken und die restlichen Maschinen angezündet, und die Luftwaffensoldaten verschwanden.
Ein paar Tage später landete allerdings noch ein aus Kukus stammender Pilot mit seinem „Fieseler Storch". Nur diese eine Maschine fiel unversehrt den darüber höchst erfreuten Tschechen in die Hände. Sie wurde von herbeigeholten Fachleuten zerlegt und eilig zum Flughafen Königgrätz abtransportiert.
Auch der schon mehrfach erwähnte General Schörner hatte sich längst seinen Fieseler Storch reservieren und bereitstellen lassen und verschwand mit ihm in diesen Tagen nach Bayern.
Zivilkleidung, im „Dritten Reich" nicht gerade die „Kluft" der geachtetsten Klasse, hatte plötzlich überall Hochkonjunktur. Sie wurde im Tausch für bereitwillig angebotene andere Artikel dringlichst erbeten.
Eine noch bis zuletzt ganz gut ausgerüstete Armee versank im Chaos der Auflösung und riß die wie in jedem Kriege meist völlig unschuldige Zivilbevölkerung unweigerlich mit.
In das Durcheinander stießen dann wenige Tage später die in aller Regel noch ganz „neuen" tschechischen „Partisanen" und auch die „zlatokopce", die ersten von vielen noch folgenden „Goldgräbern". Sie begannen sofort, nicht nur das zu plündern, was bisher als leichte Kriegsbeute aus Wehrmachtsbeständen angesehen worden war.
Zwischendurch kamen zur von allen Seiten unerwünschten Abwechslung auch noch die marodierenden Wlassowtruppen und walzten auf der Strecke zwischen Náchod und Josefstadt mit ihren Panzern unterschiedslos alles nieder, was sich ihnen tatsächlich oder vermeintlich in den Weg stellte – auch schlesische Trecks samt ihren Gespannen!
Und noch ein paar Tage später wollten auch die eigentlichen Sieger, die triumphierenden russischen Soldaten, ihren Anteil an möglicher Beute aller Art haben.

Mit Ausnahme der Wlassowtruppen profitierten sie alle früher oder später vom reichlich hinterlassenen Gut der ehemals stolzen und gut ausgerüsteten großdeutschen Wehrmacht. Nur die Deutschen selbst waren am Schluß ebenfalls völlig ausgeplündert.

Der erbarmungslose Krieg ging rasant dem Ende entgegen – die Zeit der echten Not und der primitiven Rache sollte bei uns jedoch erst noch beginnen!

Das straflose Ausplündern, Drangsalieren und Morden an den Deutschen ließ nicht lange auf sich warten.

Zu viele Tschechen folgten bereitwillig den verbrecherischen Empfehlungen ihres angeblich demokratischen Präsidenten Dr. Eduard Benesch.

Seine Mordbotschaft vom September 1941 habe ich bereits angeführt. Am 27. Oktober 1943 war über den Londoner Rundfunk eine weitere gekommen, aus der ich folgendes Zitat entnehme:

„In unserem Lande wird das Ende dieses Krieges mit Blut geschrieben werden. Den Deutschen wird mitleidlos und vervielfacht (!) das heimgezahlt werden, was sie in unseren Ländern seit 1938 begangen haben!"

Und der Exilbefehlshaber der tschechoslowakischen Armee, General Ingr, rief am 3. November 1944 ebenfalls über den Londoner Rundfunk aus: „Wenn unser Tag kommt, wird die ganze Nation dem alten Kriegsruf der Hussiten folgen: Schlagt sie, tötet sie, laßt niemanden am Leben!"

Und um alle diese Verbrechen wenigstens nachträglich mit einem Minimum an Scheinlegitimität zu versehen, erließ die sich demokratisch gebende tschechoslowakische Nationalversammlung am 8. Mai 1946 folgendes völkerrechtswidrige und daher ungültige Gesetz:

„Jedes Verbrechen, das in der Zeit zwischen dem 30.9.1938 und dem 28.10.1945 begangen wurde und dessen Ziel es war, den Kampf um die Freiheit der Tschechen und Slowaken zu unterstützen oder Vergeltung für Aktionen der Besatzungsmächte und ihrer Komplizen darstellt, ist nicht gesetzwidrig, selbst wenn es sonst nach dem Gesetz strafbar wäre."

Aber dieses schändliche „Gesetz" ist in der nun angeblich wieder demokratischen ČSFR noch immer in Kraft, und auch die neue Regierung der Tschechischen Republik weigert sich, es aufzuheben.

Wiedersehen im „Prager Frühling“ von 1968

Ab Januar 1968 veränderten sich die politischen Verhältnisse in der Tschechoslowakei dramatisch. Unter dem neuen Premierminister Alexander Dubček wurde der Versuch gewagt, innenpolitische Verhältnisse zu schaffen, die einem „Sozialismus mit menschlichem Antlitz“ Raum geben sollten. Der „Prager Frühling“ erblühte und gab den Bürgern des Landes die Hoffnung auf eine neue, endlich wieder lebenswerte Zukunft.
Auch wir Vertriebene hofften nun zwar nicht auf eine neue Zukunft in der alten Heimat, aber doch auf Besuchsmöglichkeiten ohne Angst vor feigen Repressalien.
Meine Mutter, meine Frau und ich beschlossen, zu Pfingsten für eine Woche in die ČSSR zu reisen, zumal auch eine persönliche Einladung vorlag. Ein ehemaliger – tschechischer – Schüler meines Vaters hatte auf verschlungenen Wegen unsere bayerische Anschrift ausfindig gemacht und uns mit liebenswürdigen Worten zu einem Besuch ermuntert.
Meiner Frau, einer gebürtigen Bayerin, wollte ich meine alte Heimat zeigen, meine Mutter und ich wollten diese von unseren nostalgischen Gefühlen erfüllt noch einmal sehen. Mein Vater traute sich nicht mitzufahren, da er doch während der Krieges als „Sturmmann“ (= Gefreiter) zur Waffen-SS eingezogen worden war.
Visa waren bald besorgt, und dann fuhren wir über Regensburg und Waidhaus erfüllt von viel Hoffnung, aber auch mit etwas Bangen im Herzen nach Böhmen hinein.
Bereits die ersten, ehemals deutschen Orte im Böhmerwald waren eine große Enttäuschung. Dreiundzwanzig Jahre hatten die wenigen neuen Bewohner offensichtlich nichts getan, um die Dörfer und Städte zu pflegen, die ihnen zu billig in den fruchtlosen Schoß gefallen waren.
Ein übriges bewirkte die nach stalinistischem Muster eingeführte staatliche Kolchos-Landwirtschaft. Wo früher gefällige Abwechslung von Feldern, Wiesen und Wäldern bestand, er-

streckten sich in dieser Zeit die riesigen eintönig-langweiligen Felder einer industrialisierten, fast ausschließlich zur Monokultur verpflichteten Landwirtschaft.
Pilsen, die ehemals blühende böhmisch-österreichische Industriestadt, war ein Alptraum von löchrigen Straßen und vielen nackten grauroten Ziegelwänden, da der Putz der Häuser großenteils von den Mauern gefallen und nicht mehr erneuert worden war.
Dann fuhren wir entsprechend unseren Vorplanungen von der Stadt Beraun aus ins Tal des Flusses Beraun, um durch dieses meiner Mutter und mir wohlbekannte liebliche Tal die berühmte Burg Karlstein zu erreichen. Dort, in der Burg und im Ort, schien sogar die tschechisch-böhmische Welt noch in Ordnung zu sein; die begehrten Devisen der zahlreichen Touristen machten es möglich.
Die Gebäude waren gepflegt, und in den Gärten blühten die Blumen. Sogar das echt böhmische Mittagessen aus Sauerbraten und zarten böhmischen Knödeln mundete nach der wie früher beeindruckenden Burgbesichtigung ausgezeichnet.

Danach besuchten wir Böhmens Hauptstadt Prag, die allerdings im eigentlichen Zentrum in einem Gestank aus Industrie- und Autoabgasen zu ersticken drohte. Fluchtartig verließen wir nach nur wenigen Minuten und einer einzigen Umrundung den Wenzelsplatz, suchten uns einen Parkplatz am jenseitigen Moldauufer und stiegen hinauf zu dem damals die Stadt überragenden Stalindenkmal.
Keineswegs zog uns dabei der verbrecherische Diktator an, sondern die Hoffnung auf eine schöne Aussicht über die historische Mitte der „goldenen Stadt“.
Und wir wurden nicht enttäuscht!
Prag präsentierte sich im hellen Sonnenschein von seiner besten Seite. Außerdem konnte man von dort die zahlreichen rostenden Stahlgerüste nicht mehr erkennen, die der mehr geplanten als tatsächlich durchgeführten Fassadenerneuerung zahlreicher Häuser dienen sollten. Obwohl Werktag war, hat-

ten wir auf ihnen kaum einen Bauarbeiter gesehen, und die großen Rostflecken um die Füße der Gerüste zeigten, daß sie schon sehr lange ungenutzt und daher sinnlos dort standen. Zehn Jahre später, als ich für ein paar Tage mit meiner Frau in Prag weilte, sah es auch nicht besser aus – viele der immer noch vor sich hin rostenden Gestelle standen wiederum nutzlos und die Fußgänger behindernd an den gleichen verfallenden Häusern.

Auch konnten wir von der Höhe aus nicht mehr sehen, daß zahlreiche der Sandsteinfiguren, darunter auch die von Matthias Braun auf der berühmten Karlsbrücke, statt des vom Zahn der Zeit abgenagten echten Goldes in Ermangelung von Gold lediglich einen schäbig wirkenden goldfarbenen Anstrich erhalten hatten.
Am frühen Nachmittag verließen wir Prag und fuhren weiter über Podiebrad und Königgrätz nach Jaroměř. Dort wurden wir freundlichst vom ehemaligen Schüler und seiner Familie empfangen. Dann ging es beiderseits ans Erzählen, so daß der Rest des Abends schnell entschwand.
Trotz der liebenswürdigen Gastfreundschaft suchten wir uns am nächsten Tag zwei Hotelzimmer, da die Familie doch sehr beengt lebte und für drei Gäste ganz einfach nicht eingerichtet war. Wir fanden sie im sehr bescheidenen, aber dafür ruhig gelegenen „Hotel Praha“, in dem es als Auswirkung des strikt eingehaltenen Ein-Schicht-Betriebes zwar ein Mittag- und ein Abendessen, aber keinesfalls ein Frühstück gab.
Das störte uns jedoch nicht weiter. Während die Damen nach dem Aufstehen noch ausgiebig Toilette machten, fuhr ich jeden Morgen zu den in der Stadtmitte gelegenen Geschäften und kaufte alles Nötige ein.
Auch ein weiteres Beispiel kommunistischer Mißwirtschaft lernten wir in unserem Hotel kennen: während der ganzen Woche unseres Aufenthaltes rauschte in einer der Toiletten wegen einer defekten Spülung das Wasser durch, wofür sich

jedoch außer uns niemand interessierte. Wen gingen denn die entstehenden Kosten etwas an?

Wieder in Kukus – nach 23 Jahren!

Selbstverständlich war am nächsten Morgen der sehnlichste Wunsch meiner Mutter, unseren Heimatort Kukus zu besuchen. Ein seltsamer Ortsname zwar, aber leicht zu verstehen, wenn man weiß, daß dort einst Gold gewaschen wurde und der Bergwerksanteil ein „Kux" ist.
Wir fuhren elbaufwärts nach Hermanitz, dem Geburtsort Wallensteins, aus dem auch mein Vater stammte, und dann drei Kilometer weiter bis zu jener Stelle oberhalb von Kukus, von der aus man das liebliche Elbetal überblicken kann.
Zur Linken lagert auf der Höhe des Kammes das langgestreckte Stift der Barmherzigen Brüder, unten im Tal glitzert die noch schmale Elbe, und rechts liegen die Häuser des kleinen Ortes, der sogar einmal berühmter Kurort gewesen war.
Ich hielt an, wir stiegen aus, und meine Mutter ging mit tränenüberströmtem Gesicht von uns gefolgt zum linken Straßenrand, um den vollen Blick auf das Tal und die beiderseitigen Hügelketten zu genießen.
„Ist es nicht schön hier?" fragte sie, und wir beide stimmten aus vollem Herzen zu.
Nach einigen Minuten des Versinkens in Erinnerungen stellte ich ihr allerdings die schnell ernüchternde Frage: „Möchtest du hier unter den jetzigen Bedingungen leben?"
Und nach einem nachdenklichen Zögern antwortete meine Mutter: „Nein! Nur wenn es wieder so wäre wie früher!" – ein zwar sehr verständlicher, aber auch utopischer Wunsch!
Dann fuhren wir über Oberkukus, wo wir früher einmal gewohnt hatten, in den Ort hinein und parkten im Schatten der

immer noch herrlichen Linden vor der ehemals deutschen Bürgerschule, die einst mein Großvater geleitet hatte.
Wir beschlossen, zuerst unser früheres Haus zu besuchen, um zu sehen, wie es die Jahre überstanden hatte und wer darin wohnt.
Bald standen wir davor und stellten fest, daß „unser" Haus im Gegensatz zur Schule und zu vielen anderen Gebäuden von außen geradezu gepflegt wirkte. Und auch im Garten trugen die Bäume und Sträucher wie früher viele reifende Früchte.
Nur der einstmals den Eingang überspannende und mit Kletterrosen überwachsene hölzerne Bogen fehlte. Das 1945 schon verwitterte Holz hatte die zusätzlichen 23 Jahre nicht überstanden.
Dann klopften wir zaghaft, aber auch neugierig an „unserer" Haustür. Sie wurde geöffnet, und vor uns stand die uns von früher gut bekannte Frau des einstigen Postboten. Ein „Jeschisch-Marja, pani Röslowá!" begrüßte zunächst meine Mutter und dann auch meine Frau und mich.
Mit einem Schwall tschechischer, ihre Verlegenheit überspielender Sätze, die von uns nur meine Mutter verstand, lud sie uns dann sehr herzlich in ihr beziehungsweise „unser" Haus ein. Dort kam uns auch gleich ihr Mann entgegen, und wir betraten erstmalig seit der Vertreibung im Juli 1945 wieder mein Elternhaus.
In der großen Wohnküche, in die wir gebeten wurden, sah es nicht viel anders aus als damals, als wir sie verlassen mußten. Der große gekachelte Küchenherd war noch der von damals, und auch das übrige Mobiliar hatten sie von uns übernommen.
Wir setzten uns an den Tisch. Gleich wurde Wasser heiß gemacht, und bald gab es einen dünnen Tee und harte, aber selbstgemachte Kekse aus einer Schachtel.
Mehr hatten sie nicht zu bieten, aber sie gaben das wenige gern.
Schon während das Wasser heiß wurde, hatte ein lebhaftes in Tschechisch geführtes Gespräch zwischen den beiden und

meiner Mutter begonnen; Erinnerungen waren ausgetauscht worden, wie meine Mutter auf unsere Fragen erklärte.
Doch kaum hatte sich die Frau des Hauses zu uns gesetzt, gab es viel leiser und fast beschwörend sorgfältig gewählte Sätze in Richtung meiner besonders aufmerksam lauschenden Mutter. Kurz darauf übersetzte sie für uns, worum es ging. Das Ehepaar bat uns herzlich und inständig, ja niemandem folgendes Geschehen zu erzählen.
Gegenüber den tschechischen Behörden hatten sie eidesstattlich versichert, daß sie uns das Haus im Jahre 1945 noch vor der Vertreibung abgekauft hätten. Und sie hatten sich durch diesen selbstverständlich strafbaren Schwindel die ansonsten an den Staat zu zahlende Entschädigungssumme erspart.
Wir versprachen, den Mund zu halten, und haben dies auch bis heute getan. Da beide inzwischen verstorben sind und auch keine Erben hinterlassen haben, kann ihnen diese Mitteilung nicht mehr schaden.
Wir blieben noch etwa zwei Stunden, erzählten beiderseits, wie es uns inzwischen ergangen war und besichtigten auch das ganze restliche Haus.
Danach brachten die beiden verschiedene Erinnerungsstücke unserer Familie, die sie im Hause gefunden und auf ein Wiedersehen hoffend, die ganzen dreiundzwanzig Jahre für uns aufgehoben hatten.
Da waren viele einzelne Fotos und auch mein von einem Verwandten künstlerisch gestaltetes Fotoalbum aus meiner Kinderzeit. Beim Durchblättern brachen meine Mutter und die Gastgeberin in Erinnerung an gemeinsam erlebte und gegenüber der Gegenwart ganz bestimmt bessere Zeiten in Tränen aus.
Später legte der Mann auch noch zwei gerahmte Bilder vor uns auf den Tisch. Das eine war ein oval gerahmtes großes Künstlerfoto, auf dem ich mit sechs Monaten nackt auf dem Bauch liegend, aber den Kopf selbstbewußt hochreckend zu sehen bin. Das zweite war ein Ölbild, das ein tschechischer

Künstler aus Prag im Jahre 1937 von mir gemalt hat, als ich gerade neun Jahre alt war.
Ich erinnere mich noch heute mit einigem Schaudern an das dazu notwendig gewesene stunden- und tagelange Stillsitzen.
Dann dankten wir für alles und trennten uns völlig freundschaftlich, beiderseits auf ein weiteres Wiedersehen hoffend.
Anschließend besuchte meine Mutter eine frühere Schulfreundin, während ich meiner Frau vor dem früheren Stift Matthias Brauns herrliche Sandsteinfiguren der Tugenden und der Untugenden, des barmherzigen und des beklagenswerten Todes und des Todesengels mit dem Alpha und Omega zeigte.
Am nächsten Tag besuchten wir zunächst die schon immer überwiegend tschechische Textilstadt Königinhof, die in der Zeit der ersten Tschechoslowakei unsere Bezirkshauptstadt gewesen war.
Wir waren enttäuscht über den Mangel an Leben in dieser einstmals quirligen Stadt und versuchten, in einem früher ausgezeichneten, da nach Wiener Art geführten Café, Kaffee und Kuchen zu bekommen. Doch da war nichts zu machen, so daß wir bald enttäuscht in meine Geburtsstadt Trautenau weiterfuhren.
Dort wurde gerade der sehenswerte Marktplatz mit seiner ausdrucksvollen Dreifaltigkeitssäule und dem Rübezahlbrunnen neu gepflastert, so daß auch diese früher rein deutsche Stadt keinen einladenden Eindruck machte.
Wir brachen auf, um zunächst über Freiheit nach Petzer zu fahren und dann von dort die Schneekoppe zu besteigen. Da der Sessellift jedoch nur bis zur halben Höhe funktionierte, blieb meine Mutter im Tal, während meine Frau und ich zum Gipfel strebten.
In Höhe der Fichtenwipfel schwebten wir aufwärts, um dann den Rest des Weges zu Fuß weiterzugehen. Da es inzwischen ein ziemlich heißer Tag geworden war, kamen wir dabei ganz schön ins Schwitzen. Wir waren daher sehr froh, als wir endlich vor der „Baude“, mittlerweile „Bouda“ genannt, auf dem über 1600 Meter hohen Gipfel standen. Von dort genossen wir

den herrlichen Blick nach Osten weit ins schlesische Land hinein und dann nach Westen über die Vorberge des Riesengebirges in den böhmischen Kessel.
Schließlich gingen wir in die Baude, um uns zu erfrischen und auch eine Kleinigkeit zu essen und zu trinken.
Empfangen wurden wir von lautstarken, in Satzbau und Betonung intensiv tschechisch gefärbten deutschen Sätzen.
Der temperamentvolle Wirt stand hinter der Theke und schimpfte mit acht deutschen Gästen: „Können Sie warten! Bin ich gewesen in ‚Dritte Reich', bin ich gewesen in KaZett! Hab ich jetzt keine Zeit! Können Sie warten!"
Und das war noch nicht alles an diesem wenig gastfreundlichen Willkommensgruß!
Angesichts der Disputkulisse sagte ich zu meiner Frau: „Du, ich laß mich hier nicht anpflaumen! Wir gehen nicht zur Theke, sondern setzen uns dort an den Tisch am Fenster und warten, was daraus wird. Schlimmstenfalls gehen wir eben hungrig und durstig wieder runter!"
Gesagt, getan! Während die lautstarke Auseinandersetzung an der Theke weiterging und wir dem Idiom der ebenso unfreundlich wie der Wirt diskutierenden Deutschen entnahmen, daß es sich um DDR-Bürger handeln mußte, setzten wir uns und schauten uns die herrliche Mittelgebirgslandschaft an.
Plötzlich wurde es an der Theke still. Neugierig blickten wir zurück in den Raum. Der gerade noch so giftig diskutierende Wirt kam mit seinem freundlichsten Lächeln zu uns an den Tisch und fragte: „Womit kann ich Ihnen dienen, bitte schön?"
Und wir erhielten, aufs liebenswürdigste bewirtet, die bestellten Getränke und dazu wohlschmeckende Kuchen. Ja, sogar die von uns ausgesuchten Ansichtskarten und die notwendigen Briefmarken brachte er uns auch noch an den Tisch!
Währenddessen standen die offensichtlich unerwünschten „Ossis" mit grimmigen Mienen und wütend tuschelnd weiter an der Theke und hofften, irgendwann auch etwas gegen Hunger und Durst zu bekommen!

Der Wirt hatte uns an Kleidung und Verhalten als devisenbringende „Wessis“ erkannt und seine speziellen Konsequenzen daraus gezogen. Vielleicht hatte er aber auch, wie viele andere Tschechen in jener Zeit, schon gewußt, daß die deutsche Bundesregierung bereit war, eine Garantie von einer halben Milliarde Dollar gegenüber der Weltbank zum Aufbau der damals schon wirtschaftlich maroden Tschechoslowakei zu übernehmen.

Weitere Besuche statteten wir in den folgenden Tagen Johannisbad, Hohenelbe und Spindlermühle ab, wovon lediglich letzteres wirklich gepflegt wirkte. Wir erfreuten uns der herrlichen Landschaft, und auch meine Mutter genoß die schönen und erlebnisreichen Tage sehr.

Einen Abstecher machten wir auch nach Josefstadt, das nicht mehr so heißen durfte. Es war wegen seiner unzeitgemäßen Erinnerungen an das alte Österreich der Nachbarstadt Jaroměř angeschlossen worden. Dort besichtigten und fotografierten wir den Güterbahnhof, auf dem wir im Juli 1945 wieder einmal bestohlen und anschließend in die bereitstehenden offenen Kohlewagen verfrachtet worden waren.

Dann fuhren wir nach Königgrätz, und ich fotografierte mit der bitteren Erinnerung an die keifenden Sieger von 1945 im Herzen den Bahnhof und seine verhängnisvolle Fußgängerbrücke.

Anschließend führte uns unser Weg zur total heruntergekommen wirkenden, ehemaligen deutschen Oberschule, in der ich Schüler gewesen war. Wir rollten durch die Straßen, in denen ich nach dem Heydrich-Attentat mit der HJ hatte marschieren müssen, zum Internat in der Pospischilstraße.

Überall umdrängten mich ganz persönliche Erinnerungen, gute und schlechte, an die Zeit des „tausendjährigen Großdeutschen Reiches“ und an die schweren Tage der Vertreibung.

Wir besuchten auch die Orte in der engeren Nachbarschaft meines Heimatdorfes, wo Verwandte und Bekannte gelebt hatten. An der Abzweigung nach Wölsdorf gedachten wir der von der Waffen-SS hingemordeten KZ-Häftlinge, in Hermanitz

sahen wir uns das Grab der Eltern Wallensteins in der gut erhaltenen Kirche an und machten Fotos vom Hof meiner Großeltern, in dem mein Vater geboren wurde und aufgewachsen ist.
Es stand nur noch das von der Ukrainerin Kascha und ihrem bereits 1943 geheirateten tschechischen Gatten sorgfältig gepflegte und um ein Stockwerk erhöhte Wohnhaus. Die Scheune und die Geräteschuppen waren dagegen abgerissen worden, da sie für die Kolchose nicht mehr benötigt wurden.
Dort, an diesem geschichtsträchtigen Ort, suchten wir auch auf dem völlig überwucherten Friedhof die Gräber unserer Vorfahren.
Nach gut einer halben Stunde und nach der Beseitigung von vielen der großartig wachsenden Brennesseln fanden wir sie auch tatsächlich.
Wir entfernten alles Unkraut, und der ehemalige Schüler meines Vaters besorgte Blumen, die wir sorgfältig einpflanzten. Dann sprachen wir gemeinsam inmitten dieser Wüstenei tief empfundene Gebete für die dort ruhenden Verstorbenen.
Weiter ging es nach Bilaun, wo mein damals als Architekt in Magdeburg lebender Onkel geboren worden war, und später nach Grabschütz mit den einst reichen Verwandten, die uns für das letzte gemeinsame heimatliche Weihnachten im Jahre 1943 mit Butter und anderen Kostbarkeiten versorgt hatten.
Auch meine über neunzigjährige Urgroßmutter hatte dort gelebt, und ich hatte sie als Kind oft und gern besucht, weil sie so gut Geschichten aus ihrem Leben erzählen konnte.
Anschließend wollten wir in Jaroměř unseren ehemaligen tschechischen Hausarzt besuchen, der noch im gleichen Hause seine Praxis betrieb wie bis 1945. Aber er war nicht da, sondern weilte wie in besserer Zeit zur Kur in Karlsbad.
Am letzten Tag standen wir schon sehr früh auf, denn wir wollten nicht auf dem kürzesten Wege über Prag wieder nach Hause fahren, sondern noch einige Abstecher machen.

Unser erstes Ziel Bad Velchov, in dem Schörner sein letztes Hauptquartier gehabt hatte, empfanden wir als vergammelten Schatten des früheren kleinen, aber schmucken Badeortes.
Weiter ging es nach Teplitz-Schönau, wo ich bis Eichwald jene Gebirgsstraße hochfuhr, über die wir 1945 zu Fuß als elender Zug über die Grenze „heim, ins Reich!" getrieben worden waren. Meiner Mutter flossen die Tränen, und in mir kam ohnmächtige Wut auf, als ich an unsere Leiden und an jene total Verzweifelten denken mußte, die sich an den Bäumen entlang der Straße erhängt hatten.
In Bilin fand ich nicht einmal mehr die Stelle, wo einst das Lager des Reichsarbeitsdienstes gestanden hatte – der Braunkohleabbau hatte in der Zwischenzeit die Landschaft fast bis zur völligen Unkenntlichkeit zerfressen. Die früher markanten optischen Orientierungspunkte waren verschwunden.
Karlsbad, wo einst Goethe zur Kur weilte und sogar ein Gedicht auf den alten Egerländer Brauch des „Lichterlschwimmens" am Tage des Heiligen Nepomuk schrieb, war der einzige größere Ort, der zumindest im Kurzentrum nicht verlassen und vergammelt wirkte. Offensichtlich wurde er im Interesse des Staates für die wichtigen, weil devisenbringenden Ausländer bevorzugt gepflegt und auch gut mit Lebensmitteln versorgt.
Und dort war es auch, wo ein tschechischer Straßenbauarbeiter das ganze Elend seines kommunistischen Daseins mit einem einzigen Satz treffend zusammenfaßte:
Wir waren zu einer Tankstelle gefahren, bei der gerade die eine Hälfte der Zufahrt neu geteert wurde. Da es etwas länger dauerte, stiegen wir alle drei aus, und die beiden Damen setzten wegen der stark einfallenden Sonne ihre großen eleganten Hüte auf. Wir sahen also vor unserem silbermetallic glänzenden „Opel-Admiral" ganz „westlich" gekleidet sicher gut aus.
Der Arbeiter richtete sich auf, kam – uns und den Wagen mit neugierigen Blicken prüfend und begutachtend – bis auf etwa fünf Meter heran und verkündete dann zu seinen Kollegen

gewandt lautstark und aus vollem Herzen: „To by bylo socialistická kultura!“ – „Das wäre sozialistische Kultur!“
Dann drehte er sich wieder um und ging zu seinen wehmütig grinsenden Arbeitskameraden zurück.
Im nur für „Devisenausländer“ zugänglichen „Tussex-Laden“ kauften wir dann noch ein paar Andenken, darunter auch echten „Karlsbader Becherbitter“, der die alte und originale deutsche Bezeichnung tragen durfte. Der werbeträchtige Name war im Interesse guter Geschäfte ganz offensichtlich wichtiger als das ängstliche, politisch begründete und sonst allgemein übliche Beharren auf den früher fast unbekannten tschechischen Ortsnamen.
In Marienbad hielten wir uns nur kurz auf, konnte es doch nach Karlsbad keinen weiteren Höhepunkt mehr bieten.
Dann ging es zur Grenze, wo man mir Schwierigkeiten mit meinem Ölbild aus der Kinderzeit machen wollte. Auf die entsprechende Frage, wer die abgebildete Person sei, antwortete ich wahrheitsgemäß mit: „To sem já!“ – „Das bin ich!“ was jedoch erst geglaubt wurde, nachdem auch meine Mutter ebenfalls in tschechischer Sprache meine Aussage bestätigt hatte.
Dann durften wir weiterfahren und kamen erst spät in der Nacht müde, aber nicht unzufrieden wieder nach Hause.
Im August 1968 wurden im zynischen Rahmen „brüderlicher Hilfe“ und in Anbetracht der „eingeschränkten Souveränität sozialistischer Staaten“ der Breschnew-Doktrin alle Hoffnungen der Tschechen und Slowaken auf eine bessere Zukunft vernichtet.
Panzer aus den „Bruderstaaten“ einschließlich der DDR stellten die Friedhofsruhe spezifisch sozialistisch-kommunistischer „Ordnung“ wieder her, die dann immerhin bis 1989 anhalten sollte.
Der unweigerlich im Sumpf von Privilegien und Korruption für die herrschende Nomenklatura und in der Unterdrückung für die angeblich vom „kapitalistisch-militaristischen Joch“ befrei-

ten Massen endende Weg, mußte bis zur bitteren Neige verfolgt werden.
Von den Verkündern Marx und Engels war es über die Verfechter Lenin und Stalin zu den unfähigen Verwaltern und Apparatschiks immer nur abwärts gegangen – bis die verzweifelten, von der korrupten „Nomenklatura" ausgebeuteten Proletarier sich auch dort trauten, lautstark die einprägsame Selbstverständlichkeit zu verkünden: „Wir sind das Volk!"
Sie verjagten 1989 die längst abgewirtschafteten „kommunistischen" Gespenster des neunzehnten Jahrhunderts und konnten nach 45 verlorenen Jahren endlich beginnen, ihre Zukunft in die eigenen Hände zu nehmen.

Zweites Wiedersehen 1990

Während die Fahrt von 1968 ein Nachgeben gegenüber nostalgischen Gefühlen bedeutete, hatte die Reise durch die in der Auflösung begriffene DDR und in die angeblich ganz neue ČSFR Václav Havels im Jahre 1990 ganz andere Gründe. Es galt, vor der endgültigen Niederschrift dieses Buches nochmals alles räumlich und örtlich zu verifizieren, was aus der Erinnerung über die Jahrzehnte hinweg noch vorhanden war.
Der Grenzübertritt nach Thüringen geschah im Juli 1990 bei Sonneberg, der Stadt des Spielzeugs, wobei der ehemalige „Todesstreifen“ keine Bedrohung mehr bedeutete und auch eine Grenzkontrolle nicht mehr stattfand.
Ich fuhr eigens abseits der Hauptstraße, um jene Ortschaften und Wege nochmals zu sehen, die ich bei meinen verschiedenen illegalen Grenzübertritten nach Bayern heimlich gegangen war. Ein Wiedererkennen bestimmter Gebäude oder Landschaftsformen gab es nicht; die auch dort durchgeführte Kollektivierung hatte nicht nur optisch zu viel verändert. Aus kleinen schmalen Feldern mit gras- und strauchbewachsenen Rainen dazwischen waren große zusammenhängende Flächen geworden. Dennoch erschienen die Ortschaften selbst noch genau so klein und eng, wie sie es unmittelbar nach dem Kriege auch gewesen waren.
Alles wirkte vernachlässigt, und ich mußte mich – aus der zumindest äußerlich heilen Welt der „Wessis“ kommend – erst daran gewöhnen, daß dort fünfundvierzig Jahre lang der „real existierende Sozialismus“ seine aus Unfähigkeit und Nichtstun kommende „Zerstörung ohne Krieg“ betrieben hatte.
Der Erhaltungszustand der Häuser war wesentlich schlechter als 1945, und die schlampig und ohne neuen Unterbau geteerten Straßen schlängelten sich genauso schmal und löchrig durch Dorf und Flur wie damals.
Glück hatten die Thüringer dieser Gegend lediglich mit ihren Fachwerkhäusern. Während das anheimelnde Fachwerk an-

derswo meist mit der bekannten Mischung aus gehacktem Stroh und Lehm verfüllt ist, verwendete man dort auf der Basis des früheren Wohlstands beim Bau der Häuser hauptsächlich solide Klinker. Und diesen harten Steinen hatten weder das „tausendjährige Reich" noch der fünfundvierzigjährige „DDR-Sozialismus" etwas anhaben können. Schmutziger und folglich grauer waren die Klinker und damit die Häuser zwar geworden, aber stabil und meist auch ansehnlich wirkten sie dennoch!

Die Landschaft von Deutschlands „grünem Herzen" glitt vorüber, schien vom Waldsterben offensichtlich noch weitestgehend verschont und öffnete sich einladend für Blicke in grüne, von blinkenden Bächen durchzogene Täler.

Der Weg von Sonneberg nach Katzhütte, der im Jahre 1948 für mich, schwer beladen mit Rucksack und Koffer, ein anstrengender Tagesmarsch gewesen war, ist heute eine Angelegenheit von dreißig Minuten. Die Fahrt von dort durch das herrliche Schwarzatal über die „Steinerne Brücke" nach Bad Blankenburg würde keineswegs länger gedauert haben, wenn ich nicht einen Abstecher nach Großgölitz gemacht hätte. Ich wollte den Bauernhof aufsuchen, in dem ich 1945 zweiter Knecht gewesen war.

Den Bauern, seine Frau und seinen Hof gab es nicht mehr. Die Felder gehörten 1990 noch zur „Landwirtschaftlichen Produktionsgenossenschaft", der LPG, und im ehemaligen Wohnhaus ist heute eine Gaststätte, in der ich vom Schwiegersohn freundlichst bewirtet wurde.

Bad Blankenburg, die einst begehrte Kurstadt im Süden Thüringens, hat heute eine freundlich wirkende Fußgängerzone, in die der große Marktplatz mit einbezogen ist. Das „Roß" von 1945, unsere erste Bleibe nach der Vertreibung, heißt nun nach teilweisem Abriß und folgendem Wiederaufbau „Clubhaus".

Die Tante wohnt immer noch zur Miete in dem Haus an der Heinrich-Heine-Straße, das allerdings seit 1939 weder eine Restaurierung noch wenigstens einen Neuanstrich erlebt hat.

Und die Straße davor sieht aus wie ein alter Wehrmachtssokken – „Löcher mit Rand"! Des Dichters ist sie jedenfalls nicht würdig, nach dem sie einst benannt wurde!
In Rudolstadt steht das aus festen Klinkern erbaute Schulgebäude immer noch, in dem ich die Reifeprüfung 1945 bestanden habe. Weder wurde etwas angebaut noch abgerissen; das dümmliche Spruchband, das ich 1988 dort lesen mußte, war 1990 allerdings endgültig verschwunden.
Der „Berggasthof Marienturm", in dem wir im Juni 1946 unsere feuchtfröhliche Abiturfeier genossen hatten – er steht noch, wenn auch vernachlässigt wirkend. Ich wurde freundlich bewirtet und konnte ein gutes Mittagessen einnehmen.
In Göschwitz, wo ich als nächstes hinfuhr, war vom früheren Barackenlager, das wir fluchtartig verlassen hatten, nichts mehr zu sehen.
Und Ölsnitz, die vergebliche Hoffnung von 1945 auf ein Durchkommen nach Bayern, machte den gleichen Eindruck jahrzehntelanger Vernachlässigung, wie so viele Dörfer und Städte der ehemaligen DDR, in der schon seit drei Wochen die Währung eines anderen Staates galt.
Bei einem Abstecher nach Berlin holte ich meine Frau ab und fuhr mit ihr südwärts Richtung Sachsens Hauptstadt Dresden.
Wir mußten, um vom nordöstlichen Hochufer der Elbe in die Stadt zu kommen, erst in eine übelriechende kopfschmerzverdächtige Dunstglocke eintauchen.
Gleich gegenüber dem Zwinger fanden wir einen freien Parkplatz und bewunderten als erstes, daß die vorbeifahrende vollbeladene Straßenbahn nicht entgleiste.
Fuhr die Straßenbahn über die Schienen, so versanken diese samt den wackeligen Randsteinen zehn bis fünfzehn Zentimeter im Untergrund, um dann wie durch Zauberhand wieder aufzutauchen – und dies alles angeblich ohne Gefährdung der Passagiere!
Wir witzelten, daß dies doch tatsächlich eine der vielgepriesenen „sozialistischen Errungenschaften" Honeckers sein

müsse, die sich uns dort zu unserer freudigen Überraschung offenbart hatte!
Danach besichtigten wir den nach den Bombardierungen von 1945 wieder aufgebauten und wie eh und je tief beeindruckenden Zwinger. Wir mußten jedoch feststellen, daß die meisten Figuren wieder einmal abgebaut und abtransportiert worden waren, da sie angefressen von der giftgeschwängerten Industrieluft restauriert werden mußten. Wir besuchten als nächstes die Semperoper und gingen zur Elbe, deren übelriechende schmutzige Wasser aber nicht zum beschaulichen Verweilen einluden.
Im Gespräch resümierten wir, daß allein diese Stadt mehr als zehn Milliarden Deutsche Mark benötigen wird, um bezüglich der Gebäude und der Infrastruktur einigermaßen mit einer Stadt im Westen Deutschlands mithalten zu können.
Dann ging es elbaufwärts Richtung Bad Schandau, mir vom April 1945 in schlechter Erinnerung. Auch dort wühlten Elbdampfer braunes stinkendes Wasser auf, das bereits äußerst verdreckt aus der stark umweltschädigenden Tschechoslowakei kommt.
Wir fuhren ein Stückchen zurück, um die Einfahrt ins Müglitztal zu erreichen, durch das wir nach dem Städtchen Geising auf den Kamm des Erzgebirges wollten. Dort hatten wir telefonisch Quartier bestellt, denn die Preise der Dresdener Hotels haben zwar Westniveau, ihr Komfort von 1946 entspricht jedoch nicht einmal dem eines guten Privatquartiers im Land der „Wessis“.
Keine Enttäuschung, sondern eine anheimelnde landschaftliche Überraschung ist das anmutige Müglitztal, durch das 1945 unser Zug mit den gedemütigten und fast verzweifelten Sudetendeutschen aus dem Riesengebirge Richtung Dresden rollte.
Unterwegs sahen wir ein handgemaltes Schild, das auf ein Café im schmalen Seitental hinweist.
Wir bogen daher von der Hauptstraße ab, folgten einem zwischen hohen Bäumen neben der sich windenden engen

Straße rauschenden Bach und entdeckten als erstes Anzeichen einer beginnenden Marktwirtschaft tatsächlich Sonnenschirme, Tische und Stühle auf der Terrasse eines Privathauses.
Dort erhielten wir als angenehme Überraschung zu günstigsten Preisen und von Hausfrauenhand mit Liebe gemacht Kaffee, Kuchen und Obstsaft.
In Geising war um den Bahnhof alles noch so, wie ich es vom Juli 1945 in Erinnerung hatte. Lediglich das Bahnhofsgebäude war frisch gestrichen, und auch das Rathaus hatte man restauriert, in dem wir damals vom Bürgermeister unsere gebührenpflichtigen, aber wertlosen Reisebescheinigungen für Bayern erhielten.
Dann fuhren wir zum heimatlich klingenden „Rübezahlwirt" in der Bergarbeitersiedlung, wo wir einen kleinen Bungalow telefonisch angemietet hatten.
Dort waren wir für die nächsten Tage gut untergebracht und wurden vom rührigen Wirt und seiner fleißigen Gattin bestens umsorgt und verpflegt.
Doch dann begann die Fahrt in die ČSFR, wie dieser Staat wegen der noch immer und wieder aufmüpfigen Slowaken 1990 hieß.
An einem sehr frühen Morgen fuhren wir los, denn wir wollten ja die ganze Strecke abfahren, die ich 1945 bei der nicht vergeßbaren Vertreibung mit vielen anderen Leidensgenossen hinter mich bringen mußte.
Zuerst ging es hinauf zur Grenze, die jetzt ganz leicht zu passieren ist, da Deutsche seit dem 1. Juli 1990 kein Visum mehr brauchen. Aber Benzingutscheine mußten wir kaufen, denn die Tschechen hatten 1990 noch das fragwürdige System, daß man als Ausländer zwar mit Gutscheinen, nicht aber mit seinem eigenen, offensichtlich zu wertlosen Geld Benzin bekommen konnte.
Schließlich durften wir den Schlagbaum passieren, wo wir am 31. Juli 1945 müde, übernächtigt und tief gedemütigt von den selbsternannten tschechischen „Partisanen" an die russischen

Besatzungstruppen der sowjetischen Zone übergeben worden waren.
Wir fuhren die gewundene Bergstrecke hinab über Eichwald nach Teplitz-Schönau, und ich konnte sie im oberen Teil nicht wiedererkennen. Das lag weniger an der gegenüber 1945 breiten und gut ausgebauten Straße, sondern daran, daß dort auf der Höhe des Erzgebirges auf böhmischer Seite kaum noch ein Baum steht, geschweige denn ein Wald zu sehen ist. Kahle Grasflächen mit einigen kümmerlichen Sträuchern und erst weit drunten beginnend die ersten Laubbäume sind heute das, was noch 1945 ein riesiges Waldgebiet war. Jener Wald, durch den sich unser geschundener Zug mühselig und Schatten suchend langsam aufwärts bewegte und an dessen Bäumen sich Verzweifelte erhängten.
Ich mußte anhalten, weil mir das Geschehen von damals wieder voll ins Bewußtsein kam – die rachedurstigen triumphierenden Tschechen und die im wörtlichen und übertragenen Sinne geschlagenen Deutschen, ihnen völlig wehrlos ausgeliefert.
Auf einem Rastplatz neben der Straße standen drei junge Männer. Sie hielten ein großes Schild mit der gut lesbaren deutschen Aufschrift „Geldwechsel“ hoch. Sicher würden sie einen günstigen Kurs bieten, denn unsere Deutsche Mark ist eine Art Zweitwährung in der „neuen“ Tschechoslowakei geworden und daher höchst begehrt.

Nach 45 Jahren Frieden sind die einstigen, stolzen tschechischen „Sieger“ im friedlichen Wettstreit der Menschen und der Wirtschaftssysteme heute unterlegen. Das Blatt hat sich gewendet, denn die damals gedemütigten und vertriebenen Deutschen haben sich eine neue, solide Existenz erarbeitet.
Die früher lebhafte Stadt Teplitz-Schönau war ebenfalls eine große Enttäuschung, da mindestens die Hälfte ihrer Häuser unbewohnt schien, wie schon unterwegs im fast ausgestorben wirkenden Eichwald.
Wir fuhren weiter Richtung Reichenberg.

Links und rechts der Straße tauchten Wälder und Felder auf, eine hügelig anheimelnde Vorgebirgslandschaft, die einst fast ausschließlich und mehr als acht Jahrhunderte von Deutschen bewohnt war.
Die Dörfer bestanden aus zerfallenden Häusern, denen man jedoch ansah, daß sie schon bessere Zeiten gesehen hatten. Dazwischen stand ab und zu als Ausnahme eine Heimstatt, die tatsächlich gepflegt wurde und einen blühenden Vorgarten herzeigte.
Dann kamen wir bei strahlendem Sonnenschein nach Reichenberg, der einstigen blühenden Industrie- und Verwaltungsstadt des nur vorübergehenden „Reichsgaues Sudetenland".
Es war die Zeit des Sonntags-Hauptgottesdienstes, und wir fanden direkt im Zentrum neben der Kirche und unweit vom restaurierten Rathaus einen Parkplatz. Nur dort um den Rathausplatz sind auch einige weitere Gebäude wie zum Beispiel das ehemals deutsche Theater renoviert worden und geben einen Eindruck vom früheren Reichtum dieser Stadt und ihrer deutschen Bürger.
Auf der Fahrt in die Stadt und später aus ihr heraus passierten wir Häuserzeilen mit einst stuckverzierten Gebäuden, deren in Teilbereichen noch vorhandene Stuckreste erahnen ließen, daß die Menschen sich dort einst wohlfühlen konnten.
Aus leeren Fensterhöhlen wehten gespenstisch vergilbte löchrige Vorhänge, die vorgaukeln sollten, daß diese Häuser bewohnt sind. Ganze Straßenzüge sahen so aus und glichen denen von vergehenden Geisterstädten.
Wer kann es uns verdenken, daß dieses Erleben der anmutigen Landschaft und der zum Rückblick einladenden ehemaligen Patrizierhäuser einerseits und der trostlosen dörflichen und städtischen Gegenwart andererseits zu der nüchternen Feststellung führte: „Die haben dieses Land nicht verdient!"
In mehr als fünfundvierzig Jahren haben sie es tatsächlich nicht geschafft, es in Besitz zu nehmen und mit neuem Leben zu erfüllen! – Ob das vergangene kommunistische Wirt-

schaftssystem daran wirklich allein schuld ist, wie man uns heute glauben machen will?
Weiter durch den warmen Sommertag fahrend erreichten wir nach einem gemütlichen Picknick im sonnendurchstrahlten Wald oberhalb von Königinhof diese auch früher überwiegend tschechische Stadt.
Die direkte Zufahrt zum Marktplatz ist heute Fußgängerzone und der innere Bereich des Marktes auch.
Ansonsten wirkte die Stadt ziemlich tot, und der Versuch, wie schon 1968 das früher bekannte und beliebte Café F. unter den Lauben aufzusuchen, scheiterte wiederum – es war noch immer oder schon wieder geschlossen.
Also fuhren wir weiter über Schurz nach Bethlehem, wo Matthias Braun auf Geheiß des Grafen Sporck mitten im Wald allegorische Figuren aus dem vorhandenen Sandstein meißelte.
Der einzige Vorteil gegenüber früher war ein lehmiger Parkplatz, von wo aus wir auf schattigem Weg die Sehenswürdigkeiten erreichten, die im Reiseführer auch heute noch als besonders bemerkenswert ausgewiesen sind.
Die Figuren selbst vermittelten, wenn auch arg ramponiert und nicht im geringsten restauriert, immer noch das künstlerische Genie Brauns. Sie stimmten aber auch traurig, wenn man sie aus früherer Zeit in besserem Zustand in Erinnerung hatte.
Danach fuhren wir, über die sehr schmale nur einspurige alte Eisenbrücke die Elbe querend, in Stangendorf ein.
Dort habe ich 1945 auf dem Staatsgut die Rüben behackt, und von dort könnte man wie auch von Kukus aus nach nur wenigen Minuten jenen Steinbruch erreichen, in dem 1945 zwei geschundene Unschuldige ihr eigenes Grab ausheben mußten.
Aber meine Frau wollte die Stelle gar nicht sehen; ihr graute davor! Wir rollten daher gleich weiter, das linke Elbufer hinauf Richtung Kukus.
Wir erblickten das Stift, langgestreckt am rechten Hochufer liegend, und aus der Entfernung sah es fast so aus wie früher.

Gefühle der Zugehörigkeit wurden bei mir wach, aber doch nicht mehr so stark wie damals im Jahre 1968.
Doch dann fuhren wir in den Ort und sahen den ungebremsten Verfall der meisten Häuser.
Beim Haus meiner Eltern war zwar eine neue Garage in den Garten gesetzt worden, aber der Putz fiel von den Wänden, und der Garten wirkte völlig ungepflegt. Der früher schöne, in Schreinerarbeit gefertigte Zaun war einem gesichtslosen, vor sich hin rostenden Drahtzaun gewichen.
Bewohnt wurde das Haus von einem mir unbekannten Ehepaar mit seinen zwei Kindern.
Von den schönen alten Linden auf dem Platz vor der Bürgerschule fehlte ausgerechnet jene, unter deren weit ausragender Krone die wenigen Tschechen in früherer Zeit ihre alljährliche Hus-Feier abzuhalten pflegten. Sie wurde nicht ersetzt, obwohl doch die Linde der tschechische Nationalbaum ist.
Das Schulhaus selbst war ein Jammerbild des fortschreitenden Verfalls mit bröckelndem Putz und verfaulenden Fensterrahmen, von denen der Anstrich längst abgeblättert war. Nur Matthias Brauns David und der riesige Goliath standen sich noch gegenüber, obwohl auch sie vom sauren Regen sichtlich angegriffen wurden.
Wir gingen die große Freitreppe des früheren Schlosses hinunter, tranken aus der wie eh und je sprudelnden heilkräftigen Quelle und erblickten weitere „Zerstörung ohne Krieg“.
Das eine der an der Elbe gelegenen früher beliebten Gasthäuser war einfach in sich zusammengefallen, und niemand fühlte sich dafür zuständig, wenigstens die Trümmer wegzuräumen. Vom anderen, noch bewohnten und auch bewirtschafteten Gasthaus gleich gegenüber, in dem früher auch die Theateraufführungen des deutschen Kulturvereins stattfanden, fiel der Putz. Es war so wenig einladend, daß wir nicht einmal hineinschauen mochten.
Wir begaben uns auf den Rückweg zu unserem Auto und entdeckten dabei im hohen Grase eines Gartens zwei scheinbar

dort vergessene, lang hingelagerte Figuren, die einst die Freitreppe des gräflichen Schlosses flankierten.
Vom Platz vor der Schule, auf dem 1945 die sibirischen Tungusen lagerten, sahen wir hinüber zum Stift und entdeckten, daß der Dachstuhl des linken Flügels erneuert wurde.
In der unmittelbaren Nähe des Stifts gab es früher fruchtbare Getreidefelder. Sie waren im Rahmen einer äußerst extensiven Bewirtschaftung großen langweiligen Wiesen gewichen, auf denen eine nur kleine Rinderherde graste.
Wir stiegen in unser Auto und fuhren weiter durchs Dorf, mit einer einzigen rühmlichen Ausnahme überall Verfall registrierend. Dann ging es weiter über die alte eiserne Elbbrücke hinauf zum Stift. Eigentlich wollten wir es besichtigen, aber der „Vorschriftensklave" am Eingang ließ uns nicht hinein. Es müßten mindestens sechs Personen sein, damit eine Führung stattfinden könne, sagte er. Als ich ihm erklärte, daß ich meine Kindheit in diesem Ort verbracht habe und anbot, volle sechs Eintrittskarten zu bezahlen, lehnte er trotzdem ab. Und ich sagte schwer enttäuscht und den von Václav Havel beschworenen „neuen Geist" der neuen Republik missend zu meiner Frau: „Selig sind die Armen im Geiste, denn . . .!"
Als Folge der Absage fuhren wir um das Stift herum, um einen Blick in den Garten zu werfen, in dem ich 1945 als Arbeitssklave täglich fünfzehn bis sechzehn Stunden für die triumphierenden Tschechen geschuftet hatte. Dabei entdeckten wir, daß im Nebenhof mit den früheren Pfründnerwohnungen eine kleine Ausflugsgaststätte eingerichtet worden war.
Der ehemals herrliche und stets sorgfältig gepflegte Park dagegen, den zuerst die Nazis und dann die tschechischen Partisanen als Gemüsegarten nutzten, war total verwahrlost. Sinnlos und für den der Vergangenheit Kundigen bedrückend, erhoben sich aus hohem Gras und wuchernden Brennesseln die barocken Brunnen und Ovale, die Säulen und Figuren.
Und auch von den früher um den ganzen Park führenden schattigen Weißbuchenlauben war fast nichts mehr vorhanden.

Unmittelbar hinter dem Unkraut-„Park“ begann, abgetrennt durch die sehr schmale Straße, der Friedhof. Bei seinem deprimierenden Anblick wollten wir am liebsten gleich wieder umkehren!
Bis auf drei oder vier waren alle Gräber verfallen, die Grabsteine umgestürzt, und die unverwüstlichen Brennesseln hatten auch dort schon vor Jahrzehnten ihre zeitlose Herrschaft angetreten.
Im barocken Aussegnungspavillon stand ein total verrostetes Gerüst, Zeichen dafür, daß dort irgend jemand irgendwann das Ganze restaurieren wollte. Aber inzwischen war das Dach eingefallen und lag auf dem sich unter der zu großen Last krümmenden Gerüst. Die Fensterhöhlen waren leer, die großen eichenen Doppeltüren hingen beiderseits nur noch an je einem Scharnier.
Verfall, wohin man kam! Verfall, wohin man blickte!
Traurig stimmendes Ergebnis von nur fünfundvierzig Jahren tschechisch-kommunistischer Alleinherrschaft!
Als nächstes wollten wir nach Hermanitz und machten davor in Prode einen Abstecher zum einstmals reichen Bauernhof des damaligen Bürgermeisters und Vaters einer meiner Tanten.
Vom großen Viereckhof stand nur noch das Wohnhaus, alles andere war nach und nach in sich zusammengefallen. Aus den Trümmern ragten Balken, und ganz offensichtlich wurden auf der Suche nach Brennmaterial bei Bedarf weitere herausgezogen.
Neben dem Wohnhaus lagen zwei ungeordnete Haufen, die zum Teil mit intensiv blauen Plastikbahnen zugedeckt waren.
Aus dem Haus trat neugierig eine trotz des Sonntags ungekämmte und äußerst nachlässig angezogene alte Vettel, die ganz offensichtlich die adäquate Herrin von schierer Schlamperei, blanker Interesselosigkeit und fortschreitendem Verfall war. Als ich den Fotoapparat für ein Bild hob, verschwand sie schnellstens um die Ecke – ein Minimum von Selbsterkenntnis war ihr scheinbar doch noch geblieben.

Wir fuhren nach Hermanitz, dem Ort, wo sich der Hof meiner Großeltern befand und wo mein Vater geboren wurde. Wir gingen als erstes zu dem Hügel, der in deutscher Zeit noch die Keller der einstigen Burg der Familie von Waldstein barg, in deren Mauern auch der berühmte Feldherr des Dreißigjährigen Krieges Wallenstein geboren wurde.
Und wir blickten uns an und sagten: „Das darf doch nicht wahr sein!“
Mit Bulldozern hatte man die Ruinen eingeebnet und darauf ein Gebäude für einen Kindergarten errichtet, obwohl ringsherum genügend Platz dafür vorhanden gewesen wäre.
Aber deutsche Kultur durfte es nach dem primitiven Selbstverständnis der ehemaligen ČSSR auch dort nicht geben!
Dann gingen wir zur Kirche, in der auch heute noch das Grab der Eltern Wallensteins zu sehen ist. Und dort erlebten wir die erste wirklich positive Überraschung.
Das sakrale Gebäude wurde mit von einem Verwandten gesammelten Spenden aus Deutschland außen und innen nicht nur sorgfältig restauriert, sondern auch bestens gepflegt. Die Tür stand weit offen, und wir sahen in ihr eine zwar schon ältere, aber adrett angezogene Tschechin, und meine Frau stieß mich an und sagte: „Das ist doch die Frau F. von Jaroměř, bei der wir 1968 waren!“
Ich ging zu ihr, grüßte sie tschechisch, stellte mich vor und fragte sie nach ihrem Namen. Nach einem Moment ungläubigen Staunens leuchteten ihre Augen auf, und sie sagte wie 1968 eine andere Tschechin: „Jeschisch Marja, die Rösels!“
Sie freute sich ehrlich, uns wiederzusehen. Doch dann ging es ans Erzählen.
Sie war es, die nach ihrem inzwischen verstorbenen Mann die Aufgabe übernommen hatte, diese Kirche Wallensteins zu pflegen. Sie wohnte im Pfarrhaus gleich nebenan und lud uns zu Kaffee und Kuchen ein. Leider mußten wir ablehnen, da wir am gleichen Tage noch bis nach Hause fahren wollten. Aber wir versprachen zum Abschied ein Wiedersehen im kommen-

den Jahr. Sie lud uns ein, dann bei ihr im großen Pfarrhaus zu übernachten, das sie ganz allein bewohnt.
Danach fuhren wir nach Königgrätz, wo ich mir noch einmal die verhängnisvolle Fußgängerbrücke zum Lokomotivdepot ansah. Bis auf den Zustand der Straßen hatte sich seit 1968 nicht viel zum Guten verändert.
Die Hauptstadt Böhmens, Prag, von der Geschichte her eine paneuropäische Stadt, war unsere nächstes Ziel.
Dort fanden wir ohne Probleme direkt im Zentrum einen Parkplatz und tauchten nur wenige hundert Meter weiter in das von Touristen beherrschte quirlige Leben der historischen Altstadt ein. Es war seit dem sächsischen Dresden die erste Stadt, in der wir empfanden, daß das Leben in einem positiven Sinne und auf eine bessere Zukunft hoffend weitergeht.
Die anschließende Heimfahrt erfolgte ohne nennenswerte Höhepunkte. Nur in den früher rein deutschen Gebieten des Böhmerwaldes schaute uns aus leeren Fensterhöhlen, den dunklen Türöffnungen mit den aus den Angeln gefallenen verrotteten Türen, den zusammengebrochenen Dachstühlen wieder die blanke Unfähigkeit an, dieses Land aus eigener Kraft zu besiedeln und zu erhalten.
Mehr als 1.600 ehemals von Deutschen bewohnte Dörfer waren in Böhmen und Mähren bis zu diesem Tag vom Erdboden verschwunden!
An der Grenze wurden wir nicht einmal kontrolliert, sondern einfach durchgewunken – ein großzügiges Gebaren, fast wie im fortgeschrittenen grenzoffenen Westen Europas.

Epilog

Es war nicht meine Intention, mich für die Vertreibung aus meiner Heimat und der meiner Vorfahren auf diesem Wege zu revanchieren. Aber ich wollte und mußte ungeschönt das frühere Blühen und Gedeihen der von Deutschen vor vielen Jahrhunderten kultivierten und von den Tschechen ebenso lange gemiedenen Randgebiete Böhmens mit ihrem Schicksal nach 1945 in Beziehung setzen.
Als Ergebnis kann man nur enttäuscht und traurig und vielleicht auch wütend sein über so viel Unfähigkeit und Mißwirtschaft.
Die Tschechen beanspruchten das Land und haben es sich 1945 wie imperialistische Kolonialisten des 19. Jahrhunderts brutal und allem Heimat- und Selbstbestimmungsrecht hohnsprechend angeeignet. Aber sie waren in fünfundvierzig Jahren nicht imstande, es in Besitz zu nehmen und mit einer Blüte zu erfüllen, die der vergangenen wenigstens annähernd entsprach.
Würde man mich fragen, ob ich unter den derzeitigen Bedingungen dort leben wolle, so wäre die Antwort ein klares Nein!
Über einen gemeinsamen Wiederaufbau, einen Neuanfang muß eine andere, jüngere Generation in friedlichem, gleichberechtigtem, also demokratischem Dialog entscheiden!
Aber es gibt Hoffnung für die Zukunft!
Bereits im 11. und 12. Jahrhundert gab es wesentlich weitsichtigere und tolerantere böhmische Herrscher, als es der von seinen eigenen Leuten als glaubwürdige Gallionsfigur mißbrauchte Idealist J. G. Masaryk und der primitiv-chauvinistische Dr. E. Benesch waren.
Im „Freiheitsbrief" für die Prager Deutschen von 1176 (!) bestimmte Herzog Sobieslaus von Böhmen unter anderem:

„1. [. . .]

2. Ich räume also diesen Deutschen ein, nach dem Gesetz und Rechte der Deutschen zu leben, das sie seit der Zeit meines Großvaters, des Königs Wratislaus gehabt haben.

3. – 5. [. . .]

6. Wenn der Herzog außerhalb Böhmens auf einer Heerfahrt ist, dann sollen die Deutschen Prag bewachen, mit zwölf Schilden an jedem Tore.

7. – 12. [. . .]

13. [. . .] Wißt, daß die Deutschen freie Leute sind!

14. [. . .]“

Hoffen wir, daß im Geiste des sich einenden Europa mit seinen immer bedeutungsloser werdenden Grenzen auch bei den vorgeblich Demokratie praktizierenden neuen Staatsmännern der jetzigen Tschechischen Republik für sie neue Einsichten reifen, die zumindest vor denen des Jahres 1176 Bestand haben können!

Kukus an der Elbe, ein Barockkleinod Böhmens

Biographische Notiz

Die Erinnerung an die letzten Tage des Zweiten Weltkrieges und ebenso an die ersten danach, die eigentlich „Frieden" bedeuten sollten, ist bei den heutigen Bürgern Deutschlands naturgemäß unterschiedlich. Wer der „tragischen Generation" angehörte, die bis zum Jahrgang 1928 zählt, kann an der Front, schon in Gefangenschaft, im Arbeitseinsatz oder auch gerade in der Heimat gewesen sein.
Dr. Wolf Rösel, pensionierter Schulleiter, wohnt mit seiner Familie seit 1957 in Landshut, der Regierungshauptstadt Niederbayerns.
Obwohl in Trautenau im Riesengebirge geboren, ist er in Kukus an der jungen Elbe aufgewachsen. Sein Vater war dort Lehrer, sein Großvater Direktor an der weit über die Region hinaus bekannten deutschen Bürgerschule.

Kukus war und ist einer der landschaftlich reizvollsten und künstlerisch hervorragendsten Orte Böhmens. Es wurde in den Jahren 1694 bis 1724 vom Reichsgrafen Franz Anton von Sporck, dem Sohn des gleichnamigen, in den Türkenkriegen als Mitstreiter Prinz Eugens hoch dekorierten und durch den Anteil an der Kriegsbeute reich gewordenen westfälischen Adeligen gegründet. Benannt wurde es nach dem „Kux", dem Bergwerksanteil der ehemaligen Goldwäscher an der Elbe.
Der Graf hatte den nicht geringen Ehrgeiz, an beiden Ufern der Elbe ein Bad zu errichten, das auf der Basis von drei vorgefundenen heilkräftigen Quellen mit den anderen Bädern Böhmens einschließlich Karlsbad konkurrieren sollte. Über Jahrzehnte hinweg gelang ihm dies auch. Der Ort hieß daher etwa ein Jahrhundert lang Kukusbad, das zum Beispiel auch vom schlesischen Dichter Johann Christian Günther besungen wurde.

Auf dem einen Elbufer erstreckt sich heute noch die breite Front des Stiftes der Barmherzigen Brüder mit der Dreifaltigkeitskirche und der Familiengruft. Auf der Terrasse vor der Kirche und vor den mächtigen Seitenflügeln des Stiftes stehen die allegorischen Figuren von Matthias Bernhard Braun, einem der größten der je in Böhmen tätig gewesenen Bildhauer. Er war gebürtiger Südtiroler.
Vor dem nordwestlichen Flügel stehen die 12 Tugenden und vor dem südöstlichen die 12 Laster. Dazwischen findet man vor der Kirche die Allegorie der Kirche, die Ecclesia, und neben anderen Figuren auch die des „Engels des glücklichen Todes“ und die des „Engels des beklagenswerten Todes“.
Auf der anderen Seite der Elbe standen am Hang das Schloß des Grafen, die Badehäuser, lange Kolonnaden sowie verschiedene Lusthäuschen. Zur Elbe führte eine breite Freitreppe, gesäumt von Kaskaden und anderen Wasserspielen. Am Hochufer der Elbe selbst waren ein Theater, die Speisehäuser und von Alleen gesäumte einladende Spazierwege. Von all dem sind nur noch die Speisehäuser, die Freitreppe mit den Kaskaden, der heilkräftige Brunnen, Reste des Schlosses und das größte der Bade- und Speisehäuser erhalten. Es wurde im 19. Jahrhundert zur Bürgerschule umgebaut und unter der Leitung des Großvaters von Dr. Rösel erweitert.
Kukus war 1945 und ist heute noch ein Ort mit dörflichem Charakter, der in der schöneren Jahreszeit von vielen Touristen aus ganz Böhmen und Mähren, aber auch aus dem Ausland frequentiert wird. Es war früher ein fast ausschließlich von Deutschen bewohnter, aber in der Zusammensetzung der Bürgerschaft etwas ungewöhnlicher Ort. Er bestand aus einer Volks- und der Bürgerschule, den Häusern der Lehrer, verschiedener Handwerker, aus drei Gaststätten, eine davon mit einem kleinen Theater, einer kleinen Bänderfabrik, den Häusern ihrer Arbeiter und Angestellten und aus nur zwei oder drei Bauernhöfen.

Über die Historie und die Kunstschätze des Ortes sind zahlreiche bebilderte Werke veröffentlicht worden. Die „Süddeutsche Zeitung“ widmete Kukus 1978 und die „Sudetendeutsche Zeitung“ 1990 je eine Seite.

In Kukus und seiner Umgebung spielte sich größtenteils das ab, was vom Autor in einer ganzen Anzahl von zusammenhängenden Episoden in diesem Buch festgehalten wurde.

Inhalt